LA
GUERRE

SES CAUSES. — SES RÉSULTATS.
LE BIEN ET LE MAL QU'ON EN A DIT.
SES LOIS. — SON HISTOIRE. — MOYENS EMPLOYÉS CONTRE ELLE.
SES PROGRÈS. — SA PRÉPARATION.

PAR

A. SALIÉRES

PARIS

LIBRAIRIE MILITAIRE DE J. DUMAINE
LIBRAIRE-ÉDITEUR
Rue et Passage Dauphine, 30

1879

LA
GUERRE

Paris. — Imprimerie de J. Dumaine, rue Christine, 2.

LA GUERRE

SES CAUSES. — SES RÉSULTATS.

LE BIEN ET LE MAL QU'ON EN A DIT.

SES LOIS. — SON HISTOIRE. — MOYENS EMPLOYÉS CONTRE ELLE.

SES PROGRÈS. — SA PRÉPARATION.

PAR

A. SALIÉRES

PARIS

LIBRAIRIE MILITAIRE DE J. DUMAINE

LIBRAIRE-ÉDITEUR

Rue et Passage Dauphine, 30

1879

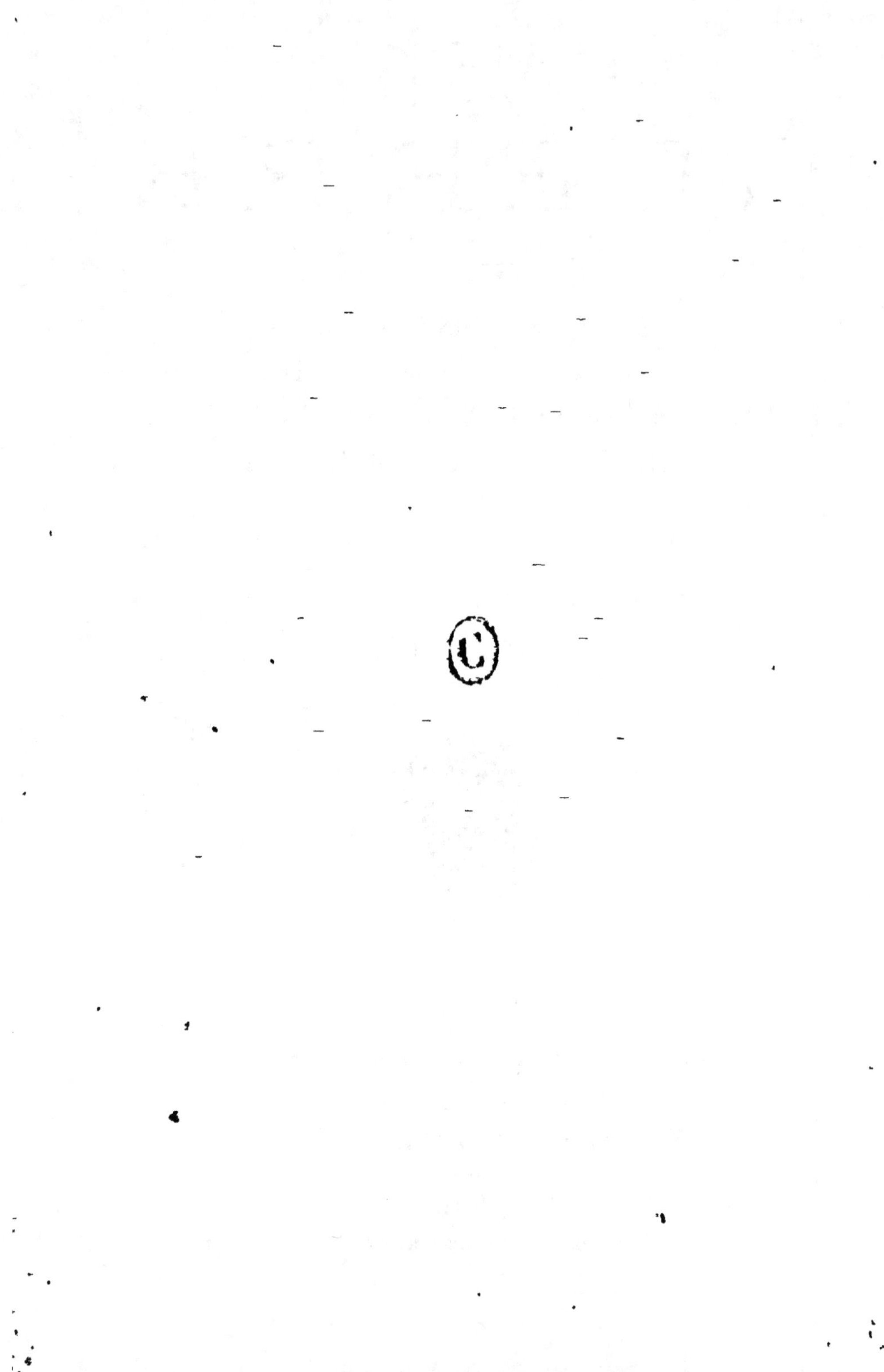

PRÉFACE

Les terribles désastres de 1870 ont ouvert les yeux aux plus aveugles.

Nous nous étions endormis dans le beau rêve de la paix universelle, et nous avons été réveillés par le fracas des canons ennemis. Nous avions négligé, ridiculisé l'armée dont l'existence nous semblait devenue inutile, sinon dangereuse. Et l'armée, affaiblie, mal conduite, détournée de sa voie, a vu se briser dans ses mains inhabiles l'épée de la France. Nous avions éparpillé notre cœur aux quatre coins du monde, et le cœur nous a manqué au moment de la lutte. Nous avions chanté sur tous les tons la fraternité des peuples, et lorsque nous avons eu l'épée sur la gorge, les peuples — *nos frères!* — nous ont dit ironiquement : « Vous chantiez ! j'en suis fort aise. Eh bien ! dansez maintenant. » Nous ne voulions plus de frontières, — *ces derniers ves-tiges d'un passé barbare,* — et nous avons perdu nos frontières. Au milieu de nos richesses, de nos plai-sirs, nous avions oublié la patrie, et la patrie, cruel-lement mutilée, a failli périr. Nous tendions géné-reusement nos bras à la *blonde* Allemagne, et la *blonde* Allemagne s'est jetée dans nos bras..... pour nous étouffer. Enfin, nous avions maudit la guerre en rhéteurs éloquents, et, tandis qu'à force de l'avi-lir nous étions devenus incapables de la supporter, elle s'est dressée tout d'un coup devant nous, mena-çante, terrible, et, comme pour se venger de nos mépris, nous a livrés à ses adorateurs.

Cette épouvantable leçon nous dicte notre con-duite.

Certes, il n'est point question de faire de la France une vaste caserne, de rêver batailles et vengeances, de sentir en nous cette haine basse et stupide de l'Allemand peint par Henri Heine, qui s'intitule *mangeur de Français,* s'enivre religieusement aux anniversaires de nos défaites, et ne boit sa bière que dans un verre taillé en forme de crâne romain.

Non ! nous pouvons conserver notre vieil esprit, notre politesse traditionnelle, notre générosité, notre amour du progrès et de la liberté, nos arts élégants, nos richesses acquises par de communs efforts. Que par nos soins les institutions se développent, que les œuvres multiples du génie s'épanouissent, que toutes les branches de l'activité humaine s'étendent sur notre sol. Mais aussi *souvenons-nous*, unissons-nous autour de notre drapeau déchiré, jurons de le défendre jusqu'à la dernière goutte de notre sang, initions-nous à la religion du patriotisme et du devoir, inspirons-nous des sentiments de la discipline et de l'honneur, reprenons courage, nourrissons-nous enfin des mâles vertus laissées par ceux de nos pères dont la vaillance héroïque chassa jadis l'envahisseur et délivra le pays.

Dans cette tâche pleine de grandeur, chacun, même le plus humble, a un rôle à jouer.

Plusieurs d'entre nous ont déjà donné leur part de dévouement et de travail. Mais rien n'est fait tant qu'il reste quelque chose à faire. Ne nous lassons pas de veiller et d'agir. Le danger est toujours là. Il s'agit de notre indépendance, de notre grandeur, de notre avenir.

Quel plus noble but à atteindre?

C'est le regard tourné vers ce but que nous avons écrit le livre de la *Guerre*. Il s'y rencontrera peut-être quelques vérités désagréables. Peu importe! Nous n'en voulons à aucun homme, nous n'en voulons qu'à l'erreur, et l'on sait aujourd'hui ce qu'il en coûte de fermer obstinément les yeux à la lumière.

D'autres ouvrages ont précédé celui-ci. D'autres, s'il est possible, le suivront. Dans tous, le même sentiment nous a guidés ou nous guidera.

Nous voudrions que la guerre, à quelque point de vue qu'on l'envisageât, honnie ou célébrée, fût considérée comme inévitable et que, tout en cherchant à l'éviter, nos gouvernants fussent toujours prêts à l'entreprendre. Nous voudrions que l'armée fût entourée de la considération et de l'estime qu'elle est en droit d'attendre aujourd'hui, et que, d'autre part, elle se rendît de plus en plus digne des égards qu'on lui décerne par des études solides et soutenues, par une application sérieuse aux réformes qui sont actuellement les seuls gages du succès, et aussi par une élévation constante de l'esprit général qui l'anime, par une entente supérieure de la sainte mission qui lui est confiée, à laquelle elle doit se consacrer d'une façon entière et exclusive.

Nous voudrions enfin que chaque Français, dont les nouvelles lois militaires ont fait un soldat, fût pénétré du plus profond respect envers ceux que la nation investit du soin de la défendre, acquittât franchement, joyeusement même, la dette sacrée que l'on exige de lui pour le salut de tous, et n'eût alors d'autres pensées que celles qui tiennent dans ces deux mots : *Devoir* et *Patrie!*

A. SALIÈRES.

LA GUERRE.

SES CAUSES. — SES RÉSULTATS. — LE BIEN
ET LE MAL QU'ON EN A DIT. — SES LOIS. — SON HISTOIRE.
MOYENS EMPLOYÉS CONTRE ELLE. — SES PROGRÈS.
SA PRÉPARATION.

Dura lex, sed lex.

Depuis que la guerre exerce son empire sur l'humanité, — c'est-à-dire depuis qu'il y a des hommes, — on l'a vue, tantôt accablée sous le poids des plus terribles malédictions, tantôt couverte des plus pompeux éloges.

Orateurs et philosophes se sont appliqués de tout temps à broder sur ce canevas éternel; mais, en dépit de leur éloquence et de leur logique, la guerre reste toujours comme un sphinx aux yeux du monde tremblant ou enthousiasmé, sphinx terrible, qui ne se nourrit que de sang et ne se repose que sur des ruines.

Il faut bien dire que la voix des anathèmes philosophiques et des sanglots humains a étouffé chaque fois celle des louanges, et que la guerre est restée, pour le commun des hommes, un pur fléau dont il faut se débarrasser, ainsi qu'on cherche à le faire du choléra ou de la peste.

1

Notre but n'est pas de recommencer ce qui a été fait tant de fois. Nous ne voulons ni blâmer exclusivement la guerre, ni la défendre outre mesure, mais seulement l'expliquer, en exposer sans parti pris le bien et le mal, en faire connaître les causes, les effets, les lois, l'histoire, enfin rechercher les moyens de la préparer et aussi de l'éviter.

Cette étude n'est donc ni un réquisitoire ni un plaidoyer ; ce serait plutôt un rapport impartial à joindre aux pièces du procès, et qui n'aurait d'autre prétention que d'éclairer les juges.

L'homme se trompe, surtout parce qu'il ne voit qu'un côté des choses. La sagesse, au contraire, envisage toutes les faces d'un sujet. Pour cela elle s'élève au-dessus des préjugés, des passions, des raisonnements frivoles, au-dessus même du spectacle navrant des douleurs humaines. Et à ces hauteurs que ne hante pas le vulgaire, elle plane librement, elle embrasse d'un regard l'ensemble des choses, récompensée ainsi de ses pénibles efforts par l'apparition lumineuse de la vérité, ou plutôt de ce qu'il nous est donné d'en voir.

Nous serions heureux d'avoir marché sur les traces de la sagesse. Si nous n'avons pas réussi, nous pourrons dire, du moins, comme Montaigne : « C'est icy un livre de bonne foy, lecteur. »

CHAPITRE PREMIER.

Causes naturelles de la guerre.

Le mouvement, propriété de la matière, crée l'antagonisme. — L'antagonisme crée la lutte. — La guerre dans les trois règnes. — La concurrence vitale. — L'imperfection humaine, cause première des conflits.

Pour se faire une idée exacte de la guerre, il convient tout d'abord d'en examiner les causes.

Elles peuvent se classer de la façon suivante :

1° *Causes naturelles* (métaphysiques et philosophiques);
2° *Causes politiques et sociales;*
3° *Causes secondaires.*

Commençons par les *causes naturelles.*

L'étude consciencieuse de la nature a établi que le principe premier de tous les phénomènes est le *mouvement.* C'est lui qui donne le branle au monde. C'est lui le père des apparences, des couleurs et des formes. C'est de lui que découle tout ce qui *est.*

Le mouvement n'est rien autre chose que le souffle de Dieu, suivant le consentement de la plupart des hommes, ou, suivant quelques savants, une propriété primordiale de la *matière,* inhérente à cette matière et éternelle comme elle.

Quoi qu'il en soit de l'une ou de l'autre théorie, le

mouvement remplit la nature; il la fait vivre, pour ainsi dire; il en est l'âme, — *mens agitat molem*, — à ce point que le repos universel serait la mort universelle, serait le *néant*.

Or, qui dit mouvement dit antagonisme.

L'antagonisme, à son tour, ne peut se produire sans destruction. La destruction est donc une des lois de la création; elle a son utilité, sa grandeur; elle concourt à l'équilibre du monde. C'est grâce aux conflits des éléments, à la lutte des forces naturelles que l'évolution générale devient harmonique; c'est du chaos que jaillissent l'ordre et la série, du choc que jaillit la lumière. Bref, la marche constante de l'univers n'est qu'un éternel combat d'atomes !

« Le jeu des forces ne ressemble pas à la danse des Muses qui, dans leurs chœurs, se croisent, s'entrelacent, se retirent, se rejoignent sans que de leurs mouvements légers et rapides il résulte ni froissement ni choc. Les forces ne font rien par figures; leur action conclut nécessairement à une réalisation; pour cela, il faut qu'elles s'entre-choquent, s'entre-brisent, qu'elles s'entre-dévorent. A cette condition seulement elles produisent. » (PROUDHON.)

Voilà déjà la guerre qui apparaît, guerre imposante et terrible, guerre fatale, nécessaire, que nous allons plus tard retrouver dans l'homme, cet *abrégé*, ce *raccourci* de la nature.

Sans nous perdre au sein du macrocosme, dans le vague des nébuleuses et des systèmes solaires qui naissent, luttent, se heurtent et s'éteignent tour à tour dans les espaces infinis et à des intervalles de temps proportionnés à l'immense durée des sphères, contentons-nous de constater ici-bas la justesse de cette loi immanente d'antagonisme.

L'eau, la terre, le feu, l'air sont quatre puissances rivales qui se dressent d'innombrables embûches dans le monde moléculaire, se cachent, comme Protée, sous les formes liquides, solides et gazeuses de la matière, et dont la lutte produit les tempêtes, les volcans, les embrasements et les inondations.

Les plantes et les animaux ne peuvent se soustraire à cette obligation de combattre pour vivre. A peine à l'état de bourgeon, de graine, de germe ou de semence, il faut, sous peine de mort, faire usage de ses armes et entrer dans la lice.

La terre est un vaste champ de bataille.

Combien de milliers, de milliards d'existences sont sacrifiées à la vengeance impitoyable, à la farouche voracité du vainqueur !

« La loi de destruction prend tout à coup dans le règne animal une épouvantable évidence ; dans chaque grande division de l'espèce, elle a choisi un certain nombre d'animaux qu'elle a chargés de dévorer les autres ; ainsi il y a des insectes de proie, des oiseaux de proie, des poissons de proie et des quadrupèdes de proie. Il n'y a pas un instant de la durée où l'être vivant ne soit dévoré par un autre ! » (Joseph DE MAISTRE.)

. . . . On ne voit sous les cieux
Nul animal, nul être, aucune créature,
Qui n'ait son opposé. *C'est la loi de nature.*
D'en chercher la raison, ce sont soins superflus:
Dieu fit bien ce qu'il fit, et je n'en sais pas plus.

(La Fontaine.)

Cette théorie de la concurrence vitale, déjà entrevue par le Français Lamark, a été brillamment développée, de nos jours, par Darwin. Le savant anglais démontre, en s'appuyant sur des faits nombreux, que tous les êtres créés sont dans un état continuel de lutte pour l'existence, pour la place qu'ils occupent, pour la nourriture dont ils ont besoin, et la reproduction qui est leur fin dernière.

Chaque individu du règne organique doit donc la vie à sa force, à son énergie, à sa volonté toujours agissante.

Chez l'homme — miroir vivant qui réfléchit l'univers entier, comme la *monade* de Leibnitz — se retrouvent les mêmes lois, non-seulement au physique, mais encore dans sa nature morale. Son esprit est *ondoyant et divers.* Les idées les plus contraires s'y font jour, et cette différence des idées est, ainsi que l'explique Cousin, une cause indestructible de guerre.

On peut en conclure déjà (sous réserve de développements ultérieurs) que, cette différence dans les idées étant une des conditions de l'humanité, la guerre qui en découle est nécessaire à sa marche progressive, car ainsi s'établit la loi de sélection naturelle qui améliore les races, ou du moins les accroît dans l'espace et les prolonge dans le temps.

Nous venons de dire que les hommes n'ont pas les mêmes idées; ils n'ont pas davantage les mêmes intérêts. De là une sorte de combat perpétuel dans la vie sociale. Commerçants et industriels se font une guerre acharnée sous le nom de *concurrence;* les élections, les concours, les courses, les jeux sont des luttes qui, parfois, descendent jusqu'au conflit matériel. Les membres de l'Institut sont divisés en camps rivaux; les diverses associations scientifiques et littéraires se disputent la prééminence ; on connaît de reste les batailles que se livrent entre eux les partis politiques, et l'on sait que des duels terminent souvent les orages parlementaires.

D'ailleurs, l'homme n'est-il pas en lutte constante avec lui-même? Le devoir, la passion, la haine font de son cœur un véritable champ de bataille, et lorsque aucune pensée tumultueuse ne l'agite, il se crée des troubles artificiels par la lecture ou le spectacle. S'il n'a pas la guerre en lui, il semble l'aimer chez les autres.

Il en est de même des groupes humains ou nations qui n'ont ni les mêmes mœurs, ni les mêmes lois, ni les mêmes croyances, ni les mêmes intérêts. Dans leurs rapports devra se révéler un antagonisme plus ou moins accentué. Ajoutez à cela les passions et les vices, dont la nature nous a si libéralement gratifiés, venant réveiller sans cesse ce feu qui couve sous la cendre. Vous voyez : la lutte est inévitable ; le sang va couler.

Ah! si la raison était souveraine, elle déciderait de tout. Mais elle n'est pas souveraine. L'homme n'est pas un pur esprit. Il a besoin de la force toujours, et il a hâte de s'en servir souvent pour résoudre les innombrables problèmes qui l'agitent. La force, aussi, est si commode! « Qui passera de nous deux? qui cédera la place à l'autre? Le moins habile? Mais je suis aussi habile que lui; il faudra se battre sur cela. Il a quatre laquais, et je n'en ai qu'un; il n'y a qu'à compter; c'est à moi à céder, et je suis un sot si je conteste. » (Pascal.)

On les retrouve partout ces quatre laquais, sous une forme ou sous une autre!

En résumé, la vie est un combat, puisqu'elle est la mise en œuvre des facultés morales, intellectuelles et physiques de l'homme, facultés imparfaites, anarchiques et envahissantes, produisant à chaque instant des effets contraires; et la guerre, représentation terrestre des grands drames de l'univers, est éternelle, puisque nous aurons éternellement des passions et des vices à assouvir, des idées opposées à défendre, des désirs et des besoins d'action à satisfaire.

« L'homme n'a pas seulement affaire avec la nature; il rencontre aussi l'homme sur son chemin, l'homme son égal, qui lui dispute la possession du monde,.... qui lui fait concurrence, qui le contredit et lui oppose son *veto*;.... aussi la vraie vertu humaine n'est pas purement négative. Elle ne consiste pas seulement à s'abstenir de toutes les choses qui sont réprouvées par le droit et la morale; elle consiste aussi, et bien davantage, à faire acte d'énergie, de talent, de volonté, de caractère contre le débordement de toutes ces personnalités qui, par le seul fait de notre vie, tendent à nous effacer. » (Proudhon.)

Quoi ! avons-nous conservé notre barbarie originelle? Ne reculerons-nous pas devant l'horreur de ces hécatombes, de ces tueries infernales, devant les deuils inconsolables des veuves et des mères? Toujours des larmes et du sang !

Philosophiquement parlant, ces résultats ne sont qu'un détail de la loi générale. Combien de forêts et de plaines riches en moissons les laves envahissent! Là aussi est un grand deuil pour notre planète; mais les volcans lui sont nécessaires. La mort de quelques victimes fait le salut de tous.

D'autre part, consultons notre nature, elle va nous répondre sur cette question. Malgré son grand âge (six mille ans, cent mille ans, on ne sait), l'homme n'est guère devenu raisonnable. Il est aujourd'hui, à peu de chose près, ce qu'il était sous Adam. Le *sauvage* des temps primitifs se battait à coups de poing. Le *civili.* des temps modernes se bat à coups de canon ; le progrès n'est pas dans l'homme, il est dans l'instrument. Ce n'est pas un progrès moral, c'est un progrès matériel.

Les auteurs ont beaucoup abusé de ce mot de *progrès.* Chemins de fer et télégraphes nous ont tourné la tête. Nous nous sommes crus cent fois meilleurs que nos ancêtres. Nous le sommes, oui, mais de combien peu !

Il nous est facile aujourd'hui de dompter la nature;
pouvons-nous nous dompter nous-mêmes?

« Le bien-être matériel ne s'accorde pas toujours avec
les mœurs, et le progrès suit souvent une marche inverse
dans le cœur et l'esprit des nations qui s'enrichissent;
ainsi l'abondance et l'oisiveté ne sont pas un progrès,
puisque ces choses amènent la corruption et la mollesse.
Le vrai progrès est le progrès moral. » (LEPLAY.)

En effet, où conduit le progrès matériel? A la satisfaction des besoins? Mais cette satisfaction engendre la
passion de la jouissance, l'égoïsme et les mauvaises
mœurs. A l'affranchissement des entraves de la nature?
Mais notre ennemie, ce n'est pas la nature, c'est nous-
mêmes nos plus grands ennemis. C'est de nos passions
et de nos vices qu'il faudrait nous affranchir. *O Dieu!
garde-moy de moy*, disait un sage d'autrefois.

A la science universelle? La science vraiment profi-
table est celle que prêchait Socrate à Athènes; mais sa
fameuse maxime : γνωθι ϲεαυτον (connais-toi toi-même),
n'est encore inscrite que dans les livres.

A l'égalité sociale? Quelle iniquité, cependant, si dans
le royaume des aveugles les borgnes n'étaient pas rois!

A la richesse? Elle a tué bien des empires que la pauvreté avait faits.

Le progrès matériel, sans être méprisable, n'est donc
pas celui qui va nous ouvrir les chemins de la Terre
promise.

Sera-ce le progrès intellectuel? Pas davantage. L'intelligence, elle aussi, vient, quand il le faut, en aide à

nos tueries; et pour les justifier invente des doctrines, des systèmes, des principes, mots ronflants et vides.

Non, c'est dans le progrès moral qu'est le *souverain bien*, et c'est justement dans celui-là que nous ne pouvons pénétrer. La loi du Décalogue a plus de trois mille ans; elle est encore trop sévère pour nous qui la violons chaque jour; nos fautes sont celles du peuple de Moïse. Notre intelligence voit mieux; mais notre cœur est toujours le même, faible et misérable. Aussi l'homme admire la vertu et tombe dans le vice; il prêche la paix, et il fait la guerre. Il pleure, il regrette, il se repent, il s'attendrit, mais ce n'est qu'après avoir consommé son crime. Ainsi que l'a chanté Racine, « il ne fait pas le bien qu'il aime, mais il fait le mal qu'il hait. »

N'est-ce pas déjà beaucoup qu'il aime le bien et qu'il déteste le mal? Sa vertu ne va souvent pas plus loin. Notre conscience brille autour de nous; c'est un soleil qui nous éclaire. Mais les passions, — comme les nuages, — l'obscurcissent. La nuit se fait, nous perdons notre route.

L'oiseau parfois abandonne la terre, et d'un vol hardi s'élance dans la nue. Le voilà planant au milieu de l'espace éthéré. Mais ses ailes se fatiguent; il faut qu'il se repose et qu'il mange. Il retombe, il cherche des graines, des insectes, et rentre dans son nid.

Ainsi de l'homme. Il aime à abandonner la réalité pour se complaire dans le rêve et s'enivrer d'idéal. Là, parmi ces régions sublimes, des créatures parfaites lui apparaissent, son enveloppe terrestre se fond, s'évanouit. Il vit, pur esprit, à la table des dieux. Cependant, il doit redescendre de l'empyrée, malgré que son orgueil en souffre, et il s'abat lourdement sur le sol, triste et humilié.

Ces voyages sont dangereux, parce qu'ils nous font oublier notre terrestre origine, parce qu'alors nous prenons en dégoût notre petite condition, et que nous finissons par nier les lois fatales qui nous enchaînent.

Reconnaissons, au contraire, le peu que nous sommes. On a beau regarder en haut, on est fait de boue. On a beau s'appeler *roi du monde,* on est plein d'incohérence et de confusion. On a beau se livrer aux rêves enchanteurs, la réalité est là qui veille à notre chevet, et nous rappelle notre imperfection.

Si tout cela est vrai, pouvons-nous espérer que la guerre disparaisse un jour? Ce serait, croyons-nous, un espoir chimérique. La guerre est dans l'avenir aussi bien que dans le passé. Souhaitons seulement qu'elle devienne plus rare, qu'elle s'humanise et se transforme en suivant, dans ses évolutions ascendantes, la civilisation morale, qui marche avec une trop sage lenteur.

CHAPITRE II.

Causes politiques et sociales de la guerre.

Orgueil et ambition des princes, ignorance et passion des peuples. — Causes justes et causes injustes. — L'invasion, la conquête. — Difficulté des solutions pacifiques. — Le paupérisme. — Le pillage.

« Un généalogiste prouve à un prince qu'il descend en droite ligne d'un comte dont les parents avaient fait un pacte de famille, il y a trois ou quatre cents ans, avec une maison dont la mémoire même ne subsiste plus. Cette maison avait des prétentions éloignées sur une province dont le dernier possesseur est mort d'apoplexie : le prince et son conseil voient son droit évident. Cette province, qui est à quelques centaines de lieues de lui, a beau protester qu'elle ne le connaît pas, qu'elle n'a nulle envie d'être gouvernée par lui ; que, pour donner des lois aux gens, il faut au moins avoir leur consentement ; ces discours ne parviennent seulement pas aux oreilles du prince, dont le droit est incontestable. Il trouve incontinent un grand nombre d'hommes qui n'ont rien à perdre ; il les habille d'un gros drap bleu à cent dix sous l'aune, borde leurs chapeaux avec du gros fil blanc, les fait tourner à droite et à gauche, et marche à la gloire.

« Les autres princes qui entendent parler de cette équipée y prennent part, chacun selon son pouvoir, et

couvrent une petite étendue de pays de plus de meurtriers mercenaires que Gengis-Khan, Bajazet, Tamerlan,
n'en traînèrent à leur suite.....

« On voit à la fois cinq ou six puissances belligérantes, tantôt trois contre trois, tantôt deux contre quatre, tantôt une contre cinq, se détestant toutes également
les unes les autres, s'unissant et s'attaquant tour à tour ;
toutes d'accord en un seul point, celui de faire tout le
mal possible. » (VOLTAIRE.)

Lorsque le Houyhnhnm demanda à Gulliver les causes
les plus ordinaires des guerres européennes, celui-ci
répondit respectueusement au cheval, son maître : « Souvent c'est l'ambition de certains princes qui ne croient
jamais posséder assez de terre ni gouverner assez de
peuples.

« Quelquefois, c'est la politique des ministres, qui
veulent donner de l'occupation aux sujets mécontents.
Ç'a été quelquefois le partage des esprits dans le choix
des opinions. L'un croit que siffler est une bonne action ;
l'autre, que c'est un crime. L'un dit qu'il faut porter des
habits blancs, l'autre qu'il faut s'habiller de noir, de
gris ou de rouge.....

« Deux princes ont été en guerre parce que tous deux
voulaient dépouiller un troisième de ses états, sans y
avoir aucun droit ni l'un ni l'autre. Quelquefois un souverain en a attaqué un autre de peur d'en être attaqué.
On déclare la guerre à son voisin, tantôt parce qu'il
est trop fort, tantôt parce qu'il est trop faible. Souvent
ce voisin a des choses qui nous manquent, et nous avons

des choses aussi qu'il n'a pas; alors on se bat pour avoir tout ou rien. Un autre motif de porter la guerre dans un pays, est lorsqu'on le voit désolé par la famine, ravagé par la peste, déchiré par les factions. Une ville est à la bienséance d'un prince, et la possession d'une petite province arrondit son état : sujet de guerre. Un peuple est ignorant, simple, grossier et faible : on l'attaque, on en massacre la moitié, on réduit l'autre à l'esclavage, et cela pour le civiliser.....

« La proximité du sang, les alliances, les mariages, autres sujets de guerre pour les princes: plus ils sont proches parents, plus ils sont près d'être ennemis.

« Les nations pauvres sont affamées; les nations riches sont ambitieuses; or, l'indigence et l'ambition aiment également les changements et les révolutions. » (Swift.)

Ces deux satires, l'une mordante, l'autre amère, sont justes au fond. Voltaire et Swift nous entraînent dans la coulisse et nous font voir les causes politiques de la guerre, dépouillées de tout costume officiel, sans ces voiles et attifages qui les rendent méconnaissables à la galerie, nues comme la vérité, comme la triste vérité.

En effet, l'histoire en main, on voit que l'ignorance des peuples, leurs rivalités, leurs haines habilement entretenues, l'orgueil et l'ambition des princes, leurs jalousies et leur cupidité peuvent troubler la paix la plus profonde et diviser des nations jusqu'alors en parfaite harmonie.

Cependant, il existe des causes justes de guerre. Voici les trois principales :

1° Défendre nous et ce qui nous appartient contre une agression injuste;

2° Reconquérir ce qu'on nous a ravi, ou ce que l'on refuse injustement de nous accorder;

3° Obtenir réparation d'un dommage causé et des garanties, afin qu'on soit pour l'avenir à l'abri d'un semblable préjudice.

Malheureusement, ces causes justes sont sujettes à tant d'interprétations, sont si vagues, si élastiques, que princes et ministres, pour peu rusés qu'ils soient, s'en servent comme de prétextes à leurs plus iniques entreprises, laissant à d'habiles juristes le soin de colorer les vrais motifs de nombreuses et belles raisons justificatives.

Le baron Jomini, résumant ses devanciers, classe les causes politiques de la guerre de la façon suivante :

1° Faire valoir d'anciens droits sur des provinces conquises;

2° Défendre des droits menacés;

3° Satisfaire de grands intérêts publics;

4° Guerres d'alliances;

5° Guerres d'interventions;

6° Guerres d'invasions, par manie de conquêtes;

7° Guerres d'indépendance.

Toutes ces causes démontrent jusqu'à l'évidence que la guerre, spécieuse ou non, ne s'éteindra jamais, puisque les peuples auront toujours quelque chose à prendre, à rendre, à défendre, à redemander ou à venger; puisque les états, tant qu'ils dureront, auront à régler des litiges de frontière, des droits de succession ou de conquête, des difficultés de commerce, des contestations de nationalité, des prétentions de suprématie ou de prépondérance, et des revendications de territoire.

Notez que tous ces conflits vont éclater entre des nations de races et de religions diverses, les unes jeunes et pleines d'ardeur, les autres vieilles et fières de leur passé; celles-ci pauvres et âpres à la curée, celles-là riches et insolentes; la plupart enfin ambitieuses, susceptibles, jalouses et égoïstes.

La civilisation est impuissante à dénouer ces nœuds gordiens. Aussi le glaive les tranche. Puis ces nœuds se reforment à mesure qu'ils se rompent, et l'œuvre brutale est encore à recommencer.

Prenons un exemple de la difficulté des solutions pacifiques. Vattel dit que l'accroissement d'une puissance voisine ne peut, seul et par lui-même, donner le droit de lui faire la guerre. Cette thèse est juste théoriquement; mais, en fait, elle ne se présente jamais sous des formes aussi simples, et Montesquieu répond avec raison : « Entre les sociétés, le droit de la défense naturelle entraîne quelquefois la nécessité d'attaquer, lorsqu'un peuple voit qu'une plus longue paix en mettrait un autre en état de le détruire et que l'attaque est le seul moyen d'empêcher cette destruction. » Voltaire blâme une pareille politique. Pradier-Fodéré la trouve étroite. « La meilleure manière, dit-il, de ne pas redouter l'envahissement, c'est de s'élever aussi soi-même par la civilisation dans l'estime des autres nations, de les intéresser, par les avantages d'un commerce fécond en richesse, à sa prospérité et de se préparer des alliances par des traités consciencieux. »

En admettant même, — ce qui est fort contestable, — que tous les peuples aient le pouvoir de suivre ce conseil, leur situation serait encore bien précaire, s'ils n'avaient pas d'autres garanties plus solides de leur indépendance. L'estime des voisins, un commerce prospère et des promesses d'alliances sont de bien faibles barrières contre les passions et les haines. Et pourquoi le pays qui attaque n'aurait-il pas, aussi bien que le pays envahi, l'estime de ses voisins, une grande richesse et des traités consciencieux ?

Vattel, d'ailleurs, après avoir posé son principe, fait un peu plus loin les réflexions suivantes : « Il est malheureux pour le genre humain que l'on puisse presque toujours supposer la volonté d'opprimer, là où se trouve le pouvoir d'opprimer impunément... Attendra-t-on pour détourner sa ruine, qu'elle soit devenue inévitable ?... Si un inconnu me couche en joue au milieu d'un bois, je ne suis pas encore certain qu'il veuille me tuer; lui laisserai-je le temps de tirer, pour m'assurer de son dessein ?.... *Il est peut-être sans exemple* qu'un état reçoive quelque notable accroissement de puissance, sans donner à d'autres de justes sujets de plaintes. » Ainsi il est permis d'attaquer pour éviter d'être attaqué soi-même

un jour. C'est un peu l'avis de Machiavel et de Fénelon.
« Les Romains, dit le premier, prévoyant de loin les
embarras politiques, surent toujours s'y préparer de
manière à n'avoir jamais besoin d'esquiver la guerre,
sachant que la différer ce n'est point l'éviter, mais plutôt
provoquer l'avantage d'autrui. » — « Lorsqu'on ne peut
éviter la guerre, écrit Fénelon dans ses *Conseils au duc
de Bourgogne*, qu'en donnant trop de prise et d'avantages à un ennemi injuste, artificieux et trop puissant, elle devient nécessaire; car, en voulant par faiblesse l'éviter, on y tomberait encore plus dangereusement. »

Proudhon ne reconnaissait pas de causes politiques
de la guerre, ou du moins il les ramenait toutes à une
seule : la rupture de l'équilibre économique, c'est-à-dire
le *paupérisme*.

La généralisation est sans doute forcée et le fougueux
polémiste a prêché un peu *pro domo sud*. Il n'en est pas
moins vrai que les premières guerres connues sont des
guerres de pillage, et que l'on en compte encore beaucoup de nos jours qui ont pour but, avoué ou non,
la conquête, qui est une nouvelle forme de pillage.
« Guerre, fille de famine, engendre donc rapine. » Tous
les anciens fondateurs d'empires, à y regarder de près,
ne sont que des brigands heureux qui distribuent à leurs
bandes les fruits du vol. Corsaires, pirates, écumeurs de
mer ou conquérants, c'est tout un, comme dans la
chanson de Villon. Les grandes émigrations sont toujours produites par une misère insupportable. On aban-

donne les pays pauvres pour s'installer de force dans les pays riches.

Les guerres de la Bible sont des ravages de territoires.

Les héros de l'*Iliade* n'oublient ni le butin ni le tribut. Dans la victoire, ils se gorgent des richesses de l'ennemi.

« Romulus et ses successeurs furent presque toujours en guerre avec leurs voisins pour avoir des citoyens, des femmes ou des terres; ils revenaient dans la ville avec les dépouilles des peuples vaincus; c'étaient des gerbes de blé et des troupeaux; cela y causait une grande joie. » (Montesquieu.)

Brennus, chef des Gaulois, répondant aux Fabius qui défendent Clusium, s'explique à ce sujet avec une franchise toute barbare : « Le tort que nous ont fait les Clusiens, dit-il en se mettant à rire, c'est qu'ils veulent posséder beaucoup plus de terres qu'ils n'en peuvent cultiver, et qu'ils refusent de les partager avec nous, qui sommes étrangers, pauvres et nombreux. C'est, Romains, le même tort que vous avaient fait anciennement les Albains, les Fidénates, les habitants d'Ardée; c'est celui que vous ont fait depuis peu les Véiens, les Capénates, la plupart des Falisques et des Volsques. Ces peuples refusent-ils de vous faire part de ce qu'ils possèdent, vous marchez contre eux, vous les réduisez en servitude et vous détruisez leurs villes. En cela vous ne faites rien d'extraordinaire et d'injuste; vous suivez la plus ancienne de toutes les lois, celle qui donne au plus fort les biens des plus faibles; loi qui commence à Dieu même et s'étend jusqu'aux animaux, à qui la nature apprend que le fort doit toujours être mieux partagé que le faible. » Nous sommes bien un peu les fils de ce Brennus, nous qui admirons la harangue prononcée du haut des Alpes par Bonaparte : « Soldats, vous êtes nus, mal nourris, on vous doit beaucoup, on ne peut rien vous donner... Je viens vous conduire dans les plus fertiles plaines du monde. De riches provinces, de grandes villes seront en votre pouvoir, et là vous aurez richesses, honneur et gloire. Soldats d'Italie, manqueriez-vous de courage ! »

Ainsi donc le besoin, — qui produit, à l'intérieur des états, des révolutions incessantes, — produit entre eux des luttes sans fin. Partout riches et pauvres sont ennemis. On peut dire que la guerre est une spoliation, une vaste liquidation sociale.

Résumons ce chapitre. Que voit-on depuis le commencement du monde? Les hommes, d'abord isolés comme la plupart des animaux, se battent isolément pour un os, pour une hutte, pour une femme. Puis ils forment une première association d'intérêt, d'affection et de défense, celle de la famille : les familles luttent entre elles pour des troupeaux, des champs ou des récoltes. Vient une deuxième association; les familles se réunissent en tribus, clans ou communes. Les tribus se font la guerre dans le but de s'agrandir ou d'assouvir quelque vengeance. Bientôt les tribus s'entendent et forment une troisième association, celle des provinces, qui se jettent les unes sur les autres à propos d'une jalousie de chefs ou d'une querelle d'habitants. La quatrième association engendre les états. Ceux-ci se livrent entre eux à des combats sanglants. Il s'agit de haines de races et de délimitations de frontières.

On remarque partout des essais d'une cinquième association, la fédération des peuples. Mais les états confédérés règlent également leurs litiges par les armes.

Enfin, la théorie indique une sixième et dernière association, l'humanité entière enchaînée par un lien commun : tous les hommes frères, amis, égaux ! Alors la guerre n'existe plus; le rêve de l'abbé de Saint-Pierre est dépassé, Victor Hugo devient un réactionnaire, l'*harmonie* de Fourier règne sur le globe, c'est le retour à l'âge d'or des poètes, âge d'or cimenté par un pacte amphictyonique.

Mais quel rêveur a la vue assez perçante pour entrevoir cette Terre promise ? Et s'il est permis à notre race d'atteindre, dans les âges futurs, cette étape dernière où s'égare aujourd'hui notre imagination impatiente, que de flots de sang et que de nouveaux cadavres il nous faudra encore franchir, avant de nous jeter dans les bras l'un de l'autre !

CHAPITRE III.

Causes secondaires de la guerre.

Motifs légers et futiles. — La superstition. — Influence
des femmes.

Il est quelques causes de guerre, ne se rattachant spécialement ni aux causes naturelles ni aux causes politiques, et dont il est bon de dire un mot.

Nous parlerons d'abord des motifs légers et futiles. Une certaine école, dont fait partie l'illustre Michelet, observe l'histoire à travers un microscope et cherche ce qu'on appelle vulgairement *la petite bête.* La pâmoison d'une maîtresse de roi, l'indigestion d'un premier ministre, une rage de dents, un cheval échappé, une porte que le vent ferme avec bruit, et voilà la guerre allumée! « Toute l'Asie, dit Montaigne, se perdit et se consomma pour le m..... de Pâris; l'envie d'un seul homme, un despit, un plaisir, une jalousie domestique, causes qui ne debvroient pas esmouvoir deux harengières à s'esgratigner, c'est l'âme et le mouvement de tout ce grand trouble. »

Ne citons, à ce sujet, qu'un exemple emprunté à Plutarque : « Lors de l'invasion de Xercès, lorsque Thémistocle discutait avec Eurybiade sur le tillac d'un vaisseau, il parut une chouette qui, volant à sa droite, alla se poser sur le haut du mât. *Ce fut surtout ce qui rangea les Grecs à son opinion;* et ils se préparèrent à combattre sur mer. »

Il est difficile d'admettre que l'existence de la Grèce ait pu dépendre d'un oiseau de nuit; et en poussant un pareil raisonnement à ses dernières limites, quelque bel esprit se ferait fort de démontrer que toutes les guerres du premier Empire sont uniquement dues à une colique du grand Mogol.

Que croit-on généralement? C'est que la guerre, mue par des causes générales, est déterminée occasionnellement par des incidents plus ou moins sérieux, mais qui n'ont jamais aucune importance philosophique.

« Ce n'est pas la fortune qui domine le monde..... Il y a des causes générales, soit morales, soit physiques, qui agissent dans chaque monarchie, l'élèvent, la maintiennent ou la précipitent : tous les accidents sont soumis à ces causes; et si le hasard d'une bataille, c'est-à-dire une cause particulière a ruiné un état, il y avait une cause générale qui faisait que cet état devait périr par une seule bataille; en un mot l'allure principale entraîne avec elle tous les accidents particuliers. » (Montesquieu.)

Toutefois, il faut faire une concession à cette théorie, en ce qui concerne les femmes, dont l'influence sur le monde a été incontestable, depuis Eve qui, dit-on, nous a perdus tous. Les Bethsabée, les Hérodiade sont mêlées à l'histoire de leur pays. On sait le rôle que joua en Grèce la belle Aspasie de Milet, et l'on connaît l'accusation que lui porta l'Aréopage, d'avoir lancé Périclès dans la guerre de Samos. Cléopâtre a mis en feu le monde ancien; « si son nez eût été plus court, toute la face de la terre aurait changé. »

En France, Agnès Sorel a réveillé la langueur de Charles VII, et Jeanne Darc a sauvé sa couronne. Diane de Poitiers a exercé un grand empire sur François Ier et Henri II, aussi bien que Gabrielle d'Estrées sur l'esprit de Henri IV. Combien de guerres ont été déclarées pour leurs beaux yeux, nul ne le sait. C'est à l'instigation de Mme de Maintenon que Louis XIV a révoqué l'édit de Nantes, ordonné les *dragonnades* et soulevé ainsi de terribles orages. Les Montespan, les Dubarry et autres personnes célèbres du même genre ont trempé le bout de leurs doigts roses dans bien des conflits déplorables. Sans les conseils de Marie-Antoinette à Louis XVI, qui sait si nous aurions eu les guerres de la Révolution? Qui sait si la dynastie des Bourbons ne serait pas encore debout? Et de nos jours?... Mais pourquoi ces exemples? Notre rôle n'est point de passer en revue tout ce que le sexe faible a fait faire au sexe fort. C'est à l'historien qu'il appartient de se demander, à chaque guerre entre diverses nations, ce que le fameux Vidocq se demandait, devant chaque crime : *Où est la femme?*

Nous voulions simplement prouver que, quelque grands ou petits que soient les résultats produits par la chouette de Thémistocle ou le nez de la maîtresse d'Antoine, ils viennent toujours à l'appui de notre thèse et rendent plus sensible encore l'infirmité de la condition humaine.

CHAPITRE IV.

Fatalité de la guerre.

Dura lex, sed lex. — L'humanité n'a jamais déposé les armes. — Les gouvernements ne sont pas seuls responsables. — La guerre a ses racines dans notre nature. — La paix n'est pas de ce monde.

Les premières lignes de cette étude montrent que le mouvement qui anime la nature engendre des luttes continuelles entre les premiers éléments des choses. Cette loi d'antagonisme universel reconnue, on a vu qu'elle se résolvait en guerre dans l'humanité, et que notre nature se prêtait essentiellement à cette fâcheuse transformation. La logique en conclut que la guerre est inévitable, fatale, comme toutes les lois qui agissent en même temps hors de nous et dans nous, telles, par exemple, que les lois d'équilibre, de pesanteur, d'affinité ou de dissociation. *Dura lex, sed lex.*

Lorsqu'après réflexion l'homme s'est pénétré d'une théorie quelconque et que cette théorie est peu consolante, c'est presque un soulagement pour lui de découvrir que bien d'autres et de plus profonds penseurs en sont également convaincus. Il ne s'est donc pas trompé ! Et il éprouve un sentiment semblable à celui qui, jeté dans une triste prison, aperçoit de tous côtés de nombreux compagnons d'infortune.

Eh bien ! que ceux qui croient à la fatalité de la guerre ne se découragent pas; ils sont en belle compagnie, et Voltaire tout d'abord leur tend la main :

« A. — La guerre ressemble au mont Vésuve ; ses éruptions engloutissent des villes et ses embrasements s'arrêtent. Il y a des temps où les bêtes féroces, descendues des montagnes, dévorent une partie de vos travaux ; ensuite elles se retirent dans leurs cavernes.

« B.—Quelle funeste condition que celle de l'homme !

« A. — Celle des perdrix est pire : les renards, les oiseaux de proie les dévorent ; les chasseurs les tuent ; les cuisiniers les rôtissent, et cependant il y en a toujours. La nature conserve les espèces et se soucie très-peu des individus.

« B. — Vous êtes dur, et la morale ne s'accommode pas de ces maximes.

« A.—Ce n'est pas moi qui suis dur, c'est la *destinée*. Vos moralistes font très-bien de crier toujours : « Misérables mortels, soyez justes et bienfaisants ; cultivez la terre et ne l'ensanglantez pas ! Princes, n'allez pas dévaster l'héritage d'autrui, de peur qu'on ne vous tue dans le vôtre ! Restez chez vous, pauvres gentillâtres ; rétablissez votre masure, entourez vos champs de haies vives, etc., etc. » Ces discours feront peut-être impression sur trois ou quatre têtes organisées, tandis que cent mille autres ne les entendront seulement pas et brigueront l'honneur d'être lieutenants de *housards*. » (VOLTAIRE.)

Aussi il n'y a que les habitants de la Bétique qui aient écouté ces conseils et se soient éternellement maintenus en paix, parce que ces habitants n'ont vécu que dans le cerveau d'un placide philosophe.

« Depuis les temps historiques, écrit le général Bardin, le soleil a presque toujours éclairé une guerre flagrante sur un point du globe ou sur un autre. Les écrivains qui blâment la guerre, l'avouent inévitable et la considèrent comme une position forcée de la vie humaine; écrire contre elle, c'est déclamer contre la fureur des orages et frapper de blâme l'Etna. Il faut accepter l'état social avec ses charges, et la guerre en est une; il faut tolérer chez les hommes les passions inséparables de leur nature. »

Le fameux général américain Sherman fait le même aveu :

« La théorie universelle considère la guerre comme une barbarie, et pourtant les nations les plus civilisées font la guerre. Elle est un mal nécessaire et existera tant qu'il y aura des hommes. »

Dominant tous les efforts, surmontant tous les obstacles, elle se dresse devant nous comme un fait irréductible, aussi indépendant de notre volonté qu'impénétrable à notre raison; de sorte que l'homme paraît ncore plus incompréhensible sans la guerre qu'elle-même est incompréhensible à l'homme.

« La guerre, comme la diversité des langues, est l'une des lois auxquelles l'humanité ne saurait se soustraire. Rêver la paix universelle pour l'espèce d'hommes qui peuplent notre planète et y naissent invariablement avec les germes de tous les vices, c'est rêver l'Océan sans marées ni tempêtes, immobile et croupissant, c'est-à-dire la peste universelle. » (LAHAUSSOIS.)

Cependant, dit-on parfois, si les princes venaient à disparaître, la guerre disparaîtrait avec eux. Ce sont eux qui maintiennent les armées, et, de temps à autre, sont obligés de leur donner quelques provinces en pâture pour apaiser leurs appétits et aiguiser leurs dents. Rois et empereurs sont les seuls coupables.

Hélas non ! Comment croyez-vous possible que des millions d'hommes se fassent égorger sur tous les points de la terre pour le bon plaisir de sept ou huit *bipèdes sans plumes*, comme les appelait l'irrévérencieux P.-L. Courier.

La sottise humaine, toute profonde qu'on la suppose, ne le serait pas à ce point.

Il est vrai que les gouvernements excitent souvent les passions des peuples, surtout lorsqu'il s'agit de détourner l'attention d'embarras intérieurs ou d'éviter le danger d'un soulèvement révolutionnaire. Ainsi le Sénat romain, fatigué par les plaintes et les demandes des plébéiens, cherchait à les distraire de leurs inquiétudes et à les occuper au dehors. Il nourrissait des guerres « pour servir de saignée à la république et esventer un peu la chaleur trop véhémente de leur ieunesse, escourter et esclaircir le branchage de ce tige foisonnant en trop de gaillardise, pour dériver cette esmotion chaleureuse qui étoit parmy eulx, de peur que ces humeurs peccantes qui dominoient toujours en eulx ne maintinssent la fiebvre et n'apportassent la ruyne entière. » N'est-ce pas là la meilleure preuve que le peuple est querelleur, batailleur, turbulent, amoureux du changement et de l'inconnu, qu'il aime la guerre enfin, et pour un rien la fait?

Aussi voit-on démocraties, républiques, empires ou royautés, mettre un égal empressement à armer leurs bataillons. Bons et mauvais gouvernements ont, les uns comme les autres, décrété des massacres. La République romaine a toujours eu les armes à la main, tandis que l'Empire a fermé le temple de Janus (pour le rouvrir, il est vrai, bientôt après à deux battants). Les Républiques italiennes ont longtemps guerroyé entre elles. Le sol de la libre Amérique a été naguère souillé de sang. Enfin, aujourd'hui, les nations les plus maîtresses d'elles-mêmes ont la main à la garde de leur épée, prêtes à défendre un droit ou à remplir un devoir.

« A supposer, dit le sous-intendant Hueber, que toutes les armées disparaissent à l'instant, la première chose que ferait chaque état après cette disparition serait de former bien vite une autre armée. On a fait quelquefois de bonne politique et il y a eu de bons gouvernements, sans que pour cela la guerre ait été, même momentanément, abolie. Le droit et la justice exercent un puissant empire sur l'homme, mais ils ne dirigent pas toujours ses actes. On dirait même qu'il éprouve parfois un besoin invincible de s'en affranchir.

« Dire que chez l'homme la passion de la guerre est un sentiment faux ou factice, c'est donc se tromper. Il naît avec cette passion; il la croit noble et il la glorifie. »

C'est du reste ce sentiment natif qui explique le renom

des héros, l'attrait des légendes nationales, l'ardeur des hommes qui vont combattre, les émotions patriotiques, la joie du peuple vainqueur, le deuil général du peuple vaincu.

Le même écrivain ajoute quelques pages plus loin :

« L'opinion du moraliste rejetant le principe de la guerre parce qu'il en connaît un plus parfait, mais qui n'est pas praticable, prouve combien, dans les affaires humaines, toute théorie qui ne tient pas compte des faits est vaine. »

Puisque les caractères les plus doux aiment la guerre, la désirent et la font avec passion, comment alors soutenir qu'elle n'est que l'explosion fortuite d'un sentiment brutal, qu'une invention de gens cruels, qu'un horrible expédient de rois sans entrailles? La guerre, à la juger de haut, est bien plutôt la base fondamentale des civilisations qui se succèdent, le principe générateur où chaque race vient puiser sa force et son héroïsme.

« Peu importe que la société soit plongée dans les hasards de la guerre ou que, entourée d'ennemis, elle soit condamnée à vivre en combattant; que, toujours assiégée, ses confins soient marqués par des batailles : on sait d'avance qu'elle est une œuvre de guerre, et que, destinée à tenir tête aux voisins, son gouvernement, ses lois, ses institutions, sa tradition supposent l'ennemi, et n'ont d'autre but que de disposer des hommes et des biens pour repousser à tout instant des invasions armées, des irruptions désespérées. *Le jour où elle aura cessé de combattre, elle aura cessé d'exister.* » (Ferrari.)

Il résulte de toutes ces citations que la guerre a ses racines dans notre nature ; qu'elle est aussi impossible à supprimer que le flux et le reflux de la mer, que la chute des corps graves, que les orages de l'atmosphère, que la foudre qui brûle les édifices ou la grêle qui hache les blés ; enfin, que ceux qui veulent la paix à tout prix, — la paix, chose négative, synonyme d'inertie ou de néant, — n'ont des chances de la trouver que là où plus rien ne bouge, c'est-à-dire dans les cimetières.

CHAPITRE V.

Moyens employés contre la guerre.

Moyens diplomatiques (transactions, arbitrages, conférences, congrès).
— Moyens philosophiques et religieux. — Moyens politiques
(l'équilibre européen). — Moyens philanthropiques (l'abbé de
Saint-Pierre, Fourier, etc.). — Moyens démocratiques (plus de
patrie, désarmement, fédération). — Moyens économiques.

Les hommes ont cherché, cherchent et chercheront toujours à éloigner d'eux le triste fléau de la guerre. C'est surtout après les grandes luttes qu'ils aspirent à un long repos. Alors la religion, la diplomatie, la raison, la science, tout est employé à soustraire l'humanité à cet impôt terrible qu'elle vient de payer au minotaure. Sermons, conférences, livres, projets se mettent à l'œuvre.

Autant en emporte le vent !

La paix suit la guerre et la guerre suit la paix, toutes deux formant une sorte de cercle fatal autour duquel, que nous le voulions ou non, il nous faut tourner, comme tourne autour du puits à roues le cheval du maraîcher.

Occupons-nous, pour le moment, des voies suivies par la diplomatie à l'effet de terminer les contestations internationales et d'éviter l'effusion du sang.

Les juristes établissent ainsi la gamme de ses efforts :

1° L'accommodement amiable (qui réussit le plus souvent);

2° La transaction, accord dans lequel on se fait des concessions mutuelles ;

3° La médiation (un ami commun interpose ses bons offices, avec impartialité et esprit de conciliation ; c'est du moins sa mission) ;

4° L'arbitrage. C'est-à-dire que la solution du différend est confiée à des arbitres, choisis d'un commun accord. On cite de nombreux cas d'arbitrages suivis de succès ; mais ce que l'on oublie d'ajouter, c'est que, dans le cas de réussite, il s'agit le plus souvent de nations qui ne veulent pas ou ne peuvent pas se faire la guerre. Si les deux pays, ou si seulement l'un des deux avait la ferme intention de se battre, il ne tiendrait pas compte de l'arbitrage, et cela sans crainte, attendu qu'il n'existe pas de pouvoir de sanction ;

5° Conférences et congrès. Ce sont des assemblées de plénipotentiaires cherchant des moyens de conciliation, discutant et ajustant les prétentions mutuelles. « Mais ces assemblées, dit Pinheiro-Ferreira, n'ont jamais eu pour les nations l'utilité que celles-ci s'en étaient promise. » En effet, le sentiment qui inspire leurs résolutions est presque toujours un sentiment de défiance réciproque qui engendre de nouvelles luttes. Rarement la diplomatie vient à bout des difficultés pendantes, et les congrès sont, à consulter l'histoire, la plupart du temps les précurseurs de la guerre.

Ces cinq obstacles à un conflit armé sont bien faibles, et l'on peut dire d'eux ce que le philosophe grec disait des lois : « Toiles d'araignée qui arrêtent les petites mouches, mais au travers desquelles passent les grosses. »

En fait, la diplomatie a fomenté plus de guerres qu'elle n'en a empêché. Après la lutte, elle signe des traités de paix, c'est-à-dire qu'elle reconnaît les prétentions du vainqueur. Un traité n'est donc qu'une trêve, qu'un armistice plus ou moins durable, ou si l'on veut qu'un morceau de papier que l'un des deux signataires déchire d'un coup de sabre.

Autant de traités de paix signés, autant de traités violés. Et il ne peut en être autrement. Ceux qui font des promesses, le pistolet sur la gorge, ne se croient pas liés par elles. S'ils deviennent assez forts pour les renier, ils le font. C'est ce qui se voit tous les jours.

Violer la sainteté des serments, c'est de la mauvaise foi sans nul doute, mais les nations n'en ont pas le moindre scrupule, et une longue expérience prouve qu'elles n'ont que trop raison de se suspecter l'une l'autre. « De 1496 avant J.-C. jusqu'en 1861, 8,397 traités de paix, d'alliance, *d'amitié perpétuelle*, ont été conclus. Leur durée moyenne a été d'environ *deux ans*. » (Odysse Barrot.)

Les diplomates sont donc impuissants.

La religion, la politique, la philosophie sont-elles plus heureuses? Pour nous convaincre du contraire, voyons un peu à travers les siècles.

En Grèce, le conseil des Amphictyons était une assemblée politique fédérale jugeant les attentats contre le droit des gens. La juridiction était souveraine, mais ses conseils étaient peu écoutés. Les petits peuples grecs ont toujours bataillé les uns contre les autres jusqu'à la conquête macédonienne.

La philosophie stoïcienne, enfantée par l'austère Zénon, réprouve la guerre, prêche la justice, le bon droit et fait de nombreux adeptes, dont les plus illustres ne reculent nullement à prendre les armes.

Après la bataille d'Actium, Auguste proclame l'empire universel et la paix générale. Soyez tous esclaves, vous serez tous tranquilles ! Ce *quietum servilium* est un leurre, et sous les douze Césars la guerre souffle aux quatre coins du monde.

Voici venir le christianisme. Un dieu pacifique apparaît ; la croix où il meurt est le symbole de la fraternité des peuples. L'union et la concorde vont-elles régner sur la terre ? Loin de là. Des luttes commencent entre l'ancienne et la nouvelle religion, entre l'orthodoxie et l'hérésie. L'empire romain s'écroule avec ses dieux ; les barbares l'envahissent. Le désordre est à son comble. Charlemagne reprend en Occident l'œuvre d'Auguste. L'empire chrétien est fondé, mais la fureur guerrière redouble ; les évêques eux-mêmes quittent la crosse pour l'épée et le Moyen-Age se débat au milieu de ruines amoncelées, à tel point qu'il faut imaginer la *trêve de Dieu,* c'est-à-dire déterminer certains jours pendant lesquels il sera défendu de se battre sous peine d'excommunication.

Louis IX cherche aussi à restreindre l'anarchie sociale

produite par les guerres privées. Il établit la *quaran-taine-le-roi* et d'autres ordonnances empreintes des plus nobles sentiments de conciliation. Vains efforts! Ses vassaux guerroyent à l'envi. Lui-même, d'ailleurs, n'a-t-il pas été combattre les infidèles et verser le sang de son peuple en Egypte, *ad majorem Dei gloriam?*

La Réforme que prêche Luther, au nom de la paix du monde, réveille les haines religieuses. Ce n'est pas seulement contre la tyrannie et les injustices de la cour de Rome que se soulèvent les vilains de tous pays, mais contre les nobles et les rois.

On parle de tolérance, et l'on s'égorge; on parle de liberté, et chacun s'arme pour être le maître. Catholiques et protestants se jettent les uns sur les autres pour des querelles de doctrines, pour des interprétations de textes, pour des mots.

C'est au congrès de Westphalie (1648) qu'a été reconnu pour la première fois, dans les actes diplomatiques, *l'équilibre européen.* Les traités signés dans ce congrès sont considérés comme le chef-d'œuvre de la politique et ont été nommés le *Code des nations.* Les relations internationales y étaient réglées d'une façon supérieurement habile. Le droit des gens, que venait de proclamer Grotius (*De Jure pacis et belli*), y apparaît dans toute sa splendeur. Bref, il semblait que les peuples, abjurant leur passé barbare, se fussent engagés dans des sentiers nouveaux, éclairés par des idées de paix, d'ordre et de justice.

Deux ans après ce pacte célèbre, des révoltes renaissent, des ligues se renouent. Les beaux projets s'évanouissent; tout est à recommencer.

L'*équilibre européen* n'était donc qu'une trompeuse espérance? Oui, et peut-être ne sera-t-il de longtemps autre chose, car pour qu'il produisît la paix il faudrait qu'aucune puissance ne surpassât de beaucoup les autres, ne fût ni plus forte, ni plus grande, ni plus riche; il faudrait appliquer à toutes le supplice imaginé par le fameux brigand Procuste, qui, après avoir étendu ses victimes sur un lit, faisait couper les pieds et les jambes de tous ceux qui étaient plus longs que le lit, et faisait, au contraire, allonger avec des cordes les malheureux qui se trouvaient trop petits.

Ce supplice ne serait pas même suffisant. En effet, deux puissances, égales aujourd'hui, ne le seront plus demain, par suite du développement de l'industrie nationale, des vertus militaires, des mariages et de toutes les conditions qui modifient l'état des peuples.

Que se passe-t-il en Europe? Tantôt l'état le plus puissant fait la loi; tantôt les états rivaux se coalisent contre lui, parce qu'il est le plus fort; tantôt les états forts se coalisent contre les faibles, parce qu'ils sont faibles. L'équilibre européen ne repose donc sur aucun principe arrêté, sur aucune règle fixe, sur aucune base certaine : c'est l'organisation du chaos.

Chaque peuple l'entend à sa manière. « Pour l'Italie, il consiste à fonder une sixième grande puissance, car s'il y a trois grandes puissances au nord, il en faut trois grandes au midi; s'il y a trois puissances protestantes, il faut trois puissances catholiques. Pour la Prusse, qui était naguère la plus petite des trois grandes puissances, l'équilibre exige qu'elle soit à la hauteur des autres, pour faire contre-poids à la France et à la Russie (ceci était écrit avant la guerre de 1870). Pour quelques Français, il consiste à ne pas laisser la France dans un état d'infériorité dangereuse en face du continent européen, de la rendre aussi forte que tous, et plus forte que chacun. Pour l'Angleterre, il consiste à entretenir une marine qui puisse résister à toutes les marines réunies de l'Europe. Tout est d'ailleurs instable dans cet équilibre. Les forces se déplacent incessamment,... les intérêts décident des alliances et des tendances particulières... Si deux grandes puissances sont en guerre, la victoire de l'une décide, après la lutte, de sa suprématie sur l'autre, et un équilibre politique se fonde sur cette inégalité; si la victoire s'était prononcée pour le parti opposé, un équilibre tout différent se serait formé et il aurait passé pour aussi rationnel que le premier. Le principe de l'équilibre n'est donc souvent que la ratification des faits accomplis; il approuve ou condamne les mêmes choses suivant qu'elles réussissent ou qu'elles échouent; il n'est pas nécessairement d'accord avec la justice. » (HUEBERT.)

Aussi peut-on dire de lui ce que Mme Roland disait de la liberté : Que de crimes commis en son nom!

« N'est-ce pas, demande M. de Carné, en vertu de cet équilibre qu'ont été consommés les trois partages de la Pologne? Qu'a dit l'Autriche pour légitimer sa participation, d'abord timide, à un attentat que sa souveraine déplorait comme un crime et comme une faute? Ne s'excusa-t-elle pas sur l'obligation de faire contre-poids à la Prusse et à la Russie, dont les souverains, esprits forts, avaient conçu la première pensée de ce forfait politique?... Cet équilibre a été bouleversé par Louis XIV au xviie siècle, par Frédéric II au xviiie, et par Napoléon Ier au xixe. »

L'équilibre européen n'est donc pas un obstacle à la guerre, puisqu'il ne fait que confirmer cette maxime bien connue : *La raison du plus fort est toujours la meilleure.*

La philanthropie, on va le voir, n'a pas été moins impuissante que la politique. C'est au xviiie siècle que les théories humanitaires ont été le plus goûtées. On en voyait éclore dans le cerveau de chaque philosophe. Tous les écrivains déclamaient contre la guerre et proposaient d'ingénieux moyens de la détruire. De quels termes énergiques l'ont flétrie les encyclopédistes! Voltaire, en particulier, fut son grand ennemi, ce qui ne l'empêcha pas, toutefois, d'applaudir bruyamment aux triomphes militaires de son ami le roi de Prusse. Odes, romans, lettres, satires fourmillent d'invectives contre cette rage qui pousse les hommes à s'entre-déchirer. Un jour il adressa sur ce sujet une longue épître au général de Guibert qui lui répondit : « On s'en prend toujours à la guerre des calamités du monde; et le despotisme, les rois ignorants, les mauvais ministres sont des fléaux bien plus cruels; ce sont eux qui font couler le plus de larmes et qui dépeuplent sourdement la terre. » C'est à cette époque que l'abbé de Saint-Pierre lança un projet de paix perpétuelle à la face du monde étonné de tant de hardiesse. D'après le projet aussi noble que chimérique de ce bon abbé, un congrès permanent devait régler les contestations européennes par voie d'arbitrage.

D'un trait de plume l'homme devenait bon et juste; les arsenaux se remplissaient d'armes meurtrières désormais inutiles, tandis que les cœurs se remplissaient de joie et d'amour. Le seul tort du projet était d'être impossible : convier à un embrassement général les loups et les moutons, c'est prêcher dans le désert. Cependant l'utopie était trop séduisante pour ne pas faire son chemin. Quelques hommes de bonne volonté l'accueillirent avec ardeur. Rousseau la défendit éloquemment. Kant lui-même, l'incompréhensible, voulut dire son mot dans l'affaire et s'écria : « La paix perpétuelle est impraticable; mais elle est *indéfiniment approximable.* » On fut fixé, il ne restait plus qu'à poser la formule.

Fourier reprit cette thèse plus tard. Il fondait l'harmonie universelle sur l'émancipation des passions et leurs combinaisons multiples, sur l'accord des intérêts et l'organisation sériaire du travail. L'humanité, libre et heureuse, formait une seule association, un vaste phalanstère dont la capitale était Constantinople. Les armées, pleines d'un enthousiasme nouveau, quittaient le fusil pour la pioche et travaillaient à la construction des grandes routes, au percement des isthmes et à l'endiguement des mers.

On sait que ce plan magnifique a été rejoindre ceux de Thomas Morus et de Campanella au pays des brouillards. De sorte que la paix perpétuelle, cet idéal des sociétés, en est aussi restée l'illusion.

La Révolution française fut un événement immense; c'est d'elle que devait dater la fin des guerres et la fraternité des nations, parce qu'elle était la révolte du droit contre la force, de la raison contre l'injustice. Hélas ! son baptême fut sanglant et sa chute non moins sanglante. Elle donna le jour au plus grand conquérant des temps modernes. Pendant vingt ans l'Europe est en feu, des tueries gigantesques épouvantent le monde, et la France, s'enivrant de gloire dans une orgie monstrueuse de batailles, assoit sur des montagnes de victimes son omnipotence éphémère.

Après la chute de Napoléon, la torche de la guerre paraissait à jamais éteinte. Les déclarations solennelles de la Sainte-Alliance, les préceptes de justice, de charité et de paix proclamés par les trois monarques, *au nom de la très-sainte et très-indivisible Trinité*, semblaient promettre aux nations, avides de repos, une ère indéfinie de calme et de bonheur. D'autre part, le besoin d'activité prenait des voies nouvelles : l'industrie, le commerce, la science attiraient toutes les énergies, absorbaient toutes les intelligences. De son côté, l'économie politique inspirait l'horreur du carnage et supputait, par des calculs fantastiques, les pertes immenses résultant de ces boucheries humaines, aussi odieuses qu'inutiles. Enfin, les mœurs s'adoucissaient; aux yeux des hommes positifs la gloire n'était plus qu'une aventurière, et les hécatombes du commencement du siècle avaient, disaient-ils, apaisé pour toujours la soif des conquêtes.

Qu'est-il sorti de cette aspiration unanime, de ce soupir universel après le nouvel Éden? Proudhon va le dire : « C'est le carbonarisme italien, le socialisme, la guerre d'Espagne, la guerre de Grèce, l'insurrection de la Pologne, la séparation de la Belgique, l'occupation d'Ancône, l'insurrection hongroise, la guerre de Novare, l'expédition de Rome, les deux campagnes de Crimée et de Lombardie, les guerres d'Algérie, du Caucase, de la Chine et de l'Inde; » auxquelles il faut ajouter celles d'Amérique, de Syrie, du Mexique, du Schleswig, d'Autriche, de France et de Turquie, plus terribles et plus meurtrières que toutes les autres.

Et l'avenir n'est pas moins sombre. Toutes les nations s'arment, augmentent leurs armées, fortifient leurs frontières et se préparent à de prochains événements. C'est à qui, des gouvernements, possédera les plus formidables engins de destruction, les troupes les plus nombreuses, et l'on peut dire avec un rédacteur humoriste du *Times* de New-York, que le moderne critérium de la civilisation gît dans la supériorité que sait montrer un peuple dans l'art de fabriquer et d'employer les armes se chargeant par la culasse.

Un semblable état de choses nous interdira pendant longtemps encore de goûter ces doux loisirs que nous promettent d'une façon si positive les chaleureux défenseurs de la paix.

Attendons-nous, au contraire, à des luttes imminentes. Il suffit de jeter les yeux sur la carte de l'Europe pour être frappé des points noirs qui obscurcissent l'horizon. Chaque peuple a sa blessure au flanc ou sa haine au cœur. Celui-ci rêve de gloire : les trophées de l'ancienne Rome l'empêchent de dormir. Celui-là, comme le Cid, veut venger dans le sang un outrage reçu. D'autres sont prêts à faire tous les sacrifices nécessaires à l'établissement de leur fortune nouvelle ou au maintien de leur antique grandeur. Combien rongent leur frein en silence, n'attendant qu'un mot pour secouer le joug qui leur pèse, et, à chaque instant, la nue est déchirée d'éclairs qui présagent la tempête.

« Aucun sommeil n'est possible avec des plaies et des affronts pareils, écrivait naguère Victor Hugo, en présentant la situation tendue de l'époque. On ne met point la paix dessus. La fraternité n'est pas un fait de surface. La paix n'est pas une superposition. Elle est une résultante. On ne décrète pas plus la paix qu'on ne décrète l'aurore. »

Le royaume de la paix, c'est celui du Christ : il n'est pas de ce monde.

Cependant, malgré les bouleversements, les commotions et les menaces dont souffre le temps où nous vivons, certains esprits, inaccessibles au découragement, continuent à chercher la suppression de la guerre.

Pourquoi? Parce que l'homme croit toujours possible ce qu'il désire; parce que, lorsqu'il aspire ardemment à la possession d'un bien, il semble que ses forces augmentent à chaque difficulté qu'il éprouve pour l'atteindre, ce bien ne fût-il qu'un mirage.

Quelques congrès de la paix se sont fait remarquer à ce sujet par leurs théories radicales. Voici la substance des discours prononcés dans ces réunions solennelles : « La conquête ne crée rien, elle détruit. Le patriotisme doit être remplacé par l'humanité. Les armées permanentes sont un obstacle à la liberté et au progrès. C'est une institution dangereuse qu'il faut abolir. Qu'on renvoie chez eux ces esclaves abrutis et féroces (il s'agit des soldats) dont la force est le seul dieu! Les litiges internationaux seront réglés par un tribunal européen, seul gage du repos général. Le salut, enfin, est dans la fédération des peuples. »

Que de choses en peu de mots! Et que de guerres pour arriver à cette paix!

A défaut d'autres avantages, le programme des membres du congrès a du moins celui d'être d'une clarté remarquable. Discutons-le un instant; il en vaut la peine.

1° « Le patriotisme doit être remplacé par l'humanité. »

Mais le premier sentiment n'exclut pas le second; tous deux peuvent et doivent régner ensemble dans le cœur de l'homme. Et même, puisqu'il faut aimer tous ses semblables, n'est-il pas permis de commencer par

3.

ceux de son pays? Avec toute la bonne volonté possible, lequel d'entre nous aurait plus de sympathie pour un Cafre que pour un Français? Il existe une progression naturelle et indestructible dans les affections comme dans les besoins. Oui certes, il arrive parfois qu'on soit obligé de sacrifier la famille à la patrie, et la patrie au genre humain; alors on accomplit ce devoir pénible, le cœur brisé. La vie ordinaire, heureusement, n'exige pas une si haute abnégation, et l'on peut, sans remords, préférer ses parents, ses proches, ses amis, aux étrangers et aux inconnus. La note juste est donnée par Silvio Pellico : « L'amour de l'humanité est bon, mais il ne doit pas éteindre l'amour du pays natal; l'amour du pays natal est bon, mais il ne doit pas éteindre l'amour de l'humanité. »

Tant qu'il y aura des peuples différents, la dignité, l'indépendance de chacun de ces peuples leur commanderont d'être patriotes. Et le patriotisme ne cessera que lorsque la terre entière sera soumise à un seul homme, ne formera plus qu'un vaste empire unitaire d'où seront bannis les passions, les vertus, les attachements qui font chérir ou du moins supporter la vie.

2° « Le désarmement est une mesure nécessaire. »

Qu'un pays donne l'exemple, s'il l'ose ! « Qu'un prince licencie ses troupes, qu'il laisse tomber ses fortifications en ruine et qu'il passe son temps à lire Grotius, vous errez si dans un an ou deux il n'aura pas perdu son royaume. » (VOLTAIRE.)

Vous voulez supprimer les armées, c'est parfait ; mais,
« que messieurs les conquérants commencent. »

Quand bien même, un jour de caprice, les conquérants s'exécuteraient de bonne grâce, cela ne servirait
à rien ; le lendemain, tous les pays se remettraient à
armer. D'ailleurs, il faudrait conserver des troupes
pour la police intérieure des états. La précaution deviendrait donc tout à fait illusoire. Après Iéna, Napoléon Ier n'autorisa en Prusse que 40,000 hommes sur
pied. Elle n'eut, en effet, que 40,000 hommes à la fois ;
mais 500,000 hommes y passaient à leur tour, et au
premier signal venaient se joindre au groupe permanent.

Remarquez aussi que les États-Unis n'avaient pas
d'armées avant la guerre de Sécession. Quelque temps
après, des millions de soldats étaient rangés en bataille.

Le désarmement est impossible, ou plutôt il s'agit de
s'entendre. Ce n'est pas le désarmement matériel qu'il
faudrait décréter, mais le désarmement moral. Ce n'est
pas des mains qu'il faut arracher ce qui brûle et ce qui
tue, mais des esprits et des cœurs. Nous verrons plus
tard s'il est possible d'en arriver là.

3º La fédération serait un grand pas de fait pour
l'organisation juridique de l'Europe. Mais que de difficultés pour l'établir ! que d'écueils contre lesquels
la meilleure foi du monde se heurterait ! que de points
encore obscurs il faudrait préalablement éclaircir !

Le droit international est dans son enfance ; laissez-le grandir avant de lui demander l'accomplissement d'une œuvre aussi difficile. Comment serait formé le tribunal européen? quelle serait la force commune chargée de la sanction des décisions de ce tribunal? et de quelle autorité jouirait-il, s'il n'y avait pas de force commune? Il est fort à craindre, dans ce dernier cas, que ses arrêts soient lettre morte. Voit-on un procès compliqué entre deux peuples qui seraient en même temps juges et gendarmes? Jusqu'ici la fédération n'a rempli aucune de ses brillantes promesses, aux États-Unis comme en Allemagne. Il serait donc puéril d'en demander l'application à une époque où toutes les nations de l'Europe, malgré quelques bruyantes protestations d'amitié, sont hostiles les unes aux autres et n'ont ni les mêmes mœurs, ni les mêmes idées, ni les mêmes intérêts.

Les congrès de la paix peuvent donc se réunir souvent encore et fulminer des anathèmes sur les princes, sur les tyrans, sur les armées, sur la patrie, sur la guerre. Toutes ces imprécations ne changeront rien à la réalité : vessies gonflées de vent que fera crever la moindre chiquenaude.

L'économie politique, elle aussi, s'est attelée au char de la paix; mais elle est bien positive; elle affiche des appétits extraordinairement matériels. On ne l'entend parler que de richesses, d'intérêts, de consommation, de production, d'échange.

«Ecoutez les conseils qu'elle nous donne, par la bouche de M. de Girardin : « Faites de Paris le foyer du

monde et non la forteresse du Moyen-Age; achevez ses
monuments, améliorez encore ses conditions d'existence; appelez-y, par les séductions du luxe, par le
glorieux monopole de la science et de l'art, l'élite des
autres nations; et alors nul n'aura envie de mettre le
feu à ce que chaque peuple regardera comme sa propre
maison. Au lieu de tous ces millions que vous allez
follement dépenser à entasser la boue pour y monter
des canons, appelez les capitaux nationaux et étrangers
à la fois pour couvrir la France d'un réseau de chemins de fer qui accélèrent la circulation.... Quand la
France sera devenue la promenade publique de l'Europe; quand les peuples auront participé à sa vie, à
son soleil, à ses productions, à ses intérêts; quand tous
les peuples seront solidaires de sa grandeur, de sa sécurité; quand ils seront véritablement nos hôtes; de ce
jour-là, je ne dis pas que tous vos canons pourront être
remis à la fournaise, mais les éventualités de guerre
seront mille fois plus éloignées, mais vous pourrez réduire sans danger, sans crainte même du danger, ces
armées dévorantes qui engloutissent le tiers d'un mil-
liard. »

Quel effroyable démenti les événements ont donné à
ces propositions immorales! Paris, la ville de luxe, de
plaisir, le rendez-vous de toutes les corruptions, a été
bombardé par nos *hôtes* les plus assidus; un peuple
étranger s'est introduit, en vainqueur, dans la *promenade publique de l'Europe....* Et pendant ce temps, *nos
canons étaient à la fournaise!*

Est-ce cette paix-là que désire M. de Girardin? Et ne voit-on pas à présent le danger de faire de Paris une maison de joie, une sorte de vaste gamelle?

Si l'économie politique a le légitime espoir de régner un jour sur la terre, qu'elle se dépouille tout d'abord de ces tendances trop positives et rejette loin d'elle ces parures de clinquant qui la feraient prendre, moins pour une libératrice du genre humain (comme elle voudrait l'être) que pour une vulgaire courtisane.

Il va sans dire que de nombreux économistes sont remplis d'idées nobles et généreuses. N'est-ce pas le plus illustre d'entre eux, M. Michel Chevalier, qui a prononcé ces belles paroles : « Chez les gouvernements la politique favorable aux intérêts matériels, et chez les gouvernés le goût universel qui se déclare en faveur de ces mêmes intérêts, ne doivent jamais se séparer des principes solennels d'honneur et de patriotisme, en dehors desquels il n'y a pas de grandeur ni de gloire pour une société, de calme ni de bonheur pour les individus. »

En résumé, ni la religion, ni la politique, ni l'intérêt, ni le sentiment n'ont réussi à combler ce cratère toujours béant sous nos pieds. Les discours philanthropiques se sont dissipés en fumée; les plumes des diplomates ont été brisées par l'épée des généraux; on a voulu étouffer la guerre sous des traités, des codes, des arbitrages, elle a reparu aussitôt sous forme de luttes civiles, de désordres, de brigandages, d'assassinats.

C'est qu'on ne fait pas de l'humanité ce que l'on veut.

La guerre est une soupape de sûreté. Bouchez-la : la machine humaine éclate.

Cependant il est bon d'espérer et de croire. Aussi doit-on s'associer de tout cœur à ces vœux irréalisables d'un très-honnête homme, l'abbé Garaude :

« 1° Que les gouvernements soient inspirés par la justice;

« 2° Qu'ils respectent les droits sacrés de l'humanité;

« 3° Qu'ils renoncent à l'esprit de conquête et d'ambition;

« 4° Qu'ils soient au-dessus de tout intérêt personnel et de toute crainte servile;

« 5° Qu'ils ne prennent jamais aucun parti sous l'influence de l'amour-propre blessé;

« 6° Qu'ils épuisent tout moyen de conciliation;

« 7° Qu'ils organisent des cours publics de justice et d'humanité;

« 8° Qu'ils établissent un conseil souverain appelé à trancher les différends d'une manière irrévocable. »

Oui, nous aussi, nous voudrions que tous les princes fussent des Marc-Aurèle et tous les sujets des Epictète. Mais, pour être plus sûrs de la réalisation de ces généreux désirs, nous serions tenté de demander, comme jadis le cardinal de Fleury à l'abbé de Saint-Pierre, qu'on envoyât au préalable une sainte phalange de missionnaires pour disposer le cœur et l'esprit des sujets et des princes.

Toutefois, il est juste de dire que si nous n'avons pas trouvé un seul moyen infaillible de détruire la guerre, par contre il ne manque pas, aujourd'hui, de causes favorables à l'état de paix. L'humanité, par les progrès incessants et divers qu'elle a accompli depuis qu'elle est entrée dans les voies de la civilisation, tend indirectement à rendre les guerres moins fréquentes. Le patriotisme n'est pas si exclusif qu'autrefois. Les gouvernements représentatifs d'aujourd'hui sont moins irascibles, moins querelleurs que les gouvernements autoritaires du passé. Les haines de peuple à peuple sont moins profondes; il règne une sorte de politesse internationale qui, peu à peu, réduira les causes de conflits.

Les frontières ne sont plus une ligne de démarcation infranchissable. De nombreux publicistes nous mettent en garde contre un chauvinisme trop accentué. Les intérêts deviennent communs entre états. La multiplication des richesses et des besoins nécessite l'échange international des produits. Les débouchés s'augmentent. Les traités de commerce et de navigation, les institutions de crédit, les chemins de fer, rompant les barrières qui séparaient les peuples, solidarisent la fortune générale et sont des gages précieux d'harmonie et de concorde. Les conventions postales et télégraphiques, la suppression des passe-ports, la simplification du régime des douanes, rendent les communications plus aisées.

Les expositions universelles, ces luttes pacifiques inconnues de nos pères, détournent l'esprit public des autres luttes si coûteuses même au vainqueur, dans lesquelles s'engouffrent des milliers de victimes innocentes. Il s'établit en outre des congrès statistiques, scientifiques et littéraires où des hommes de tous les pays apprennent à s'apprécier et se tendent une main fraternelle. La surveillance collective des états, quelque imparfaite qu'elle soit encore, crée du moins une sorte d'équilibre qui, s'il n'est pas le droit, est, comme on l'a dit, la *mécanique* faisant fonction de droit. Enfin le principe de non-intervention, d'abstention, malgré les vices de son origine, limite et circonscrit parfois le fléau de la guerre.

Bref, tous ces progrès, bien que ne procédant pas d'un sentiment humanitaire, ajoutent cependant aux chances de paix, et comme tels, doivent être l'objet de tous nos efforts. Malheureusement, ils ne détruiront pas la guerre, qui puise sa force dans l'infirmité de notre nature, mais ils l'ajourneront, ils la diminueront.

A notre époque, où la véritable éducation intellectuelle et morale n'a pas encore atteint sa perfection, oserait-on raisonnablement demander davantage ?

CHAPITRE VI.

Le mal qu'on a dit de la guerre.

La guerre est contraire : 1° à la religion ; 2° à la morale ; 3° au bonheur ; 4° à la nature ; 5° à la justice ; 6° au progrès.

Les écrivains et les orateurs ne tarissent pas sur ce sujet, devenu presque un lieu commun littéraire.

Il nous faut écouter quelques-unes de ces plaintes, afin de mieux éclairer le débat :

« Le nombre infini de maladies qui nous tuent est assez grand et notre vie est assez courte pour qu'on puisse se passer du fléau de la guerre. » (Voltaire.)

« La plus juste guerre est détestable. » (Saint Augustin.)

« La guerre est une chose si horrible que je m'étonne comment le seul nom n'en donne pas l'horreur. » (Bossuet.)

> « O nature, est-il donc possible,
> Quand tes trésors, fleurs et fruits, sont si beaux,
> Que l'homme soit pour son frère une cible,
> Et que tes champs deviennent des tombeaux ! »
>
> (Pierre Dupont.)

« Hélas ! voilà donc les maux que la guerre entraîne après elle ! Quelle fureur aveugle pousse les malheureux mortels ! Ils ont si peu de jours à vivre sur la terre ! ces jours sont si misérables ! pourquoi précipiter une mort si prochaine ?... Les hommes sont tous frères et ils s'entre-déchirent ; les bêtes farouches sont moins cruelles qu'eux. Les lions ne font point la guerre aux lions, ni les tigres aux tigres.... L'homme seul, malgré sa raison, fait ce que les animaux, sans raison, ne firent jamais. Mais encore pourquoi ces guerres ? N'y a-t-il pas assez de terres dans l'univers pour en donner à tous les hommes plus qu'il n'en peuvent cultiver ? Combien y a-t-il de terres désertes ! Le genre humain ne saurait les remplir. Quoi donc ! une fausse gloire, un vain titre de conquérant qu'un prince veut acquérir, allume la guerre dans des pays immenses !... Il faut que tout périsse, que tout nage dans le sang, que tout soit dévoré par les flammes, que ce qui échappe au fer et au feu ne puisse échapper à la faim encore plus cruelle, afin qu'un seul homme, qui se joue de la nature humaine entière, trouve dans cette destruction générale son plaisir et sa gloire ! Quelle gloire monstrueuse ! Peut-on trop abhorrer et trop mépriser des hommes qui ont tellement oublié l'humanité ! » (Fénelon.)

« O vous, qui après des luttes impies osez adresser des remerciements et des hommages au Père commun des hommes, croyez-vous par vos holocaustes apaiser sa colère et attirer sa bénédiction sur vos armes ? Ah ! détrompez-vous ! Vous pouvez jeter sur vos épaules le manteau de pourpre d'or, mettre sur votre tête la couronne du triomphateur ; allez, vous n'effacerez jamais les taches de sang qui les souillent ! » (Honoré Arnoul.)

« On dirait que les hommes ont peur de ne pas mourir, à voir tout ce qu'ils inventent pour se tuer. » (Théophile Gauthier.)

« La paix a ses victoires plus glorieuses que celles qu'on remporte sur les champs de bataille. Il faut cultiver la terre et la peupler ; ce n'est pas du sang de l'homme qu'elle a soif, mais des sueurs qui la fécondent. » (Général Grant.)

« Si la guerre règne encore parmi les hommes, c'est comme un souverain détesté, dont on souhaite universellement la chute et dont on médit tous les jours davantage. » (Prévost-Paradol.)

« Trouvez-moi rien de plus fou que de s'engager, sans trop savoir pourquoi la plupart du temps, dans des entreprises de cette sorte, qui toujours apportent aux deux partis plus de maux que de biens... Ceux qui tombent, on n'en parle pas, comme jadis à Mégare. Lorsque deux armées sont en présence, lorsque le clairon retentit, à quoi pourraient être bons ces philosophes exténués par l'étude et puisant à peine un souffle de vie dans un sang refroidi? Ce qu'il faut alors, ce sont des gars bien nourris et robustes, animés d'autant plus de courage qu'ils ont moins de bon sens;.... les parasites, les proxénètes, les paysans, les imbéciles, les gueux ; en un mot, ce que l'on appelle la lie du peuple, suffit amplement pour cueillir les lauriers de la victoire. » (Érasme.)

« La guerre, c'est le meurtre! La guerre, c'est le vol! C'est le meurtre, c'est le vol enseignés et commandés aux peuples par leurs gouvernements; c'est le meurtre, c'est le vol acclamés, blasonnés, dignifiés, couronnés;

c'est le meurtre, c'est le vol, moins le châtiment et la honte, plus l'impunité et la gloire; c'est le meurtre, c'est le vol soustraits à l'échafaud par l'arc de triomphe; c'est l'inconséquence légale, car c'est la société ordonnant ce qu'elle défend et défendant ce qu'elle ordonne, récompensant ce qu'elle punit et punissant ce qu'elle récompense; glorifiant ce qu'elle flétrit et flétrissant ce qu'elle glorifie; le fait étant le même, le nom seul étant différent. » (E. DE GIRARDIN.)

« La concorde a plus d'empire sur les serpents que sur les hommes. La bête fauve sait reconnaître, épargner son espèce. Quand donc un lion a-t-il arraché la vie à un lion moins robuste? A-t-on jamais vu un marcassin expirer au coin d'un bois sous le boutoir d'un solitaire? Le tigre de l'Inde le plus cruel vit en paix avec le tigre; les ours, malgré leur férocité, ne se font pas la guerre. Gloire à l'homme! Ce n'était pas assez pour lui d'avoir inventé l'épée en acérant sur une odieuse enclume le fer homicide. Nous devions voir des peuples entiers dont la haine serait inassouvie aux plus affreux carnages, des peuples qui voudraient se repaître avec les membres, les dépouilles pantelantes de leurs ennemis! » (JUVÉNAL.)

« Quoi donc! A votre avis, fut-ce un fou qu'Alexandre?
Qui? cet écervelé qui mit l'Asie en cendre?
Ce fougueux l'Angeli qui, de sang altéré,
Maître du monde entier, s'y trouvait trop serré?
L'enragé qu'il était, né roi d'une province,
Qu'il pouvait gouverner en bon et sage prince,

S'en alla follement, et pensant être dieu,
Courir comme un bandit qui n'a ni feu ni lieu;
Et, traînant après soi les horreurs de la guerre,
De sa vaste folie emplir toute la terre;
Heureux si dans son temps, pour cent bonnes raisons,
La Macédoine eût eu des Petites-Maisons !

. . . .

Voit-on les loups brigands, comme nous inhumains,
Pour détrousser les loups courir les grands chemins?
Jamais, pour s'agrandir, vit-on dans sa manie
Un tigre en faction partager l'Hyrcanie?
L'ours a-t-il dans les bois la guerre avec les ours?
Le vautour dans les airs fond-il sur les vautours? »

(Boileau.)

« L'art et l'expérience de nous entre-défaire, entre-tuer, de ruiner et perdre notre propre espèce, semblent dénaturés, venir d'aliénation de sens... Quelle folie ! quelle rage ! Faire tant d'agitations, mettre en peine tant de gens, courir tant de dangers et hasards par mer et par terre, pour chose si incertaine et douteuse comme est l'issue de la guerre ; courir après telle faim et telle aspreté après la mort qui se retrouve partout ; et, sans espérance de sépulture, aller tuer ceux que l'on ne hait pas, que l'on ne vit jamais !... L'action de planter et faire l'homme est honteuse ;.... l'action de le perdre et tuer honorable... Il n'y a aucun loyer, honneur ou récompense assignée pour « « qui sçavent faire, multiplier, conserver l'humaine nature ; tous honneurs, grandeurs, richesses, dignitez, empires, triomphes, trophées, sont décernez à ceux qui la sçavent affliger, troubler, détruire... Quel monstrueux animal, et contre nature, qui se fait horreur à soy-mesme? » (CHARRON.)

« Pourquoi me tuez-vous? Eh quoi! ne demeurez-vous pas de l'autre côté de l'eau? Mon ami, si vous demeuriez de ce côté, je serais un assassin, cela serait injuste de vous tuer de la sorte; mais puisque vous demeurez de l'autre côté, je suis un brave, et cela est juste. » (PASCAL.)

« Que si l'on vous disait que tous les chats d'un grand pays se sont assemblés par milliers dans une plaine, et, qu'après avoir miaulé tout leur soûl, ils se sont jetés avec fureur les uns sur les autres et ont joué ensemble de la dent et de la griffe; que, de cette mêlée, il est demeuré de part et d'autre neuf à dix mille chats sur la place, qui ont infecté l'air à dix lieues de là par leur puanteur; ne diriez-vous pas : Voilà le plus abominable *sabbat* dont on ait jamais ouï parler? Et si les loups en faisaient de même, quels hurlements, quelle boucherie!... Vous avez déjà, en animaux raisonnables, et pour vous distinguer de ceux qui ne se servent que de leurs dents et de leurs ongles, imaginé les lances, les piques, les dards, les sabres et les cimeterres, et, à mon gré, fort judicieusement; car, avec vos seules mains, que pouviez-vous faire les uns aux autres : que vous arracher les cheveux, vous égratigner au visage, ou tout au plus vous arracher les yeux de la tête? Au lieu que vous voilà munis d'instruments commodes, qui vous servent à vous faire réciproquement de larges plaies d'où peut couler votre sang jusqu'à la dernière goutte, sans que vous puissiez craindre d'en échapper. » (La Bruyère.)

« Ces perturbateurs de la paix publique, ces fléaux de la terre, qui, dévorés d'une ambition effrénée ou poussés par un caractère orgueilleux et féroce, prennent les armes sans justice et sans raison, se jouent du repos des hommes et du sang de leurs sujets; ces héros monstrueux, presque déifiés par la sotte admiration du vulgaire, sont les plus cruels ennemis du genre humain, et ils devraient être traités comme tels. L'expérience nous montre assez combien la guerre cause de maux, même aux peuples qui n'y sont point impliqués; elle trouble le commerce, elle détruit la subsistance des hommes, elle fait hausser le prix des choses les plus nécessaires, elle répand de justes alarmes, et oblige toutes les nations à se mettre sur leurs gardes, à se tenir armées. Quiconque rompt la paix sans sujet nuit donc nécessairement aux nations même qui ne sont pas l'objet de ses armes, et il attaque essentiellement le bonheur et la sûreté de tous les peuples de la terre par l'exemple pernicieux qu'il donne. Il les autorise à se réunir pour le réprimer, pour le châtier et pour lui ôter une puissance dont il abuse. Quels maux ne fait-il pas à sa propre nation, dont il prodigue indignement le sang pour assouvir ses passions déréglées et qu'il expose sans nécessité au ressentiment d'une foule d'ennemis! » (Vattel.)

« Alp vit, au pied des murailles, des chiens décharnés qui faisaient sur les morts leur hideux carnaval;

trop occupés pour aboyer contre lui, ils dévoraient en grognant les carcasses et les membres. Ils avaient enlevé la peau du crâne d'un Tartare, comme on détache la pelure d'une figue mûre, et on entendait crier leurs crocs blancs contre le crâne plus blanc encore qui glissait de leurs mâchoires fatiguées. Rongeant nonchalamment les os des morts, à peine s'ils pouvaient se soulever sur le théâtre de leurs festins, tant ils avaient amplement réparé un long jeûne aux dépens de ceux qui étaient tombés pour leur servir cette nuit de pâture... Tout près du rivage, au bord du golfe, un vautour battait des ailes à un loup échappé des collines, mais que la présence des chiens tenait à distance et empêchait de prendre sa part de la curée humaine. Toutefois il s'était approprié un quartier de cheval que becquetaient les oiseaux de proie sur les sables de la baie.

« Alp détourna la vue de ce spectacle hideux... Au milieu des combats sa fermeté n'avait point été ébranlée... Il y a dans l'heure du péril je ne sais quoi qui exalte l'orgueil, sous quelque forme que se présente la mort; car la Gloire est là pour publier les noms de ceux qui succombent, et les actes de vaillance ont pour témoin l'Honneur! Mais, quand tout est fini, il y a quelque chose d'humiliant pour la nature humaine à parcourir cette plaine sanglante, jonchée de morts sans sépulture; à voir les vers de la terre, les oiseaux de l'air, les bêtes des forêts s'y donner rendez-vous, regarder l'homme comme leur proie et se réjouir de son trépas. » (Lord BYRON, *le Siége de Corinthe*.)

4

« J'entends une dernière objection : les hommes aiment les hasards, et souvent c'est d'eux-mêmes qu'ils
les cherchent. J'en conviens, plusieurs y trouvent les
honneurs et la fortune; mais ceux qui n'ont pour prix
de leur sang que la subsistance la plus indispensable,
si ce n'est pas la force qui les engage, si ce n'est pas la
discipline qui les retient, c'est un sentiment exalté par
l'exemple et par l'opinion. Mais parce que des hommes
auraient été placés dans une position où leur volonté
même les conduirait à des malheurs, ces malheurs
changeraient-ils de nature? L'ignorance des hommes
du peuple est une minorité prolongée, et, dans toutes
les positions où ils se trouvent, pressés par les circonstances, leur premier choix, leur premier mouvement ne
signifie rien. Il faudrait étudier leurs sentiments dans
ces moments où, déchirés de mille douleurs, mais con-
servant encore un souffle de vie, on les enlève par mon-
ceaux du champ funeste où la faulx de l'ennemi les a
renversés; il faudrait étudier leurs sentiments dans ces
lieux désastreux où on les accumule, et où les souffrances qu'ils supportent pour conserver une existence
languissante ne prouvent que trop le prix qu'ils mettent
à la conservation de leurs jours et la grandeur du sacrifice auquel ils se sont exposés... Mais la terre les a
couverts... et nous les oublions, et leur voix absolument éteinte ne peut plus accuser les malheurs de la
guerre. Durs survivanciers que nous sommes ! C'est en
marchant sur des corps mutilés et sur des ossements
brisés que nous nous réjouissons de la gloire et des

honneurs dont nous avons seuls hérité. Qu'on ne me reproche point de m'être arrêté sur ces lugubres images; on ne saurait trop les présenter, tant on s'habitue, au milieu de la société même, à ne voir dans la guerre et dans ses horreurs que l'occupation d'une jeunesse brillante, un exercice offert à son courage et le développement du talent des généraux. Et tel est l'effet de cette ivresse passagère que l'on prend quelquefois le bruit des cercles de la capitale pour le vœu général de la nation. Ah ! vous qui gouvernez, ne vous y laissez point tromper. » (Necker.)

« Plus un État est industrieux et plus la guerre est pour lui destructive et funeste. Lorsqu'elle pénètre dans un pays riche de ses établissements agricoles, manufacturiers et commerciaux, elle ressemble à un feu qui gagne des lieux pleins de matières combustibles; sa rage s'en augmente et sa dévastation est immense. Smith appelle le soldat un travailleur improductif. Plût à Dieu ! C'est bien plutôt un travailleur destructif. Non-seulement il n'enrichit la société d'aucun produit, non-seulement il consomme ceux qui sont nécessaires à son entretien, mais trop souvent il est appelé à détruire, inutilement pour lui-même, le fruit pénible des travaux d'autrui...

« On finira par comprendre qu'il n'est point dans l'intérêt des nations de se battre, que tous les maux d'une guerre malheureuse retombent sur elles, et que les avantages qu'elles recueillent des succès sont absolument nuls. Toute guerre, dans le système politique actuel, est suivie de tributs imposés aux vaincus par les vainqueurs, et de tributs imposés aux vainqueurs par ceux qui les gouvernent; car qu'est-ce que l'intérêt des emprunts qu'ils ont faits, sinon des tributs? Peut-on citer une guerre heureuse qui ait été suivie d'une diminution dans les charges publiques? Quant à la gloire,... c'est un hochet qui coûte fort cher et qui ne saurait longtemps amuser des hommes raisonnables. La satisfaction de dominer sur la terre et sur les mers ne paraîtra guère moins puérile, quand on sera plus généralement convaincu que cette domination ne s'exerce jamais qu'au profit de ceux qui gouvernent et nullement au profit de leurs administrés... Si les sujets épousent des querelles de vanité et d'ambition qui leur sont également funestes, à qui peut-on comparer leur stupidité? J'ai honte de le dire... à celle des brutes, qui s'animent et se déchirent pour le plaisir de leurs maîtres. » (J.-B. Say.).

« Ce qu'il y a de plus stupide au monde, c'est la guerre ; mais comme c'est aussi ce qu'il y a de plus horrible, l'horreur en rachète l'ineptie... Pour peu qu'on eût l'esprit exclusivement militaire, on pourrait comprendre la guerre au point de vue carnassier, la guerre bien entendu de l'anthropophage à son semblable : celle-là, du moins, a l'utilité pratique de la chasse à un gibier de même espèce; puisque l'estomac humain digère la chair humaine, le vainqueur mange le vaincu; ce qui réduit la victoire à une question de gastronomie.

« On comprendrait encore la guerre au point de vue

pirate, si par hasard on avait eu l'honneur de naître en un siècle de pillage ; c'est une manière ingénieuse de vivre, sans travail, du travail d'autrui, et de récolter sans semer.

« Je moissonne avec ma lance, criait le barbare du haut de la selle de son cheval.....

« La guerre, dit-on, c'est la gloire ; le jour où il n'y aurait plus de guerre, il n'y aurait ni Alexandre, ni César ; c'est là une erreur : il resterait encore le choléra ou le typhus. » (PELLETAN.)

« Les peuples, un jour plus éclairés, se ressaisissant du droit de disposer eux-mêmes de leur sang et de leurs richesses, apprendront peu à peu à regarder la guerre comme le fléau le plus funeste, comme le plus grand des crimes. On verra d'abord disparaître celles où les usurpateurs de la souveraineté des nations les entraînaient, pour de prétendus droits héréditaires.

« Les peuples sauront qu'ils ne peuvent devenir conquérants sans perdre leur liberté... Peu à peu les préjugés commerciaux se dissiperont ; un faux intérêt mercantile perdra l'affreux pouvoir d'ensanglanter la terre et de ruiner les nations sous prétexte de les enrichir,... et les guerres entre les peuples, comme les assassinats, seront au nombre de ces atrocités extraordinaires qui humilient et révoltent la nature, qui impriment un long opprobre sur le pays, sur le siècle dont les annales en ont été souillées. » (CONDORCET.)

« L'armée fleurit dans la guerre et la liberté dans la paix ; l'armée fleurit par les tributs et la liberté par le travail ; l'armée fleurit par les règlements et la liberté périt par les règlements. Le plus grand intérêt de la liberté est de réduire les attributions des pouvoirs, et le plus grand intérêt de l'armée est de les étendre... Il est sensible qu'entre la liberté et la profession des armes, il n'existe point de conditions de prospérité communes, qu'il n'en existe que de contraires, et que les membres de l'armée, loin d'avoir, comme militaires de profession, les intérêts de la liberté à défendre, ont, comme tels, les intérêts du despotisme à soutenir. » (Dunoyer.)

« La guerre est chose naturelle sans doute, mais comme tous les mauvais instincts de l'homme. L'éducation ou le progrès la fait considérer avec horreur, de même qu'il rend les hommes pitoyables, c'est-à-dire sensibles aux maux de leurs semblables. L'enfant, comme le sauvage, est sans pitié ; et plus on approche de la brute, plus on est porté à vider les différends par les armes. » (Villiaumé.)

« Des actions qu'un homme, s'il les faisait à la dérobée, paierait de la vie, nous les louons quand elles se font sous le costume militaire. Les hommes, que la nature a créés de l'espèce la plus douce entre les animaux, n'ont pas honte de se baigner dans le sang les uns des autres, de se faire des guerres, de les transmettre par héritage à leurs enfants, tandis que les bêtes sauvages, privées de la parole, vivent entre elles en paix ! » (Sénèque.)

« Une guerre inutile est aujourd'hui le plus grand

attentat qu'un gouvernement puisse commettre ; elle ébranle sans compensation toutes les garanties sociales ; elle met en péril tous les genres de liberté, blesse tous les intérêts, trouble toutes les sécurités, pèse sur toutes les fortunes, combine et autorise tous les modes de tyrannie intérieure et extérieure ;... elle achète par les malheurs du présent les malheurs de l'avenir... » (Benjamin Constant.)

« Aujourd'hui la force s'appelle la violence et commence à être jugée, la guerre est mise en accusation, la civilisation, sur la plainte du genre humain, instruit le procès, et dresse le grand dossier criminel des conquérants et des capitaines..... Les peuples en viennent à comprendre que l'agrandissement d'un forfait n'en saurait être la diminution, que si tuer est un crime, tuer beaucoup n'en peut pas être la circonstance atténuante ; que si voler est une honte, envahir ne saurait être une gloire... Ah ! proclamons les vérités absolues. Déshonorons la guerre. Non, la gloire sanglante n'existe pas. Non, ce n'est pas bon et ce n'est pas utile de faire des cadavres. Non, il ne se peut pas que la vie travaille pour la mort. Non, ô mères qui m'entourez, il ne se peut pas que la guerre, cette voleuse, continue à vous prendre vos enfants. Non, il ne se peut pas que la femme enfante dans la douleur, que les hommes naissent, que les peuples labourent et sèment, que le paysan fertilise les champs et que l'ouvrier féconde les villes, que les penseurs méditent, que l'industrie fasse des merveilles, que le génie fasse des prodiges, que la vaste activité humaine multiplie en présence du ciel étoilé les efforts et les créations, pour aboutir à cette épouvantable exposition internationale, qu'on appelle un champ de bataille ! » (Victor Hugo.)

« C'est une chose horrible que la guerre, et il est de son essence de traîner avec elle toutes les injustices et tous les excès. » (Plutarque.)

« Ce n'est pas la patrie qui court le plus grand danger dans la guerre, c'est la liberté. La guerre est presque toujours une dictature. Les soldats oublient les institutions pour les hommes. Les trônes tentent les ambitieux, la gloire éblouit le patriotisme, le prestige d'un nom victorieux voile l'attentat contre la souveraineté nationale. » (Lamartine.)

« Considérons les consommations d'hommes, d'argent, de forces de toute espèce, l'épuisement où la plus heureuse guerre jette un état quelconque, et comparons ce préjudice aux avantages qu'il en retire ; nous trouvons qu'il perd souvent quand il croit gagner et que le vainqueur, toujours plus faible qu'avant la guerre, n'a de consolation que de voir le vaincu plus affaibli que lui ; encore cet avantage est-il moins réel qu'apparent... Il se fait une perte (dans l'État) plus grave et plus irréparable que celle des hommes qui meurent, par ceux qui ne naissent pas, par l'augmentation des impôts, par l'interruption du commerce, par la désertion des campagnes, par l'abandon de l'agriculture...

« Les véritables conquêtes qu'un souverain fait sur ses voisins sont les établissements plus utiles qu'il forme dans ses états, et tous les sujets de plus qui lui naissent sont autant d'ennemis qu'il tue. » (J.-J. ROUSSEAU.)

N'allons pas plus loin. On remplirait des volumes avec toutes les accusations éloquentes portées contre la guerre. Celles que nous venons de relever renferment des choses fort justes. Pour mieux y répondre, classons-les en six chefs principaux :

1° La guerre est *contraire à la religion*. — Elle est défendue par Dieu. « Tu ne tueras pas, » dit le Deutéronome. « Qui frappe avec l'épée périra par l'épée, » dit Jésus-Christ à l'un de ses disciples. Détruire son semblable, créé à l'image divine, est une sorte de sacrilége.

2° La guerre est *contraire à la morale*. — Elle est injuste, brutale, cruelle. Elle dénature le cœur de l'homme, le familiarise avec tous les crimes, et l'abaisse au-dessous même de l'animal.

3° La guerre est *contraire au bonheur*. — Elle ne produit pas, elle détruit. Elle est la ruine des budgets, de la richesse publique, du bien-être social. C'est une calamité sans compensations.

4° La guerre est *contraire à la nature*.— Elle répugne à l'instinct de la conservation. Elle désole les familles (*bella matribus detestata*) et fait répandre autant de larmes que de sang.

5° La guerre est *contraire à la justice*. — Elle pousse au mensonge, à l'usurpation, à la perfidie. Elle facilite l'impunité des grands, elle tue le droit, et fait des conquérants les tyrans de leur patrie.

6° La guerre est *contraire au progrès*. — Elle envoie à la mort ou elle mutile les hommes les plus robustes, et enraye la marche de la civilisation. Elle replonge même l'humanité dans la barbarie.

Quelle réponse peuvent faire à ce long réquisitoire les avocats de la guerre? Par quels arguments défendent-ils une cause si difficile? Nous allons essayer de développer leurs raisons dans les six chapitres suivants, qui serviront pour ainsi dire de plaidoyer dans ce terrible procès ouvert depuis le commencement du monde.

CHAPITRE VII.

Réponse à la première accusation.

Divinité de la guerre. — Jéhovah. — La Bible. — L'Iliade. — Combat des dieux. — Leur intervention dans les combats humains. — Guerres de religion.

« La guerre est divine, dit Joseph de Maistre, parce qu'elle est une loi du monde.

« La guerre est divine dans la gloire mystérieuse qui l'environne et dans l'attrait non moins inexplicable qui nous y porte.

« La guerre est divine dans la protection accordée aux grands capitaines, même aux plus hasardeux, qui sont rarement frappés dans les combats, et seulement lorsque leur renommée ne peut plus s'accroître et que leur mission est finie.

« La guerre est divine par la manière dont elle se déclare.

« Combien ceux qu'on regarde comme les auteurs de la guerre sont entraînés par les circonstances !

« La guerre est divine par ses résultats, qui échappent absolument aux spéculations des hommes. »

Elle serait donc, suivant le fameux théocrate, une sorte de manifestation des volontés du ciel.

Avant Joseph de Maistre, Bossuet avait éloquemment soutenu la même thèse, dans sa *Politique tirée de l'Écriture.*

« Dieu, — dit l'orateur qu'inspirent les pages de la Bible, — forma les princes guerriers. Il ordonna à son peuple de faire la guerre à certaines nations qu'il voulait châtier et punir de leurs impiétés. Il arracha la couronne à Saül, pour avoir épargné les Amalécites, et la donna à David, qui avait combattu beaucoup d'ennemis maudits par l'Éternel.

« Pourquoi Jéhovah poussait-il ainsi son peuple au combat? Pourquoi lui conservait-il, pour ainsi dire, des peuples en pâture? Afin de l'aguerrir; afin qu'Israël apprît à se défendre, à vaincre, et s'accoutumât aux fatigues qui entretiennent les vertus. Aussi le courage militaire éclatait dans le peuple saint, éprouvé par des guerres continuelles; son histoire est remplie des exploits de grands capitaines; les Josué, les Gédéon, les Saül s'illustrent par de remarquables triomphes; les femmes elles-mêmes se livrent à des actes étonnants d'héroïsme, et la nation entière, grâce à ces secousses qui la réveillent, survit à ses nombreuses fautes.

« La guerre, chez les Juifs, n'était donc pas seulement légitime, mais encore pieuse et sainte. *Jéhovah* s'appelait souvent *Sabaoth*, le dieu des armées. Bien plus, du haut des cieux, lui aussi combattait.

« Après avoir ouvert la mer Rouge devant les Hébreux, conduits par Moïse, il mit son ange, pendant qu'ils marchaient, entre eux et les Égyptiens, pour empêcher Pharaon de les approcher. Plus tard, il fit tomber une pluie effroyable de pierres sur les Amorrhéens, que combattait Josué. Il effraya les ennemis de Gédéon par des bruits terribles, et extermina, à la prière d'Ézéchias, près de 180,000 hommes de l'armée de Sennachérib, alors au siége de Jérusalem. »

Ces interventions miraculeuses de la Divinité, qui se trouvent à chaque instant dans la *Bible* et sont, pour Bossuet, l'objet de magnifiques commentaires, ne rappellent-elles pas plusieurs épisodes du poème d'Homère, — l'*Iliade*, — où l'on voit les dieux de l'Olympe mêlés aux combats des hommes : d'un côté, Pallas et Junon encourageant les Grecs qui attaquent l'infortunée Ilion; de l'autre, Jupiter, Mars et Vénus, retardant, par leur pouvoir, la défaite mémorable des Troyens?

Le dieu de Mahomet veut également rendre son peuple guerrier, et tremper dans les épreuves le caractère des disciples du Prophète. « Si Allah voulait, — dit le Koran, — il triompherait lui-même de ses ennemis, il les exterminerait; mais il vous fait combattre pour vous éprouver les uns par les autres. »

Les dieux ne se contentent pas de jeter la discorde parmi les hommes et de descendre dans l'arène sanglante; ils donnent eux-mêmes l'exemple, et la guerre les divise en camps rivaux. Tout le monde connaît ces fameuses légendes des temps primitifs, où les puissances de la lumière et celles des ténèbres s'engagent dans des luttes gigantesques, luttes d'autant plus intéressantes pour les mortels que l'avenir de leur race est en jeu, que le sort de l'humanité est attaché au triomphe de l'un des deux adversaires.

Il est inutile de rappeler ici les combats grandioses

de Jéhovah et de Satan, d'Ormudz et d'Ahriman, d'Osi-
ris et de Typhon, de Jupiter et des Titans, des bons et
des mauvais génies, c'est-à-dire du bien et du mal, de
la lumière et du chaos, de l'avenir et du passé, combats
qui, selon la religion des peuples les plus sages comme
les plus barbares, embrassent tous les mondes créés,
forment l'harmonie synthétique du macrocosme, règlent
enfin les destinées de l'univers.

Ce dogme de la guerre des dieux faisant la base de
toutes les théogonies, l'abolir serait détruire, d'un seul
coup, l'ordre d'idées dans lequel le genre humain a
vécu depuis des siècles.

Il ne faudrait donc pas seulement regarder la guerre
comme un accès subit de férocité humaine, mais aussi
et surtout comme l'effet, dans notre monde sublunaire,
d'une loi primordiale qui fait sentir son pouvoir absolu
jusque sur les êtres supérieurs et produit les mystères
éternels de la nature.

« Otez l'idée de guerre, s'écrie Proudhon dans ses
Principes du droit des gens, la théologie devient impossible ; les dieux n'ont pas de sens ; bien plus, ils n'ont
rien à faire. La terre, sans la guerre, n'aurait aucune
notion du ciel ; Sem et Japhet, les deux vaillants et
pieux fils de Noé, sont sans religion. Or, la pensée religieuse s'arrêtant, que faites-vous de l'Asie et de l'Europe ? Que devient la civilisation ? »

Quittons la légende et passons à l'histoire. C'est au
nom des dieux que Socrate a bu la ciguë ; au nom des
dieux que des hommes, des femmes et des enfants ont

été frappés par le couteau du sacrifice; au nom des dieux que Néron a fait brûler les chrétiens, que les chrétiens ont fait brûler les hérétiques, que les guerres de religion ont désolé le Moyen Age et les temps modernes. Bien des évêques ont porté l'épée et n'en ont eu aucun scrupule, à l'exception de cet évêque de Beauvais qui, à la bataille de Bouvines, sous Philippe-Auguste, voulant respecter la loi de l'Evangile qui défend de *répandre le sang*, assommait ses ennemis avec une énorme massue.

De tout temps, les papes ont béni les drapeaux de ceux qui soutenaient la *sainte cause*, ont applaudi à leurs victoires et offert à l'Éternel le sang versé pour l'Église.

Dieu permet donc la guerre, il la fomente même chez les hommes pour l'accomplissement de ses impénétrables desseins. « Aucun pouvoir humain, a dit Guizot, ne domine de tels événements; ils appartiennent à un plus grand maître; Dieu seul en dispose. » L'auteur des *Soirées de Saint-Pétersbourg* avait déjà écrit dans un style plus imagé : « La guerre est un département dont Dieu s'est réservé le ministère. » Enfin quelques penseurs ne sont pas éloignés de croire que Dieu s'intéresse à la guerre et en observe les diverses péripéties avec une certaine complaisance. « Ce sont à bon droit des noms vénérables et sacrés dans la mémoire des hommes que ceux des Thermopyles, de Cannes, de Jemmapes ou de Valmy, et lorsque l'enjeu de telles rencontres s'appelle la civilisation grecque, la grandeur romaine ou la Révolution française, loin de trouver, comme on affecte de le faire aujourd'hui, de telles scènes indignes des regards de la Divinité, on serait plutôt tenté d'imaginer, comme le vieil Homère, tout un Olympe, suivant des yeux, avec une sympathique inquiétude, les efforts et le dévouement héroïque des malheureux mortels. » (Prévost-Paradol.)

———

CHAPITRE VIII.

Réponse à la deuxième accusation.

Les vertus militaires. — Honnêteté, dévouement, patriotisme, discipline. — Léonidas, Jeanne Darc, Bayard, La Tour d'Auvergne, etc. — Les excès commis par les combattants deviennent de plus en plus rares.

Si la guerre dénaturait le cœur de l'homme et le familiarisait avec tous les crimes, les armées, — chefs et soldats, — seraient la plus monstrueuse association que l'on puisse imaginer : horribles bandes de brigands, d'assassins, d'incendiaires et de corrupteurs infâmes.

En est-il ainsi? Non, évidemment.

Dans ces grands drames où les passions, même les plus mauvaises, peuvent se donner impunément un libre cours, il est sans nul doute que l'on peut relever des actes profondément regrettables de cruauté et de cynisme; mais tout cela n'est qu'une sorte de tourbillon infernal. L'ouragan s'élève, obscurcit un instant l'atmosphère, ravage et détruit tout sur son passage, puis, une fois apaisé, rend la clarté au soleil et la sérénité sur la terre.

Ainsi, les armées lancées les unes contre les autres renversent, détruisent, se livrent à des maux sans nombre, et, la paix rétablie, renaissent aux sentiments du devoir, de la vertu et de l'honneur, à ces sentiments qui, dit-on, se réfugient en elles aux époques périodiques de défaillances sociales.

On peut donc commettre des cruautés sans devenir cruel soi-même. Tous ceux qui ont fait la guerre le savent bien. « La dureté de l'homme de guerre est comme un masque de fer sur un noble visage, comme un cachot de pierre qui renferme un prisonnier royal. » (A. DE VIGNY.)

Joseph de Maistre, que nous aimons à citer, parce que, malgré ses théories particulières, il ne partage pas les préjugés de bien des écrivains en apparence plus tendres que lui, dit avec raison : « Le métier de la guerre, comme on pourrait le craindre si l'expérience ne nous instruisait pas, ne tend nullement à dégrader et à rendre féroce celui qui l'exerce ; au contraire, il tend à le perfectionner...

L'homme le plus honnête est généralement le militaire honnête ; et, pour mon compte, j'ai toujours fait un cas particulier du bon sens militaire. Je le préfère infiniment aux longs détours des gens d'affaires. »

On a remarqué que dans les conseils de guerre qui siégeaient à Versailles après l'insurrection parisienne, les officiers chargés de défendre ceux-là même contre lesquels ils avaient dû marcher, s'étaient tirés de ce pas difficile avec un tact plein de bienveillance et avaient arraché aux juges plus d'acquittements que les avocats civils.

Quoi de plus doux, de plus simple qu'un militaire! La discipline fait, en outre, de presque tous des hommes si précieux, qu'on les recherche dans les carrières administratives, industrielles ou commerciales, où l'on [a besoin de serviteurs modestes, sérieux, appliqués et obéissants. C'est parce qu'on ne les connaît pas qu'on les calomnie en établissant des règles sur des exceptions.

Le duc de Fezensac rappelle, dans ses *Mémoires*, cette pensée, profonde de justesse, du colonel Lacuée, sous les ordres duquel il servait : « En vivant avec les soldats, on apprend à connaître leurs vertus; ailleurs on ne connaît que leurs vices. »

C'est qu'en effet l'homme a une tendance à dénigrer ce qu'il ignore. « Le contemplateur, mollement couché dans une chambre tapissée, écrit le capitaine Vauvenargues, invective contre le soldat qui passe les nuits d'hiver au bord d'un fleuve, et veille en silence sous les armes pour la sûreté de sa patrie. »

La vérité, c'est que la guerre développe, ou du moins exige, un grand nombre de vertus aussi utiles à la patrie elle-même qu'à l'armée.

Quelles sont ces vertus?

Ce sont l'obéissance, le dévouement, le patriotisme, la confiance, la frugalité, la sobriété, la probité, la prudence, le courage, la fidélité au serment, la vaillance, la loyauté, la bonté, la discipline, le respect, l'amour de la règle, la persévérance et le désintéressement. Elles ne se manifestent certainement pas toutes à la fois dans les armées, pas plus que les vertus inhérentes à la justice ne se manifestent toutes à la fois dans la magistrature, pas plus que les vertus inhérentes à la religion ne se manifestent toutes à la fois dans le clergé; mais elles découlent logiquement de la guerre, et lorsqu'elles se rencontrent semblent toutes naturelles, comme d'autres vertus découlent logiquement de la justice et de la religion, et lorsqu'elles apparaissent semblent l'ornement nécessaire de ceux qui les pratiquent.

Il y a des guerres atroces, comme il y a des justices iniques (*summum jus, summa injuria*), comme il y a des religions exécrables.

Mais la guerre, qui est l'image de l'humanité, se civilise aussi; elle marche, elle progresse comme successivement ont progressé les religions et les justices; et un jour peut-être, dépouillée de ses formes et de ses instincts barbares, ne se présentera-t-elle que comme un devoir sacré, comme l'obéissance à une loi supérieure, comme une dette à la patrie, avec l'auréole resplendissante de toutes les vertus renfermées dans son sein.

Ce serait une étude fort intéressante que celle qui prendrait quelques-uns des hommes de guerre célèbres que nous présente l'histoire et ferait ressortir par des exemples choisis, chez l'un le dévouement, chez l'autre la prudence ou le patriotisme, ou toute autre vertu qui lui a servi de relief, qui a été comme son premier titre de noblesse, comme le signe éclatant auquel l'a reconnu la postérité. On verrait alors que c'est dans la guerre qu'ont fructifié ces nobles sentiments, ces belles actions qui ont fait la gloire de tant de héros; que c'est, suivant une expression devenue célèbre, le sang versé sur les champs de bataille qui a servi d'engrais à ces plantes riches de couleurs et de parfums qu'on appelle le génie, la vertu et la gloire.

Notre tâche est plus humble. Il nous suffira de rappeler quelques types fameux, gravés dans tous les esprits.

Quels dévouements sublimes que ceux de Codrus à Athènes, des Fabius et de Régulus à Rome, de d'Assas en France ! Combien d'autres ont sacrifié ainsi leur vie au devoir, obscurs, ignorés, sachant qu'ils devaient l'être, et pour cela plus admirables encore !

Sans sortir de la Grèce, l'humanité est fière de citer la fermeté de Léonidas et de Thémistocle, le désintéressement d'Aristide, le patriotisme d'Epaminondas et de Philopœmen, la haute probité de Phocion, et les vertus de tant d'autres, célèbres ou obscurs qui, dans tous les âges et dans tous les pays, ont relevé les courages les plus abattus et réveillé les plus nobles instincts.

Dans le chapitre consacré aux applications historiques, nous aurons l'occasion de revenir sur ce sujet qui offre tant d'attraits. Cependant la France est trop riche pour que l'envie ne nous prenne pas de glaner au hasard les actions de quelques héros illustrés par leurs vertus.

Du Guesclin, le chef des grandes compagnies de routiers, fut audacieux, fidèle à ses serments, plein de persévérance et de franchise. Tout le monde le sait. Ce que l'on sait moins, c'est qu'il fut d'une générosité admirable. « Étant connétable de France, le trésor public se trouvait vide, et cependant il fallait assurer la solde de son armée ; il écrit à sa femme d'apporter ce qu'ils possèdent en vaisselle, en argenterie, en bijoux ; Tiphaine Raguenel obéit avec empressement; tout ce qu'elle apporte est vendu, et la campagne s'ouvre sans crainte de manquer d'argent. » (De La Barre-Duparcq.) De plus, dans les différentes campagnes auxquelles il assista, il distribua aux officiers et soldats de son armée les riches présents qu'on lui envoyait. Cet homme de guerre était donc aussi un homme de cœur!

Qui n'a lu la vie de Bayard, le *loyal serviteur*, le chevalier *sans peur et sans reproche*, le guerrier si modeste, si bon, si généreux, si délicat, si humain, si magnanime, si dévoué à son pays, enfin, qu'on le prendrait moins pour une figure appartenant à l'histoire que pour un modèle chimérique et inimitable proposé à tous les hommes !

Nous ne dirons, pour le moment, qu'un mot de Jeanne Darc, de cette jeune héroïne que le peuple, dans son enthousiasme, sanctifia avant l'Église. La vue du sang ennemi ne lui faisait pas peur, et pourtant ces spectacles terribles de siéges et de combats ont laissé Jeanne aussi bonne, aussi douce que lorsque, bergère à Domremy, elle écoutait avec ravissement les *voix* surnaturelles qui l'appelaient à la délivrance de son pays.

La modestie de Turenne est proverbiale. Il vécut comme un sage des temps antiques, au milieu de la fastueuse cour de Louis XIV, parlant fort peu de sa personne, ou racontant ses victoires comme si elles ne fussent pas de lui, « cachant si soigneusement sa gloire qu'on l'eût dit importuné du bruit de son nom. » Ses soldats l'appelaient « *notre père*, » et Montesquieu lui a adressé ce bel éloge : « la vie de Turenne est une hymne à la louange de l'humanité. »

Vauban est remarquable par sa bonté. Nul n'est plus que lui avare ménager du sang des hommes. Saint-Simon l'appelle *le plus honnête homme du royaume*. Il soutint, en effet, avec une logique serrée, une grande hardiesse et beaucoup d'éloquence, la cause du pauvre peuple contre les prétentions de la noblesse et du clergé, supprimant les impôts iniques, les priviléges injustes et faisant supporter les charges publiques par les citoyens, en proportion de leurs revenus, sans distinction de classes.

Certes, si la guerre fait l'homme cruel, nous souhaiterions qu'elle en fasse beaucoup d'aussi cruels que l'auteur de la *Dixme royale!*

La Tour d'Auvergne, parent du grand Turenne, fut un modèle de désintéressement. Un jour, un représentant du peuple à l'armée des Pyrénées-Orientales lui fait des offres brillantes de service. — Vous avez donc bien du crédit, répond le brave commandant de la *colonne infernale*. — Oui, j'ai assez de pouvoir pour vous donner un régiment. — Je n'en demande pas tant, fait le héros. Obtenez-moi seulement une paire de souliers!

Sa devise était : « *Paix aux chaumières, respect pour les propriétés.* » Il était chaste, humain, bienfaisant. Lui aussi on l'appela « *notre père*, » et les paysans bénirent le Premier grenadier de France comme leur bienfaiteur. Un ministre de paix n'aurait pas été plus digne de l'amour des hommes.

Autant de héros, autant d'exceptions ! va-t-on nous dire. C'est une erreur. La masse est ainsi, remplie d'autant de désintéressement, de patriotisme, de générosité. Elle n'a qu'une chose en moins, la louange de l'histoire qui ne voit que les sommités et méprise les foules.

Bref, la guerre veut être jugée comme elle le mérite, avec ses qualités aussi bien qu'avec ses défauts. Elle fait des hommes forts et vertueux, il faut le reconnaître. « L'état du soldat, dit Bernardin de Saint-Pierre, est un perpétuel exercice de la force et de la vertu, par la nécessité où il met l'homme d'éprouver un grand nombre de privations et d'exposer fréquemment sa vie. »

La guerre fait surtout des hommes dévoués au devoir et à la patrie. C'est là son premier titre de gloire. « Ce qu'il y a de plus beau après l'inspiration, c'est le dévouement; après le prêtre, c'est le soldat [1]. » (A. DE VIGNY.)

Si donc, dans toutes les guerres, certaines cruautés particulières, certains crimes de droit commun ont été commis, il serait injuste que ces excès rejaillissent sur

----

[1] « Peut-on concevoir un idéal supérieur à celui du guerrier? Il est par lui-même tellement élevé qu'il atteint jusqu'au sublime : sacrifier sa vie pour son pays, mépriser la mort et ceux qui la craignent, préférer la gloire à la fortune, se détacher, au moment du combat, du souci des biens terrestres et de tout ce qui satisfait ici-bas les convoitises vulgaires, se tenir prêt pour le grand voyage, et résumer ainsi, dans sa profession, comme dans une formule symbolique, l'expression de la destinée humaine : telle est l'idéal du guerrier! » (Vicomte Ph. D'HUSSEL, *Essai sur l'esprit public.*)

les armées ; car, en généralisant l'accusation à toutes les choses de ce monde, même les plus vénérables, on pourrait également maudire la société parce que quelques-uns de ses membres se déshonorent par des infamies et des crimes ; on pourrait maudire la famille et le mariage parce que l'on cite des aberrations nombreuses de la paternité et de l'amour ; on pourrait enfin maudire l'humanité tout entière en ne la regardant que par son mauvais côté, comme ont fait les Héraclite, les Swift, les Byron et tous les penseurs chagrins ou révoltés !

CHAPITRE IX.

Réponse à la troisième accusation.

Ce qu'on voit et ce qu'on ne voit pas. — La guerre préserve l'humanité de la corruption ; elle la régénère. — Elle est un avertissement, une épreuve, une leçon. — Les dangers de la paix.

L'ingénieux économiste Frédéric Bastiat, dans une de ses pages les mieux inspirées, explique les différents effets engendrés par une loi, un acte ou une habitude. « Le premier seul de ces effets, dit-il, est immédiat ; il se manifeste simplement avec sa cause : *on le voit.* Les autres ne se déroulent que successivement, *on ne les voit pas ;* heureux si on les *prévoit...* Il arrive presque toujours que lorsque la conséquence immédiate est favorable, les conséquences ultérieures sont funestes, et *vice versâ.* »

Il en est de la guerre comme de l'économie politique.

La conséquence immédiate, — *celle qu'on voit,* — est le plus généralement funeste ; mais il arrive que les autres, — *celles qu'on ne voit pas,* — sont quelquefois favorables.

La guerre peut engendrer un grand bien à venir, au prix d'un mal actuel. Elle détruit, il est vrai, une partie de la fortune publique, entame les budgets, recule bien des améliorations utiles, dérange enfin le bien-être du sommeil qu'il goûte si paisiblement ; mais, plus tard, on s'aperçoit que la nation est réveillée d'une torpeur fatale, qu'elle a reçu une leçon salutaire, un avertissement précieux, et que ses souffrances lui ont servi de discipline morale, d'aiguillon, de planche de salut.

Un petit mal pour un grand bien !

C'est de ce bien invisible que nous allons nous occuper; il servira de réponse à la troisième accusation.

La guerre est un fléau qui, tout en traînant après soi le deuil et la ruine, laisse en même temps sur sa route de nombreux bienfaits. Aussi peut-on la comparer à la foudre qui purifie et assainit l'atmosphère, ou encore au Nil dont les débordements engloutissent souvent des villes entières, mais qui dépose un riche limon sur le sol stérile et répand ainsi l'abondance dans des campagnes qui, sans lui, ne seraient plus qu'un vaste désert. C'est un mal qui chasse des maux plus terribles encore. Comme ces remèdes énergiques qui sauvent l'individu d'une fin misérable, elle sauve l'humanité de l'engourdissement, de la corruption, de la décrépitude.

Nous n'aurions peut-être pas osé développer une théorie en apparence si paradoxale, si nous ne l'avions vue acceptée par tant de penseurs de toute provenance, et sur lesquels nous allons nous appuyer un instant :

« La guerre, dit l'idéaliste Hegel, donne le relief à notre vertu et y met le sceau; elle retrempe les nations que la paix a amollies, consolide les États, éprouve les races, donne l'empire aux plus dignes, communique à tout, dans la société, le mouvement, la vie, la flamme. »

Un homme de paix, le pasteur Ancillon, avait déjà défendu cette philosophie belliqueuse : « La paix, écrivait-il, amène l'opulence ; l'opulence multiplie les plaisirs des sens, et l'habitude de ces plaisirs produit la mollesse et l'égoïsme. *Acquérir et jouir* devient la devise de tout le monde ; les âmes s'énervent et les caractères se dégradent. La guerre et les malheurs qu'elle traîne à sa suite développent des vertus mâles et fortes ; sans elle, le courage, la patience, la fermeté, le dévouement, le mépris de la mort, disparaîtraient de dessus la terre. Les classes même qui ne prennent aucune part au combat apprennent à s'imposer des privations et à faire des sacrifices... Chez un peuple civilisé jusqu'à la corruption, il faut quelquefois que l'État entier périclite, pour que l'esprit public se réveille ; et c'est le cas de dire ce que Thémistocle disait aux Athéniens : « Nous périssions, si nous n'eussions péri. »

Le comte Portalis s'exprime à peu près dans le même sens : « Résultat inévitable du jeu des passions humaines dans les rapports des nations entre elles, la guerre, dans les desseins de la Providence, est un agent puissant dont elle use, tantôt comme d'un instrument de dommage, tantôt comme d'un moyen réparateur. La guerre fonde successivement et renverse (comme le Jéhovah du Deutéronome), détruit et reconstruit successivement les états. Tour à tour féconde en calamités et en améliorations, retardant, interrompant ou accélérant le progrès ou le déclin, elle imprime à la civilisation qui naît, s'éclipse et renaît pour s'éclipser encore, ce mouvement fatidique, qui met alternativement en action toutes les puissances et les facultés de la nature humaine, par lequel se succèdent et se mesurent la durée des empires et la prospérité des nations. »

« La guerre, dit à son tour Proudhon, préserve l'humanité de la corruption, comme la discipline préserve du relâchement le religieux, comme la férule guérit l'élève de ses mauvais penchants, comme la médecine amère purge le malade. La guerre nous régénère par le combat, *castigat pugnando mores;* c'est le pendant de la comédie qui nous châtie par le ridicule. »

Un vénérable évêque, Mᵍʳ Landriot, partage, sur ce sujet, les idées du célèbre pamphlétaire. « Les changements, s'écrie-t-il, les révolutions, les soulèvements des vagues humaines sont des phénomènes terribles ; toutes ces commotions, par un dessein caché de la Providence, servent à corriger, à purifier et à ramener les nations au devoir. »

M. E. Renan, dont les doctrines philosophiques sont la condamnation même du culte de la force, n'hésite pas cependant, dans sa *Réforme intellectuelle et morale de la France,* à proclamer les bienfaits de la guerre : « Si la sottise, la négligence, la paresse, l'imprévoyance des états n'avaient pour conséquence de les faire battre, il est difficile de dire à quel degré d'abaissement pourrait descendre l'espèce humaine. La guerre est de la sorte une des conditions du progrès, le coup de fouet qui empêche un pays de s'endormir, en forçant la médiocrité satisfaite d'elle-même à sortir de son apathie. L'homme n'est soutenu que par l'effort et la lutte... Quand une population a fait produire à son fonds tout ce qu'il peut produire, elle s'amollirait si la terreur de son voisin ne la réveillait; car le but de l'humanité n'est pas de jouir; acquérir et créer est œuvre de force et de jeunesse; jouir est de la décrépitude. La crainte de la conquête est ainsi, dans les choses humaines, un aiguillon nécessaire. Le jour où l'humanité deviendrait un grand empire romain pacifié et n'ayant plus d'ennemis extérieurs, serait le jour où la moralité et l'intelligence courraient les plus grands dangers. »

Diderot avait remarqué aussi que le culte général de l'argent et la course effrénée après les jouissances matérielles sont des signes infaillibles de déchéance. « Lorsque le goût de l'aisance se répand, dit-il, l'enthousiasme se perd. On devient sage] et plat, on fait l'éloge du présent, on rapporte tout au petit moment de son existence et de sa durée; le sentiment de l'immortalité, le respect de la postérité sont des mots vides de sens qui font sourire de pitié : on veut jouir, après soi le déluge. »

Fénelon, qui a servi avec tant d'éloquence la cause de la paix, qui a comparé, quelque part, les conquérants à ces fleuves débordés qui paraissent majestueux, mais ravagent tout sur leur passage, le doux et sensible Fénelon veut cependant qu'on soit toujours prêt à faire la guerre et que les gouvernements envoient une partie de la jeunesse combattre à l'étranger, de peur que la nation ne s'amollisse et pour l'entretenir dans une émulation de gloire, dans l'amour des armes, dans le mépris des fatigues et de la mort même. Selon lui, « le vrai moyen d'éloigner la guerre, c'est d'être également incapable de la faire par ambition et de la craindre par mollesse. »

Il ne faut donc pas en douter : les richesses et les plaisirs sont les premières causes de la décadence des peuples. Pour être fort et indomptable, il faut être tempérant et pauvre. Lorsqu'une nation n'a d'autre idole que la fortune, lorsqu'elle se prosterne devant le veau d'or, elle est perdue : tout dévouement s'éteint, et la ruine morale commence.

« La guerre, dit M. le sous-intendant Hueber, source des plus grandes infortunes, est aussi la voie des grandes destinées. Elle n'est ni un fléau pur et simple, ni un bien sans mélange. Instrument de ruines et de progrès, féconde en calamités et en bienfaits, elle est imposée à l'humanité comme une épreuve qu'il faut savoir supporter pour vivre et grandir..... Mieux vaudrait sans doute pouvoir se passer de la guerre et renoncer à un remède que certaines maladies rendent nécessaire, mais il n'en est pas d'autre qui guérisse.....

« S'il y a des paix détestables, il peut y avoir aussi des guerres favorables; s'il arrive que les caractères s'abaissent ou se dégradent pendant la paix, ils peuvent se relever par la guerre et engendrer de mâles vertus; enfin si l'on peut se perdre au sein de la paix, on peut se sauver dans les agitations de la guerre.....

« On peut gémir que l'humanité soit réduite à recourir à des moyens qui sont aux maladies du corps social ce que le fer et le feu qui sauvent et qui tuent

sont aux maladies du corps humain, mais il y a inconséquence et présomption à flétrir les moyens d'action
imposés à l'homme pour l'accomplissement de ses destinées.....

« On dirait qu'ici-bas l'homme et la nature physique
obéissent à une même règle d'alternative de repos et
d'agitations violentes. Dans les airs et dans les eaux les
grands calmes sont précédés des grandes tempêtes; sur
la terre le sol ne se couvre de fleurs qu'après de longs
hivers; de même l'homme ne jouit d'un repos fécond
qu'à la suite des fortes épreuves de la guerre. La conti-
nuité du repos lui est fatale, elle aboutit à la stérilité
de l'esprit et à la langueur du corps. Si la paix guérit
les blessures de la guerre, la lutte, en fortifiant les ressorts de l'activité humaine, corrige les lassitudes de la
paix.....

« L'histoire semble témoigner que cette succession
de repos et de combats est la condition normale du développement des sociétés. Elle montre que la grandeur
intérieure n'a été atteinte que par la révolution et la
grandeur extérieure que par la guerre. »

Joigneaux, dans une de ses lettres aux paysans, com-
pare les populations trop endormies aux eaux trop
calmes qui finissent par se gâter et ne plus rien valoir.
Il ajoute que pour les avoir saines, il faut les mettre
en mouvement, établir des courants divers qui balayent
la vase et entraînent avec eux toutes les autres im-
puretés.

Enfin, Bolingbroke a écrit dans un de ses nombreux

ouvrages : « C'est par des calamités nationales qu'une corruption nationale doit se guérir. »

Toutes ces citations font ressortir d'une façon frappante les dangers de la paix et le rôle réparateur que vient fatalement jouer la guerre au milieu de la décadence sociale.

Que disent encore les apologistes conscients ou inconscients de la guerre? Ceci : La vraie civilisation, c'est la pureté des mœurs privées et publiques, c'est l'obéissance aux lois morales, c'est la pratique de toutes les vertus. Les multiples inventions de l'industrie, du commerce et des arts sont dangereuses, non en elles-mêmes, mais par les conséquences qu'elles entraînent. Elles rendent les nations frivoles, leur inculquent le goût du luxe et des dépenses inutiles; elles les gâtent et les corrompent.

Allez donc leur demander ensuite de défendre leurs richesses! Elles ne savent qu'en jouir; elles ont oublié la science difficile de les protéger contre la convoitise des peuples pauvres.

La première vertu qui se perd dans la paix, c'est la tempérance. En augmentant son bien-être, on augmente ses besoins; le superflu devient le nécessaire; le désir des jouissances s'étend depuis le haut jusqu'au bas de l'échelle sociale, car l'exemple du mal est malheureusement plus contagieux que celui du bien. La volupté gagne de jour en jour du terrain. Avec la tempérance s'envolent bientôt l'amour du travail, le patriotisme, le sentiment du devoir et le respect. C'est le règne des passions et des vices. Plus de force, plus de courage, plus de prudence, plus de justice! Les lois se multiplient, mais en vain, pour arrêter la chute des bonnes mœurs. On ne peut plus supporter la rigueur de la discipline militaire et les mâles habitudes du métier des armes. L'orgueil que fait naître le faux progrès matériel aveugle sur la fragilité de cette riche statue, aux pieds d'argile, qu'on appelle à tort la civilisation. L'avarice et la prodigalité, rompant toutes barrières, brisant tout frein moral, se livrent impunément à tous les excès. Le déclin se manifeste par des signes visibles : ce sont les désastres financiers, les folies extravagantes causées par la fureur de l'argent et du luxe, le triomphe de la grande débauche, les scandales qui désolent les familles, les suicides, les attentats à la pudeur, les infanticides, les infamies de la haute banque, les écrits immondes, les turpitudes étalées dans les journaux de genre, etc., etc. Bref, la patrie, sous des dehors brillants, n'est plus qu'un fruit mûr, bon à détacher de l'arbre. Elle n'est plus qu'une proie facile pour l'étranger qui guette les progrès rapides de sa décomposition, s'il n'est pas corrompu lui-même.

Une nation ainsi gangrenée n'appelle-t-elle pas un spécifique violent, un moxa énergique qui transforme en sang généreux ce sang vicié par des années de désordres?

Aussi, d'une façon ou d'une autre, la guerre, — cent fois moins horrible que cette paix, — arrive comme un châtiment, comme une expiation qui doit racheter les fautes passées, comme « un instrument de la sanction du Vrai et du Juste. » Faite pour débarrasser le globe des nations molles et efféminées, elle commence son œuvre de destruction, abattant le luxe qui fait la ruine des états, retrempant les caractères, réveillant l'héroïsme, condamnant la routine, remuant, bouleversant tout, faisant table rase, ébranlant la société sur ses bases qu'on croyait éternelles, lui imprimant une secousse terrible, mais salutaire.

Heureuse encore la nation qui sait abandonner sa morne indifférence, son orgueil, ses haines, ses lâches plaisirs, son égoïsme et n'ajoute pas aux horreurs de la guerre les hontes de l'invasion et de la défaite !

M. Mignet reconnaît l'influence désastreuse de la richesse sur un pays. « Le patriotisme, affirme-t-il, s'endort souvent sur le duvet des prospérités industrielles et commerciales; une longue paix, nourrice du bien-être matériel, peut distraire un peuple du souci de l'honneur national, et le retenir dans cette apathie morale où le cœur se rouille avec l'épée. »

« Les guerres *qui ont le double caractère du droit et de la nécessité*, écrit le général Trochu dans *l'Armée française en* 1867, exaltent le patriotisme national, arrachent la société aux jouissances énervantes d'une longue paix et refont sa virilité en retrempant les caractères. »

Le même général va jusqu'à soutenir que la guerre profite plus, parfois, au vaincu qu'au vainqueur : « Les enseignements des grandes défaites qui renversent tout un ordre d'idées et de faits acquis, servent mieux l'avenir des institutions militaires que les enseignements des grandes victoires qui consacrent ces idées et ces faits. Les premiers imposent aux gouvernements et aux armées la modestie, avec une sorte de retour sur eux-mêmes, qui leur conseille le travail, les comparaisons et les conduit aux progrès. Les deuxièmes créent l'orgueil, avec la confiance illimitée dans des moyens et des procédés qui vieillissent avec le temps et ne répondent plus, au jour des grandes crises, à des nécessités nouvelles. »

Enfin, M. Vacherot, quoique tout à fait antipathique à la guerre, en proclame cependant les heureux effets. Voici ce qu'il avance dans *la Démocratie :* « Le philosophe peut déplorer l'étrange méthode de décider le droit par la force ; la guerre n'en est pas moins une grande épreuve pour l'historien, non pas seulement quant à ses résultats, mais aussi quant à son caractère héroïque. S'il n'est pas vrai qu'un peuple montre sur le champ de bataille tout ce qu'il vaut, il est certain qu'il y fait voir la première vertu des nations comme des individus : le mépris de la vie devant le devoir ou l'honneur. Tout homme, tout peuple qui n'a point passé par cette épreuve ne sait pas lui-même ce qu'il vaut, quelles que soient l'élévation de ses pensées et la noblesse de ses sentiments. Toute éducation est incomplète s'il y manque cette mâle discipline qui familiarise le citoyen avec le danger et la mort. C'est là ce qu'il y a de bon, de beau, de vraiment héroïque dans l'esprit militaire. »

Que les peuples riches ne s'oublient donc pas au milieu de leurs plaisirs; qu'ils aient le courage de prendre une partie de la fortune consacrée aux jeux, aux spectacles, aux palais, pour entretenir une bonne armée. Ce ne sera pas une dépense superflue, car la fortune publique ne saurait pâtir des mesures prises contre la domination de l'étranger. « La guerre, dit Vauvenargues, n'est jamais si onéreuse que la servitude. »

On regarde toujours ce que coûte l'armée, on ne regarde pas toujours ce qu'elle empêche. La liberté et l'indépendance nationales sont des trésors que l'on ne saurait jamais payer trop cher.

Oui, les canons et les armes exigent des sommes énormes. La faute en est au siècle. Dans les âges barbares, la guerre est barbare. Dans les âges industriels, la guerre est industrielle. Aujourd'hui, le triomphe est aux machines. Plus la paix en inventera, plus aussi en inventera la guerre. Cette concordance est fatale. Voulez-vous reprendre les flèches et les massues de nos ancêtres les sauvages? Reprenez aussi leur pelure de bêtes et leur nourriture de glands.

Le mal des armées n'est pas dans leur prix, il est dans leur mauvaise organisation. Elles sont l'image de la nation à laquelle elles appartiennent, et, dans l'effondrement général, elles abandonnent les vertus qui font leur force et leur grandeur.

Cependant, si elles sont l'image de la nation, elles en sont souvent l'image embellie, et c'est encore, aux époques douloureuses de la décadence, l'institution sur laquelle on peut laisser reposer sa vue sans être gagné par trop de découragement.

Quoi qu'il en soit, les armées, telles qu'elles existent aujourd'hui, produisent, en paix comme en guerre, une heureuse influence sur le pays tout entier, et il nous semble difficile de comprendre les attaques violentes lancées par quelques esprits sur cet instrument perfectionné de moralisation publique.

Une armée bien dirigée répand dans la masse un certain nombre de vertus militaires et civiles, développées par le dur apprentissage des camps ou de la caserne, et forme des citoyens disciplinés, honnêtes, ennemis du luxe, respectueux de la règle, obéissant aux lois. C'est une véritable école politique où chacun s'instruit de ses *devoirs*, bienfait inestimable aux époques surtout où il n'est question que de *droits*.

Les épreuves de la vie militaire, les gardes de nuit, le lever matinal, la tenue régulière, le respect hiérarchique, les habitudes vaillantes, toutes ces choses obligent l'enfant des plus grandes comme des plus humbles familles du pays à soumettre sa volonté devant une volonté supérieure, le dressent à la patience (mère du génie, suivant Buffon), à la tempérance, qui, au dire de Socrate, permet à chacun de servir ses amis et de surmonter ses ennemis; elles lui apprennent à supporter sans se plaindre les misères de la vie, qui n'est qu'un combat, et lui donnent ainsi, non ce courage vulgaire grâce auquel on affronte les dangers, mais le vrai courage civil qui se rit des douleurs, de la faim, de la fatigue et de toutes les traverses du corps.

Par ce pénible *entraînement* qu'exige la préparation de la guerre, non-seulement les facultés morales de la nation se développent, mais aussi les facultés physiques. Et l'on sait qu'un peuple souple, robuste, rompu aux exercices du corps et aux privations, méprisant les obstacles, agile et hardi; on sait qu'un peuple forgé de la sorte se présente dans les meilleures conditions pour combattre et pour vaincre soit les forces organisées de l'ennemi, soit les forces aveugles de la nature.

Et que l'on ne dise pas qu'une pareille éducation fasse des hommes grossiers! Athènes, dont les gymnases étaient fréquentés par toute la jeunesse, n'en est pas moins la patrie de la philosophie et des beaux-arts. Les lutteurs, après s'être plongés dans un bain qui réparait leurs forces, allaient s'inspirer des nobles leçons des Socrate et des Démosthènes. Aussi de combien d'exploits héroïques et de victoires immortelles sont remplies les pages de l'histoire grecque!

Que devient, à côté des nombreux avantages que nous venons d'énumérer peut-être un peu longuement, l'accusation portée contre la guerre et les armées par ces hommes qui se disent pratiques et qui cachent leur matérialisme grossier derrière des discussions mesquines de finances et de budgets? Et n'est-ce pas justement qu'ils se sont attiré cette fougueuse apostrophe du célèbre polémiste auquel, malgré ses nombreuses erreurs, on ne peut refuser une estime sincère : « C'est en vain qu'une philanthropie oiseuse se lamente sur les hécatombes offertes au Dieu des batailles; c'est en vain qu'un mercantilisme avare étale, à côté de ses immenses produits, de ses chemins de fer, de sa navigation, de ses banques, de son libre-échange, les consommations effroyables que la guerre traîne à sa suite, l'embrasement des villes, la dévastation des campagnes, le désespoir des mères, des épouses, des jeunes filles, la dépopulation, la dégénérescence des races, le retard des sociétés dans la production de la richesse et l'exploitation du globe. Tant que les imaginations et les consciences ne seront pas autrement intéressées à la nier, tant qu'elle n'aura contre-elle que des pertes d'hommes et d'écus, des affaires stagnantes, des fonds en baisse et des banqueroutes, la guerre ne s'en ira pas; il y aura même, dans les régions haute et basse de la société, une certaine animadversion contre ceux qui la combattent, j'ai presque dit qui la calomnient. »

Ce n'est pas seulement de l'animadversion qu'il faut avoir contre ceux qui combattent la guerre, mais aussi de la méfiance, car ce sont eux qui, dans tous les temps, ont perdu leur patrie. Malheur aux peuples qui les écoutent, qui s'inspirent de leurs doctrines ! En courant après la paix, ils atteindront la domination étrangère.

« Malheur aux États qui, dans le tourbillon du progrès, sous prétexte de raffinement de la civilisation, foulant aux pieds les vertus des jours de lutte et de gloire, comme litière d'un passé de barbarie, oublieront l'art d'attaquer pour se défendre ! Une loi fatale de l'histoire enseigne que la corruption, la perte de la liberté, sinon de l'indépendance, suivent de près l'abandon du champ de Mars, le mépris de la carrière et de l'industrie des armes. »

Résumons ce chapitre. Selon certains penseurs, la guerre (ou seulement la préparation de la guerre) empêche l'égoïsme commercial d'envahir le corps social tout entier. Elle réveille l'amour de la patrie, développe les qualités physiques et morales de la nation. Semblable au fleuve Alphée qui emporta le fumier des écuries d'Augias, elle entraîne avec elle les corruptions du luxe et de la richesse. Comme la tempête enlève les branches sèches, les tiges rabougries des arbres près de mourir, la guerre émonde les peuples dégénérés et leur rend, lorsqu'il en est temps encore, la santé et là vie. Enfin, elle fait naître partout une heureuse réaction ; de sorte que l'on peut dire que le plus sûr moyen d'être à l'abri de ses fureurs c'est d'acquérir toutes les vertus.

CHAPITRE X.

Réponse à la quatrième accusation.

Le prestige de la guerre. — Admiration générale pour les conquérants. — Amour de la gloire. — Enthousiasme guerrier des poètes.
— Succès des récits de combats. — Les instincts belliqueux de
l'enfance. — Puissance de l'imagination.

Le premier instinct que la nature a donné à l'homme
est l'instinct de la conservation, et la guerre répugne à
cet instinct. Mais on pourrait répondre de suite que cet
instinct n'est pas le plus noble de tous, et que si nous
n'obéissions qu'à lui nous serions bien méprisables, puisqu'il nous défendrait d'aller secourir notre enfant qui se
noie ou notre père qu'on tue, puisqu'il nous renferme-
rait dans notre *moi* comme le colimaçon dans sa coquille,
et nous rendrait indifférents à tout ce qui ne touche pas
de près notre très-adorée personne.

Il est vrai également que la vue d'un champ de bataille a quelque chose d'effroyable, d'odieux... Ces cadavres alignés, ces mourants qui poussent des cris de
douleur et de désespoir, ces blessures atroces, ces
ambulances où des hommes dégoûtant de sang tra-
vaillent dans la chair humaine;... tout cela saisit et
épouvante.

Nous verrons cependant que l'imagination, que la
poésie ont su embellir ces drames sanglants en les idéa-

lisant, en leur imprimant un cachet particulier de beauté imposante et sévère.

Que répondre enfin au cortége lugubre des victimes? Ouvriers mutilés pour le reste de leurs jours; travailleurs des champs ou de la ville qui perdent en un mois le fruit de plusieurs années d'efforts et de courage; pères, mères, fiancées dont le cœur est brisé par la douleur ! Il faudrait avoir l'âme cachée sous une écorce bien rude pour ne pas s'apitoyer sur ces deuils inconsolables, pour ne pas se sentir ému de ces imprécations ardentes, de ces soupirs déchirants, sinistre écho des combats. Mais, répondent les avocats de la guerre, la philosophie ne mériterait pas son nom si elle n'osait chercher la vérité, même à travers le sang et les larmes.

D'ailleurs, l'histoire ne rapporte-t-elle pas les paroles viriles de plusieurs femmes de cœur, éprouvées par la perte d'un époux ou d'un fils chéri, et faisant taire leur affliction pour ne songer qu'au salut de tous? Ces épouses, ces mères n'étaient pas dénaturées sans doute, mais elles se consolaient en songeant que ceux dont elles pleuraient si justement la mort avaient eu le sort le plus digne d'envie, avaient trouvé la fin la plus glorieuse, celle des héros et des braves.

Enfin, si la guerre était contraire à la nature, comment l'humanité tout entière se serait-elle laissé éblouir par son image? Pourquoi son prestige serait-il si universel, si incontesté parmi nous? On n'admire ni la peste ni aucun des autres fléaux qui ravagent le monde, et malgré soi l'on est attiré par la vue ou le récit de ces batailles gigantesques engagées entre les empires. Cet attrait pour la guerre n'est-il pas son absolution, sa justification? Quoi d'étonnant, après tout, que l'homme, fatigué des mesquineries de la vie ordinaire, aime à reposer son esprit sur ces phénomènes grandioses au milieu desquels se jouent l'influence et la destinée des peuples. « Où il y a de la grandeur, nous la sentons malgré nous. La gloire des conquérants a toujours été combattue; les peuples en ont toujours souffert, et ils l'ont toujours respectée. » (VAUVENARGUES.)

Aussi, quels noms plus retentissants dans l'opinion des masses, susceptibles d'enthousiasme, que ceux d'Alexandre, de César et de Napoléon !

Excitant les plus nobles émotions, la guerre agit sur nous comme l'éclat du tonnerre, comme la voix de l'ouragan; elle nous passionne par son image terriblement grandiose. Chefs et soldats s'animent, s'exaltent aux mots magiques de patrie et de devoir; ils sacrifient alors leur vie presque avec joie. « La douceur de la gloire est si grande, s'écrie Pascal, qu'à quelque chose qu'on l'attache, même à la mort, on l'aime... » L'émulation éveille les intelligences; les facultés croissent dans la lutte; chacun s'enflamme des plus purs sentiments; de magnifiques traits s'accomplissent avec une simplicité touchante. Et l'homme, — sur ces champs de bataille où plane la mort, — paraît plus grand que nature.

Une femme illustre, Mᵐᵉ de Staël, semble avoir goûté ces joies étranges que procurent les combats. « La guerre, dit-elle, fût-elle entreprise par des vues personnelles, donne toujours quelques-unes des jouissances de l'enthousiasme ; l'enivrement d'un jour de bataille, le plaisir singulier de s'exposer à la mort, quand toute notre nature nous commande d'aimer la vie, c'est à l'enthousiasme qu'il faut l'attribuer. La musique militaire, le hennissement des chevaux, l'explosion de la poudre, cette foule de soldats revêtus des mêmes couleurs, émus par le même désir, se rangeant autour des mêmes bannières, font éprouver une émotion qui triomphe de l'instinct conservateur de l'existence; et cette jouissance est si forte, que ni les fatigues, ni les souffrances, ni les périls ne peuvent en déprendre les âmes. Quiconque a vécu de cette vie n'aime qu'elle. »

Sans enthousiasme, l'homme ne serait qu'un animal prudent et rusé. Il jouirait du premier attribut de la raison : *le calcul*. Mais il ne posséderait pas la plus belle des vertus : *le dévouement*. Il saurait *vivre*, il ne saurait pas *mourir*.

Nous ne voulons pas ravaler la *bête*, et reconnaissons que le manger, le boire et le dormir sont dignes d'intérêt, étant nécessaires. Mais est-ce là tout l'homme? Heureusement non. Il s'échappe de son cœur on ne sait quel instinct idéal qu'il ne peut réprimer, qui l'élève au-dessus des besoins purement physiques, au-dessus de la brute qui ne pense qu'à jouir, instinct que toutes les douceurs positives ne pourraient satisfaire.

« Sans les belles actions inutiles, — dit M. de Gasparin, — on aurait bon marché de tout ce qui est grand ici-bas. Tel héroïsme *inutile* deviendra la force régénératrice d'un pays, parce que, relevant les niveaux, il allumera la soif de l'idéal qui est, comme chacun sait, *l'inutile* par excellence.

« Léonidas meurt aux Thermopyles; cela ne sert à rien, et c'est ce sacrifice absolument *inutile* qui va réveiller l'héroïsme grec. Malheur à nous si nous étions toujours raisonnables, si nos dévouements, nos affections, si l'accomplissement de nos devoirs, si nos courages enfin se tenaient sagement à l'abri de tout excès. »

Cet avenir n'est pas à craindre; le passé en est la preuve. Il y a toujours eu des hommes qui se sont jetés à la recherche du profit, mais toujours d'autres hommes se sont généreusement sacrifiés pour des idées, pour des mots, pour ces *riens* qu'ils préféraient à tout. La race de ceux-là n'est pas éteinte. On verra longtemps encore leurs descendants accomplir de sublimes folies, et, au sein de la lutte qui les emportera peut-être, faire leurs plus beaux rêves d'immortalité.

Il n'y a pas à en douter, l'humanité aime la gloire. C'est son patrimoine. Elle ne voudrait pas s'en dessaisir. Elle se rit de ceux qui la dénigrent et leur répond, avec l'académicien Thomas : « On a beaucoup déclamé contre la gloire. Cela est naturel. Il est bien plus aisé d'en dire du mal que de la mériter. »

L'humanité, par la même raison, aime la guerre; elle s'en nourrit. La lecture qui la séduit davantage est celle qui l'entretient de combats fameux auxquels elle a pris part. Elle se jette avec ivresse sur les romans de cape et d'épée, sur les histoires fabuleuses de batailles, sur les récits de conquêtes et d'exploits militaires. L'épopée, — la plus noble production de la poésie et la plus goûtée des peuples, — n'est qu'un brillant panorama de scènes guerrières. Chaque nation a sa *Bible* ou son *Iliade* et ses chants belliqueux. « La guerre, qui fait fuir, dit-on, les muses pacifiques, est au contraire l'aliment qui les fait vivre, le sujet de leur conversation éternelle. Les flots de sang que répand Bellone sont, pour Apollon et les chastes sœurs, la véritable Hippocrène. C'est de tous les sujets dont s'inspirent les poëtes, les historiens, les orateurs, les romanciers, le plus inépuisable, le plus varié, le plus attachant, celui que la multitude préfère et redemande sans cesse, sans lequel toute poésie s'affadit et se décolore. Supprimez le rapport secret qui fait de la guerre une condition indispensable, de près ou de loin, aux créations de l'idéal, aussitôt vous allez voir l'âme humaine partout abaissée, la vie individuelle et sociale frappée d'un insupportable prosaïsme. Si la guerre n'existait pas, la poésie l'inventerait. » (PROUDHON.)

Combien de poëtes, en effet, lui doivent leurs plus éclatants triomphes, depuis Homère qui a fait connaître au monde entier la chute de Troie, jusqu'à Victor Hugo qui a chanté dans des vers immortels l'immortel génie du *Grand homme !*

Quel culte profond pour tout ce qui est grand respirent ces strophes brûlantes de l'auteur des *Orientales :*

Histoire, poésie, il joint du pied vos cimes.
Eperdu, je ne puis dans ces mondes sublimes
Remuer rien de grand sans toucher à son nom;
Oui, quand tu m'apparais, pour le culte ou le blâme,
Les chants volent pressés sur mes lèvres de flamme,
Napoléon! Soleil dont je suis le Memnon!

Tu domines notre âge, ange ou démon, qu'importe?
Ton aigle dans son vol, haletants, nous emporte.
L'œil même qui te fuit te retrouve partout.
Toujours dans nos tableaux tu jettes ta grande ombre;
Toujours Napoléon, éblouissant et sombre,
    Sur le seuil du siècle est debout.

La guerre n'est donc pas contraire à la nature humaine. Son goût se développe déjà chez les enfants, dont les jeux pleins de turbulence sont des simulacres de combats. Le jeune homme se passionne pour elle et ne rêve pas de plus belle carrière que celle des armes. L'homme fait, — lorsqu'un conflit éclate, — éprouve malgré lui une joie secrète qui prend sa source dans l'amour de l'inconnu et des choses extraordinaires. Enfin, le vieillard regrette que son grand âge l'attache au foyer domestique, et il suit de loin avec des regards d'envie les bataillons qui marchent à la frontière.

Le moindre examen psychologique vient à l'appui de notre thèse : la nature humaine est double et se compose autant d'imagination que de raison. Par la seconde faculté, l'homme trouve le vrai; par la première, il trouve le beau. Sans la raison, il serait fou; sans l'imagination, il serait malheureux. Celle-là l'éclaire de son flambeau, celle-ci l'emporte sur ses ailes. La raison est un guide pour l'esprit et le conduit loin ; l'imagination est un génie et l'élève haut. L'une lui apporte de précieux conseils, l'autre de douces espérances. On estime la raison, on aime l'imagination. La raison est toujours un peu vieille. La jeunesse de la seconde est éternelle.

Ce sont deux sœurs qui se sont partagé notre empire. Laissons-les vivre amies ; elles sont belles toutes deux, et toutes deux méritent nos hommages.

Mais si la raison est plus sage, l'imagination est plus puissante : c'est la *royne et emperiere du monde.* Si elle nous trompe, c'est en nous charmant. Pourrions-nous nous en plaindre ? Que la vie serait triste et monotone sans elle ! Elle égaye, elle anime tout. Jetant sur nos yeux son écharpe aux mille couleurs, elle nous fait paraître les choses, non telles qu'elles sont, mais telles que nous souhaitons qu'elles soient. C'est une grande magicienne qui métamorphose la réalité en rêve, les larmes en sourires, la misère en richesse, le mal en bien. Ses filles sont la poésie, la gloire, l'héroïsme et l'enthousiasme. L'homme vit au milieu d'elles, les chérit tendrement, et lorsque la guerre déchaîne au loin ses fureurs, c'est auprès d'elles qu'il vient puiser ses meilleures inspirations et son plus noble courage.

Ne les répudions pas, ces filles immortelles : nous ne serions guère plus heureux et nous serions moins grands.

« O France ! terre de gloire et d'amour ! si l'enthousiasme un jour s'éteignait sur votre sol, si le calcul disposait de tout et que le raisonnement seul inspirât même le mépris des périls, à quoi vous serviraient votre beau ciel, vos esprits si brillants, votre nature si féconde? Une intelligence active, une impétuosité savante vous rendraient les maîtres du monde; mais vous n'y laisseriez que la trace des torrents de sable, terribles comme les flots, arides comme le désert. » (Mme DE STAEL.)

CHAPITRE XI.

Réponse à la cinquième accusation.

Le droit de la force. — L'épée de Thémis. — La guerre joue ici-bas un rôle de grande justicière. — Elle n'enfante pas plus de tyrans que la politique.

Il serait odieux de défendre cette maxime barbare, devenue célèbre : *La force prime le droit.* Cependant on ne peut nier que la force est l'agent du droit, qu'elle en est l'appui, la sanction ; qu'elle le défend, le protége et le venge ; elle l'a même créé dans l'origine des sociétés, et sans elle il ne serait encore qu'une pure chimère. Ses solutions sont brutales, mais elles ont le mérite d'être expéditives et de mettre court à des disputes interminables. Il semble même que l'homme éprouve un certain soulagement à voir la force apparaître au milieu d'un conflit obscur et chasser les ténèbres d'un seul coup de baguette.

Cette force, qu'on accuse tant, n'est d'ailleurs pas purement matérielle ; elle représente les énergies intellectuelles et morales aussi bien que les énergies physiques des nations ; les qualités civiles, l'esprit, l'industrie, le calcul, la prudence, aussi bien que le nombre des soldats et la puissance des canons. Enfin, elle est nécessaire : la dédaigner ce serait plus qu'un *crime,* ce serait une *faute.* « Il faut l'opposer à elle-même pour être sûr de n'en pas être la victime. La barbarie aurait trop beau jeu dans ce monde, si la justice et la raison ne lui opposaient jamais que la résignation. » (Vachenot.) « La loi ne vient qu'après le glaive qui a fait le droit, et loin de répudier le glaive, la loi s'en empare. Thémis tient une épée comme une garantie du droit. L'Église glorifie l'épée comme un appui et un instrument chrétien. » (Général Bardin.)

No peut-on pas dire alors qu'il existe un droit de la force, comme il existe un droit de l'intelligence, un droit de la nature, un droit du travail? La force fait partie de l'être humain comme la conscience, et cette partie de l'être humain, — quoique inférieure à la partie morale, — n'en est pas moins digne de respect et de considération. « Ah! certes, il est beau à nous de vouloir, comme de purs esprits, nous régir par les seules lois de l'idée. Mais puisque la nature, en nous faisant de chair et d'os, nous a soumis en même temps à la force, sachons, sans honte, la reconnaître, et, s'il se peut, nous en emparer. Nous n'en vaudrons pas moins parce qu'au lieu de ramper comme des pygmées, nous saurons nous comporter généreusement à l'occasion comme des hercules. » (Proudhon.)

Le droit de la force n'a pas la prétention d'anéantir tous les autres; il ne veut pas non plus être méconnu et flétri. Celui qui le nierait pour ne demander qu'à l'idée pure sa règle de conduite, serait bien vite puni de sa méprisante erreur. « L'homme, — dit Pascal, — n'est ni ange ni bête, et le malheur veut que qui veut faire l'ange fait la bête. » Qu'il ne méprise donc pas ce moyen d'action, dont il lui faut user constamment pour l'accomplissement de ses destinées.

De ce droit dérive immédiatement le droit de la guerre, qui tire de cette origine sa légitimité et sa justice.

En fait, s'il en était autrement, il serait nécessaire de remanier de fond en comble la carte de l'Europe, du monde même ; il serait nécessaire de revenir à la première conquête et de rétablir les choses existant *ante bellum*, puisqu'il n'y a pas de prescription contre le droit. Mais ce ne serait pas seulement impossible, ce serait encore injuste : le consentement général reconnaît donc un droit de la guerre.

Il est vrai que ce n'est pas surtout ce droit théorique que l'on accuse : c'est plutôt son application actuelle, en concurrence avec les revendications de la conscience et de la justice.

Un état fort se jette sur un état faible et s'en empare. L'injustice est flagrante, manifeste. Voilà ce qui irrite, ce qui révolte. Mais, quoi ! tout droit n'est-il pas abusif ? Ne cherche-t-il pas à se manifester à l'exclusion des autres ? Lequel peut se vanter d'être entièrement pur ? Lequel peut s'appeler *infaillible ?* Les jugements humains fourmillent d'erreurs ; le jugement de la force n'est pas plus qu'eux exempt de cette infirmité originelle.

Au surplus, dans le cas qui nous occupe, la philosophie de l'histoire peut invoquer des raisons bien plus valables que celle qui se base sur la fréquence inévitable des abus sincères ou calculés. Elle peut, s'armant d'une logique supérieure, démontrer que les peuples faibles sont fatalement destinés à disparaître, et que, lorsqu'ils disparaissent, la civilisation ne fait qu'y gagner. En effet, ces états sont presque toujours inférieurs, — moralement, — à ceux qui les domptent. « A l'égard de la prospérité des états, je conviens, poursuivit Phocion, qu'il s'est formé de grands empires par des moyens que la morale désavoue ; mais, répondez-moi, ces états, quoique injustes, ambitieux et sans foi, n'étaient-ils pas moins abandonnés aux voluptés, à la paresse et à l'amour des richesses que les peuples qu'ils ont soumis ? N'étaient-ils pas plus exercés au courage et à la discipline ? N'avaient-ils pas moins d'indifférence pour leur patrie et plus d'amour pour la gloire ? Ce n'est point parce que Philippe a peu de vertu que nous le craignons, c'est parce que nous en avons encore moins que lui et qu'il se sert de nos vices pour nous accabler. L'ambition, l'injustice, la violence peuvent sans doute former de grands empires, mais c'est parce qu'à ces vices on n'oppose que d'autres vices. » (MABLY.) —

Montesquieu va plus loin. Il soutient très-habilement que le salut d'un pays réside quelquefois dans la perte momentanée de son indépendance. « Les états que l'on conquiert, — écrit-il dans l'*Esprit des lois*, — ne sont pas ordinairement dans la force de leur institution : la corruption s'y est introduite ; les lois y ont cessé d'être exécutées ; le gouvernement est devenu oppresseur. Qui peut douter qu'un état pareil ne gagnât et ne tirât quelques avantages de la conquête même, si elle n'était pas destructive ? Un gouvernement parvenu au point où il ne peut plus se réformer lui-même, que perdrait-il à être refondu? Un conquérant qui entre chez un peuple où, par mille ruses et mille artifices, le riche s'est insensiblement pratiqué une infinité de moyens d'usurper; où le malheureux qui gémit, voyant ce qu'il croyait des abus devenir des lois, est dans l'oppression, et croit avoir tort de la sentir; un conquérant, dis-je, peut dérouter tout, et la tyrannie sourde est la première chose qui souffre la violence.

« On a vu, par exemple, des états opprimés par les traitants être soulagés par le conquérant, qui n'avait ni les engagements ni les besoins qu'avait le prince légitime. Les abus se trouvaient corrigés sans même que le conquérant les corrigeât.

« Quelquefois la frugalité de la nation conquérante l'a mise en état de laisser aux vaincus le nécessaire, qui leur était ôté sous le prince légitime.

« Une conquête peut détruire les préjugés nuisibles et mettre, si j'ose parler ainsi, une nation sous un meilleur génie. »

Si la guerre ne jouait jamais en ce monde son rôle de grande justicière, au fond de quel abîme de bassesse notre race serait-elle tombée? Les sociétés, ne craignant plus de devenir la proie d'un ennemi plus fort, plus courageux, plus habile, feraient bientôt le sacrifice des principales vertus qui les soutiennent, et l'humanité se reformerait, comme par le passé, en une infinité de petits clans vivant dans la condition misérable des sauvages. Est-ce le rêve des hommes pacifiques?

Pour apprécier le droit de la force, il ne faut donc pas s'arrêter au point de vue qui le désavantage, mais bien le juger dans son ensemble. « On parle sans cesse, — dit Cousin, — des hasards de la guerre et de la fortune incertaine des combats; en détail, rien de plus vrai; en grand, rien de plus faux, car je défie qu'on me cite une seule partie perdue par l'humanité. En fait, il n'y a pas une grande bataille qui ait tourné contre la civilisation. La civilisation peut bien recevoir quelque échec, les armes sont journalières, mais définitivement le gain et l'honneur de la campagne lui demeurent. »

Oui, la guerre souvent est injuste, le vainqueur souvent même plus coupable que le vaincu; il y a eu, dans tous les temps, des agressions iniques, des vengeances atroces, des désirs blâmables de conquêtes; certains peuples, abusant de la faiblesse de leurs voisins et appliquant la maxime immorale de Machiavel : *La fin justifie les moyens*, les ont attaqués contre tout droit et toute raison. Mais, en fin de compte, la guerre a servi la grande cause du progrès, et si quelques nations l'ont appelée trop fréquemment au secours de leurs funestes ambitions, l'histoire montre qu'elles en ont été à leur tour les victimes, et que, tôt ou tard, elles ont péri par où elles avaient péché.

La guerre est, en outre, la seule ressource des peuples opprimés. C'est à elle qu'ils font appel pour secouer le joug d'un tyran indigne, et, lorsqu'ils sont plus courageux, plus vertueux que celui qui les tient en vasselage, il est bien rare qu'ils ne jouissent pas un jour de la liberté qu'ils méritent et cherchent à reconquérir. La guerre, alors, s'engage pour la plus noble des causes: elle est la revendication du droit outragé, la poursuite de l'indépendance et de l'honneur.

Toutes ces chutes et tous ces relèvements d'empires, — suites fatales de vices dissolvants ou de vertus héroïques, — sont la consécration la plus haute du droit de la force, que l'on calomnie parce que l'on n'en voit pas de suite les effets *sanctionnateurs*.

La justice, il est vrai, ne s'exerce pas si vite chez les peuples que chez les individus, mais elle existe! Il est dans la nature des choses que le mal, à la longue, succombe comme contraire au plan général, tandis que le bien, un moment éclipsé ou vaincu, brille un jour et triomphe avec éclat.

Une autre grave accusation portée contre la guerre, c'est qu'elle enfante des Césars. Elle serait, là encore, mère d'injustice.

D'abord, nous croyons que les places publiques et les parlements ont enfanté autant de despotes que les champs de bataille. La guerre, pour ces hommes, n'a pas été une cause de leur élévation, mais seulement un prétexte, une occasion.

En second lieu, ce qui fait le pouvoir du tyran, c'est la lâcheté de la nation, et si quelque César, arrivant tout botté d'une expédition militaire, met la main sur les libertés publiques, la honte rejaillit non moins sur le pays qui s'est laissé enchaîner par une gloire d'emprunt, que sur le tyran qui a forgé les chaînes. « Les peuples,

a dit Montesquieu, ont les gouvernements qu'ils méritent. »
Libres à eux de mériter la liberté : ils ne seront pas
esclaves.

Aux premiers temps de Rome, la vertu de chacun
était la meilleure sauvegarde de la république contre
les assauts du pouvoir ; mais sous l'empire, où les Romains dégénérés ne demandaient plus que du pain et
des spectacles, les tyrans sortirent de dessous terre,
comme ces plantes vénéneuses qui sortent de dessous
le fumier. Il n'y eut pas que des généraux qui s'installèrent au palais des Césars, on vit aussi des étrangers,
des marchands, des hommes de rien, des esclaves se
draper dans la pourpre impériale et faire trembler le
monde.

Enfin, les armées modernes ne se plieront que difficilement aux caprices ou à l'ambition d'un despote. Formées de la nation entière, elles ont tout intérêt à
défendre la chose publique. Lorsque tout citoyen est
soldat et tout soldat citoyen, que peut craindre la patrie !
Ah ! si jamais une armée nationale asseyait sur le trône
un général vainqueur, c'est que la nation serait bien
malade, bien déchue, bien vile et bien indigne de se diriger elle-même ! Et si elle en arrivait plus tard à insul-
ter son maître, celui-ci pourrait lui répondre : « Il ne
fallait pas vous jeter lâchement à mes pieds ! »

En terminant ce chapitre, reconnaissons une dernière
fois que la guerre, en soi, a sa justice ; que le droit de
la force fait la force du droit, c'est-à-dire que le droit,
garanti par la force, et la force basée sur le droit,

sont les deux assises fondamentales de toute société régulière. « Il est juste, dit Pascal, que ce qui est juste soit suivi ; il est nécessaire que ce qui est le plus fort soit suivi. La justice sans la force est impuissante ; la force sans la justice est tyrannique. La justice sans force est contredite, parce qu'il y a toujours des méchants ; la force sans la justice est accusée. Il faut donc mettre ensemble la justice et la force ; et, pour cela, faire que ce qui est juste soit fort, et que ce qui est fort soit juste. »

Les moralistes de sentiment, se retranchant dans leur théorie idéale, s'écrieront toujours : « Il n'y a pas de droit contre le DROIT! » La guerre n'en éclatera pas moins souvent dans l'humanité, parce qu'elle tranche les nœuds gordiens de la politique, parce qu'elle est la dernière raison des rois et des peuples, *ultima ratio regum… et populorum.*

CHAPITRE XII.

Réponse à la sixième accusation.

**Les guerres, dans leur ensemble, tournent au profit de la civilisa-
tion. — Elles en ont été le premier instrument. — La sélection
naturelle chez les peuples. — La France est le produit d'une
longue série de guerres. — La grandeur des nations s'acquiert au
prix des combats.**

Les précédents chapitres, — et surtout le dernier, —
ont déjà répondu à cette théorie, d'après laquelle la
guerre est toujours contraire au progrès. Ils ont établi,
en outre, que la guerre est parfois l'agent du progrès, qu'elle sert de leçon, d'avertissement, de discipline, qu'elle réveille l'idéal, qu'elle fortifie le droit,
qu'elle sauve les nations de la décadence, et que, —
suivant la citation de Cousin, — les guerres, dans leur
ensemble, ont tourné au profit de la civilisation.

Il est bon, cependant, d'insister davantage sur ce point,
ne serait-ce que pour faire voir que le bien se dégage
parfois du mal.

La guerre est la mère de l'histoire. Sans elle le genre
humain n'aurait ni présent ni passé. On ne devine pas
ce qu'il aurait pu devenir. Et ce passé a sa gloire. Nous
avons tort de le mépriser, comme le fils a tort de mépriser son père; car nous passerons un jour, nous aussi.
Demain nous appartiendrons au moyen-âge, après-
demain à l'antiquité. Serions-nous fiers que l'avenir
dénigrât notre œuvre? Non. Alors ne dénigrons pas

celle de nos ancêtres. Ne dénigrons pas trop la guerre qui nous a fait ce que nous sommes.

Lorsque, à peine sorti de la boue qui lui avait servi de matrice, l'homme des premiers âges n'était encore, suivant l'expression originale d'Edmond About, « qu'un sous-officier d'avenir dans la grande armée des singes, » il releva la tête avec orgueil et se posa vaillamment en lutteur. Cet esprit guerrier le sauva du naufrage et lui permit d'accomplir sa belle destinée. « Nu ou misérablement vêtu de la peau des animaux ou de l'écorce des arbres, dit l'Allemand Büchner, vivant seul ou par familles isolées dans les bois, les cavernes, les fissures des rochers ou sur le bord des fleuves, n'ayant pour armes que ses pauvres haches en silex, ce sauvage, cet homme primitif eut à lutter presque sans trêve avec la puissante nature qui l'environnait et avec les grands animaux des époques diluviale ou tertiaire. »

« A demi-rampants sur cette terre à demi-créée, » — c'est ainsi que s'exprime Horace, — « hideux troupeau sans forme et sans langage, » nous nous arrachions les yeux pour une caverne, nous nous battions à coups de poings pour un gland. C'était le triomphe de la force brutale : *væ victis*, malheur aux vaincus ! telle était notre loi, loi inexorable de la concurrence vitale qui dans la suite des siècles a fondé, sur des montagnes de cadavres, l'avenir de notre race. « Ainsi, dit M. Littré, s'est formée une prépondérance en faveur des organisations les plus solides et les plus intelligentes.....

« Nous en avons le plus frappant témoignage dans le contact entre l'homme civilisé moderne et les races restées à un état rudimentaire; partout ces races diminuent, disparaissent, comme si elles étaient touchées par le feu. »

La sélection naturelle, aidée de la guerre, produit donc des effets particulièrement favorables à l'espèce humaine. Elle règle le rang de mérite des peuples en donnant le commandement aux plus forts, c'est-à-dire à ceux qui fournissent la plus nombreuse population et possèdent le plus d'énergie physique, morale et intellectuelle.

Lorsque les peuples barbares se jettent sur les peuples civilisés, ils abattent un luxe funeste, leur montrent leur faiblesse que cachent des dehors mensongers, et les rappellent à des sentiments virils. Si, au contraire, les peuples éclairés se jettent sur les barbares, ils leur laissent, — sauf quelques rares exceptions, — une meilleure organisation sociale, des lois plus justes, des religions plus équitables, des idées plus grandes.

C'est à la guerre que nous devons notre sol, notre influence, notre affranchissement; et si la paix durait depuis vingt siècles, il nous faudrait encore sacrifier nos enfants au farouche Teutatès.

« La guerre a été l'école primitive de la sociabilité. Elle est la mère du monde politique, mère quelquefois peu tendre. En tous les pays, hormis en Pensylvanie, ce sont les hasards, les violences et les conquêtes qu'elles

produisent qui ont fondé les sociétés régulières. »
(BARDIN.)

« La guerre a été le premier et le plus énergique
instrument de civilisation. Elle a formé les états et les
empires,..... elle a activé les forces humaines, frayé les
voies de communication, rapproché les peuples, etc.;
elle met en œuvre des principes d'ordre et d'organisation qui, nécessaires pour vaincre, s'imposent encore
après le combat; elle exige la hiérarchie, la subordination, le concert des volontés;..... elle commande la
prévoyance dans les desseins et la vigueur dans l'exécution; ses principes sont sûrs, car l'épreuve décisive
des combats fait bien vite justice des chimères. Or, ces
diverses conditions sont aussi bien les fondements de
l'ordre civil que de l'ordre militaire. » (HUEBER.)

« Certes, on ne peut contester que la source de la
guerre, qui est dans l'âme humaine, ne soit impure et
troublée; mais c'est d'une source impure et troublée
que sont sortis, avec l'aide du temps et du génie, les
institutions, les coutumes, les actes qui composent la
civilisation même, et qui, en définitive, honorent le
plus l'humanité; si bien qu'un jour l'impureté de cette
source lointaine est oubliée, grâce à l'éclat ou à la
beauté de ce qui en découle. » (PRÉVOST-PARADOL.)

La France n'est-elle pas un produit de la guerre? Elle
s'est formée par la conquête romaine, par la conquête
franque et par les conquêtes royales. C'est grâce à une
série ininterrompue de batailles qu'elle a acquis son
unité, sa force et sa grandeur. Nos annales militaires

sont nos vrais titres à l'existence. Les déchirer, ce serait renier notre origine, ce serait dégrader la patrie.

L'affirmation de cette influence progressive de la guerre se retrouve chez quantité d'auteurs. « Elle est naturelle et sociale, dit Lerminier. Quand elle est justement agressive, elle développe la civilisation du monde : c'est la persuasion à main armée. »

. Pradier-Fodéré, commentant un ouvrage de M. de La Barre-Duparcq, qui a pour objet de prouver que la civilisation et l'art militaire ont mutuellement besoin l'un de l'autre, dit à son tour : « La civilisation ne saurait s'étendre ni même vivre si elle se trouvait constamment sous la compression de la crainte; elle doit la sécurité qui lui est nécessaire aux armées modernes, dont la mission est de servir de boulevard à la civilisation qui travaille derrière elles. Plus l'art militaire devient parfait, et plus il sert la cause de la civilisation. » Enfin, M. Renan reconnaît que les guerres non-seulement régénèrent les races, mais encore sont une sorte d'exutoire par où s'échappent les instincts belliqueux de l'homme, comprimés par les lois restrictives dans lesquelles la société les a si étroitement parqués. « Autant les conquêtes entre races égales doivent être blâmées, autant la régénération des races inférieures ou abâtardies par les races supérieures est dans l'ordre providentiel de l'humanité. L'homme du peuple est presque toujours chez nous un noble déclassé; sa lourde main est bien mieux faite pour manier l'épée que l'outil servile. Plutôt que de travailler, il choisit de se battre, c'est-à-dire qu'il revient à son premier état. *Regere imperio populos*, voilà notre vocation. Versez cette dévorante activité sur des pays qui, comme la Chine, appellent la conquête étrangère. Des aventuriers qui troublent la société européenne, faites un *ver sacrum*, un essaim comme ceux des Francs, des Lombards, dès Normands; chacun sera dans son rôle..... Tout révolté est, chez nous, plus ou moins, un soldat qui a manqué sa vocation, un être fait pour la vie héroïque, et que vous appliquez à une besogne contraire à sa race, mauvais. ouvrier, trop bon soldat..... Que chacun fasse ce. pourquoi il est fait, et tout ira bien. »

Il résulterait donc de toutes ces citations que la guerre, loin de ramener le monde aux époques barbares, lui ouvre, au contraire, les voies civilisatrices, en balayant tous les obstacles qui s'opposent à sa marche.

La vie des peuples, comme celle des particuliers, est une lutte perpétuelle. Mais si cette lutte est une condition d'existence, elle est aussi une condition de grandeur.

A combattre, l'on devient fort.

Quels sont les hommes dont les noms resteront dans l'histoire? Ce sont ceux qui ont lutté. Hommes d'état, guerriers ou artistes, ils ont traversé de rudes épreuves, vaincu de nombreux ennemis, franchi de terribles obstacles, et, par leur courage tenace, par leur volonté militante ont forcé la fortune à leur sourire et à se donner à eux.

Dans toutes les sphères de l'activité humaine, la réussite a été la récompense d'une main ferme et d'un cœur vaillant.

Si l'énergie les avait abandonnés un instant, ces hommes de génie, ou si les traîtres douceurs du repos avaient séduit leur âme, ils ne se seraient pas élevés à la hauteur sublime où ils règnent dans leur gloire; ils eussent joui d'une existence moins brillante, ou traîné une vie simplement commune.

Que les nations, comme les individus, opposent donc une virile résistance aux obstacles dont est semée leur route; qu'elles sortent victorieuses des antagonismes d'idées, des conflits de prétentions rivales, des oppositions de principes ou d'intérêts, enfin des embûches perfides et des agressions brutales de leurs innombrables ennemis !

Elles sont sûres de puiser dans cette lutte un surcroît de force et de grandeur. Chaque triomphe sera un pas de plus vers le progrès.

CHAPITRE XIII.

La guerre dans l'histoire.

Guerres ncessantes des peuples riches et amollis contre les peuples pauvres et belliqueux. — Grandeur et décadence de la Grèce; antagonisme des provinces. — Alexandre. — Les conquêtes romaines. — Chute de l'empire. — Les Gaulois. — Origines de la France. — Les Croisades. — Guerres nombreuses. — Napoléon. — Situation du pays en 1870. — Morale de nos défaites. — Ulysse et ses compagnons. — La guerre est un poison qui tue ou sauve.

Jusqu'à présent nous nous sommes scrupuleusement renfermé dans le domaine de la théorie pure. Il s'agit, dans ce chapitre, de demander à l'histoire des preuves certaines de la justesse des propositions formulées plus haut, et que l'on peut classer de la façon suivante :

1° La guerre est fatale, inhérente à notre nature : l'histoire de l'humanité, c'est l'histoire de ses combats;

2° Les peuples pauvres et par conséquent audacieux se jettent inévitablement sur les peuples riches et par conséquent amollis;

3° La force militaire des États (non apparente, mais réelle) est un signe infaillible de leur véritable grandeur; la faiblesse militaire des mêmes États est un signe infaillible de leur décadence, visible ou cachée;

4° La guerre est souvent une leçon, un avertissement, une discipline; elle relève les races qui peuvent encore servir la cause de la civilisation, et abat celles dont la disparition n'est qu'un bien;

5° La guerre suit dans sa marche les progrès de l'esprit humain.

GRÈCE. — L'histoire grecque commence par des invasions de territoire, par des luttes incessantes entre les races conquérantes et les races conquises. La guerre, d'ailleurs, préside aux origines de tous les peuples; la première page de leur histoire est déjà tachée de sang.

Les races primitives de la Grèce sont, dit-on, les Pélasges, auxquels se mêlent bientôt des tribus conduites par Hellen et Orphée. Puis viennent des Égyptiens avec Cécrops, des Phéniciens avec Cadmus, des Phrygiens avec Pélops, enfin des Crétois et des Thraces, qui apportent des arts nouveaux et des mœurs moins barbares.

Nous ne parlerons pas des temps héroïques qui se perdent dans la brume épaisse du passé. On sait que cette époque est fertile en combats grandioses, dont l'un des plus célèbres a été chanté par Homère.

Arrivons de suite à l'histoire positive, et tout d'abord disons un mot des deux villes célèbres qui ont jeté un si grand éclat dans le monde païen.

Sparte est l'œuvre de Lycurgue, de cet homme extraordinaire qui est en date comme en génie le premier législateur de la Grèce, qui fit de son peuple un peuple de soldats, et, par des institutions admirables, dota son pays de plusieurs siècles de gloire et de grandeur. Doué d'une profonde connaissance des vices et des vertus de l'humanité, Lycurgue s'attaqua moins aux lois qu'aux mœurs; il inspira aux Spartiates un généreux mépris pour tous les besoins inutiles, les endurcit au travail, à la fatigue; leur défendit l'usage de l'argent et les recherches du luxe; les rendit sobres, tempérants, chastes, embrasa leur âme de l'amour de l'ordre et de la justice; bref, créa de toute pièce une nation qui resta invincible tant qu'elle suivit ces sages préceptes. Plutarque rapporte de lui des paroles qui le peignent tout entier : « Vous me demandez comment nous repousserons les incursions de nos ennemis; ce sera en demeurant toujours pauvres, et ne voulant pas avoir plus de biens l'un que l'autre. Une ville n'est jamais sans murailles quand elle a dans son enceinte de vaillants citoyens. »

Lorsque Lysandre envoya à Sparte l'argent du butin fait sur les habitants de l'Attique, il perdit sa patrie à jamais, car avec cet argent pénétrèrent le désir des richesses et tous les vices qui l'accompagnent. L'orgueil de la ville lui aliéna les sympathies grecques. Des ligues se formèrent contre elle, et quelques années après sa puissance, elle tomba sous les coups répétés du vertueux Épaminondas.

Athènes, après que sa constitution eut été réformée par les lois habiles de Solon, se trouva assez forte pour lutter contre l'ennemi asiatique. L'ambitieux Périclès, en l'embellissant, lui rendit le plus funeste service. Le commencement de sa splendeur matérielle fut aussi le commencement de sa chute morale. Les mœurs du peuple furent bientôt altérées; les richesses introduisirent des habitudes vicieuses, ôtèrent le goût du travail et de la frugalité, et le remplacèrent par l'amour de la dépense et des plaisirs. Les héroïques vainqueurs de Xercès, une fois corrompus, se donnèrent lâchement à Philippe.

Mais reprenons l'histoire grecque dès son début.

Guerres de Messénie. — Les Spartiates devenus belliqueux, — d'efféminés qu'ils étaient, — grâce aux institutions de Lycurgue, convoitent le pays fertile de la Messénie. Certaines discussions de frontières servent de prétextes à des escarmouches qui durent trois ou quatre ans. Le roi Euphraès, frappé de l'élévation subite de ses ambitieux voisins, cherche à aguerrir son peuple affaibli par une longue paix. Il y parvient assez pour prolonger la lutte, mais non pour assurer la victoire. Les Messéniens, vaincus d'abord, se retirent; puis ils se lient aux Argiens et aux Arcadiens. Après de terribles combats qui ne décident rien, les Messéniens, enfin défaits, sont réduits en esclavage. Ils subissent de mauvais traitements et se révoltent. Le roi Aristomène se met à la tête de son peuple et l'entraîne au-devant de ses oppresseurs. Qui ne connaît les aventures légendaires de ce jeune héros? Ce dévouement est inutile. Sparte accable les révoltés et les répartit parmi les ilotes, mais ils conservent leur haine et sont toujours prêts à combattre l'éternel ennemi.

Les Spartiates s'emparent ensuite de Tégée, d'Argos

et commandent à tout le Péloponèse. « Des mœurs austères, une rude discipline, de belles qualités militaires, un ardent patriotisme les avaient élevés à ce point de grandeur. »

Guerres médiques. — La Perse, comme tous les empires puissants et guerriers, avait soif de conquêtes. La Grèce seule pouvant satisfaire ses desseins d'agrandissement, elle se prépara à l'attaquer dans le but de la réduire en province tributaire. Mais l'union des peuples grecs fit leur salut. Miltiade fut vainqueur à Marathon, Thémistocle à Salamine, Aristide à Platée. Les Perses s'enfuirent honteusement, et grâce à des prodiges de courage, de dévouement et de constance, la Grèce affermit son indépendance. Cimon, le fils de Miltiade, s'en fut même jusqu'en Asie porter les armes victorieuses de sa nation.

Malheureusement les Grecs, éblouis par tant de triomphes, oublièrent bien vite les terribles dangers qu'ils venaient de courir. Les factions déchirèrent le pays et la corruption commença avec la décadence de l'esprit public et les discussions intérieures. Ce que n'avaient pu faire les armes des Perses, leur or le fit : il partagea la Grèce en camps rivaux, aviva les haines et hâta une chute désormais inévitable.

Sparte et Athènes, les deux villes les plus influentes, luttèrent à qui des deux jouirait de la suprématie sur les peuples confédérés. Non-seulement les races (Sparte était d'origine dorienne, Athènes d'origine ionique) se trouvaient ennemies, mais les intérêts étaient contraires et les principes politiques opposés. Le gouvernement de la première ville était monarchique ; le gouvernement de la seconde était démocratique. Le peuple spartiate était agriculteur et méprisait la civilisation ; le peuple athénien vivait de commerce, d'industrie et avait des mœurs policées.

La guerre devait surgir d'un pareil antagonisme.

Les hostilités commencèrent par l'invasion de l'Attique.

Les Athéniens, réveillés un instant à la vertu, sentirent renaître en eux l'amour de la patrie et s'illustrèrent par de nombreux sacrifices. En abandonnant les campagnes au pillage de l'ennemi, ils se rappelèrent sans doute que leurs pères, dont la gloire était à égaler, n'avaient pas hésité à abandonner la ville elle-même et la sainte Acropole.

Périclès d'ailleurs sut, à cette époque, enflammer leur ardeur par de chaleureuses paroles. « Contemplez, leur dit-il, la grandeur de votre patrie, mais en pensant que c'est par le courage, par l'accomplissement des devoirs, par la honte de commettre une lâcheté que des héros la lui ont donnée... Voilà ceux dont vous devez être jaloux. Croyez que le bonheur est dans la liberté, et la liberté dans le courage ; courez donc au-devant des périls de la guerre. »

Puis, après avoir rendu hommage aux guerriers morts en défendant leur patrie et placé leurs enfants sous la protection de la république, il ajouta : « Où les plus belles récompenses sont offertes à la vertu, là se trouvent les meilleurs citoyens. »

Cette harangue énergique n'était-elle pas une juste réponse aux théories basses de ces hommes égoïstes qui, comme Aristophane, sacrifiaient au désir de la paix, même la plus méprisable, l'honneur, la dignité et l'existence même de leur patrie? Périclès racheta ainsi sa funeste ambition et son luxe corrupteur par des sentiments virils qui pénétrèrent l'âme de son peuple. Malheureusement Athènes n'avait pas plus de constance dans le bien que dans le mal, et elle ternit bientôt sa gloire en s'alliant avec les vaincus de Salamine. L'expiation de cette honte, qui ne devait pas être la dernière, ne se fit pas longtemps attendre. Nicias signa une paix déshonorante et qui ne termina rien. Cette guerre acharnée entre les deux villes vit des cruautés, des crimes, des trahisons, des parjures, des ambitions cupides et des violations sans nombre. Il faut lire dans Thucydide l'épouvantable tableau qu'il trace de cette sombre époque. Mais, au milieu de tout ce mal, surnage l'énergie humaine, l'énergie, première condition des hautes destinées de notre race.

La paix de Nicias fut interprétée de part et d'autre avec mauvaise foi. La théorie de la force, vieille comme le monde, fut invoquée alternativement par les deux partis après chaque victoire. Ce droit de la force est injuste, inique; notre raison peut le réprouver; cependant il existe et on l'accepte... surtout quand on en profite.

Partout éclata de nouveau une lutte barbare, sans merci, dans laquelle d'indignes vengeances et de monstrueuses horreurs prouvèrent une fois de plus que l'homme est cruel, plein de haine, avide de tueries et fatalement destiné à chercher dans la guerre l'assouvissement de ses mauvais instincts.

Pendant de longues années la Grèce se déchira de ses propres mains, préparant les voies à un tyran moins corrompu qu'elle.

Un courage héroïque et une grande vertu avaient valu à ce peuple de beaux triomphes militaires. Il ne sut pas éviter le danger de la gloire. Le luxe et la richesse le corrompirent, et, de chute en chute, il tomba entre les mains des rois de Macédoine qui trouvèrent dans ses vices mêmes les meilleurs auxiliaires de leurs victoires.

Un pays se laisse gagner facilement par l'état florissant des arts, par les éclats d'une éloquence abondante, par les délicatesses d'une philosophie habile, sans remarquer que la décadence morale, avant-coureuse d'une fin prochaine, s'accommode au mieux de ces produits trompeurs de la civilisation. Ainsi la ville d'Athènes, dont le nom remplissait toutes les bouches, était déjà gangrenée lorsque brillèrent les Platon et les Démosthène. Les croyances naïves qui avaient présidé à son élévation s'étaient évanouies au souffle du raisonnement incrédule. Plus de foi publique, plus d'honnêteté, plus d'ardente jeunesse. Le peuple tomba dans une profonde indifférence de tout ce qui ne parlait ni à ses besoins ni à ses plaisirs. Les sophistes se mirent à railler les plus nobles sentiments ; aussi l'on vendait son sang, sa patrie, et, loin d'en avoir honte, on s'en faisait gloire. Les vertus militaires furent ridiculisées. Les généraux ne songèrent qu'à s'enrichir et à acquérir de la renommée par n'importe quel moyen. La seule passion qui survécut à ce naufrage fut celle des jeux et des spectacles, et comme pour la satisfaire il fallait beaucoup d'or, lorsque l'étranger astucieux vint en offrir, chacun se jeta dessus avec avidité. Athènes était bonne à vendre ; un acheteur se présenta : elle se donna à lui, après quelques débats hypocrites.

Pendant que la Grèce travaillait à sa ruine, la Macédoine, pacifiée et reconstituée par Philippe, s'étendait jusqu'à la mer et poursuivait de nombreuses conquêtes. Nation forte, vigoureuse, elle était appelée par la force des choses à jouer au sud un rôle dominateur. Aussi eut-elle bien vite raison de ce peuple dégénéré, que traînaient à la remorque quelques orateurs serviles prêchant la prudence jusqu'à la peur et la conciliation jusqu'à la bassesse. Il se trouva bien, il est vrai, un Démosthène pour rappeler, dans des discours restés célèbres, les grandes choses du passé et montrer du doigt les insidieuses manœuvres de l'ennemi commun. Mais de quelle autorité pouvait jouir celui qu'Harpalus faisait taire avec une coupe d'or ? Et d'ailleurs il n'était plus temps de parler de guerre sainte : avec des phrases, quelque brûlantes qu'elles soient, on ne réveille pas un cadavre.

Cette faible résistance que la Grèce opposa à son envahissement par les soldats de Philippe et d'Alexandre, puis par les légions romaines, vient confirmer la loi historique dont les hommes d'État devraient faire l'objet de leurs méditations habituelles et qui peut se résumer ainsi : les guerres n'ont jamais tué que les pays qui mouraient de leur belle mort. Ce n'est pas parce qu'on les attaque qu'ils tombent; c'est, au contraire, parce qu'ils tombent qu'on cherche à s'en emparer.

Il nous paraît utile, avant de nous occuper des Romains, de citer un passage des *Mélanges* de Jouffroy, relatif aux conquêtes d'Alexandre en Asie, passage d'après lequel la civilisation du monde ne fait que gagner au choc violent des races diverses, c'est-à-dire à la guerre, qui seule force les peuples à se mélanger et à se connaître : « Après la guerre médique, l'expédition d'Alexandre est le plus grand événement dont l'histoire ait gardé le souvenir. La guerre médique avait sauvé la civilisation au berceau; l'expédition d'Alexandre fut le premier acte de sa jeunesse. Elle fut le début de cette longue lutte de la civilisation contre la barbarie, qui est le fond de l'histoire de l'humanité, parce qu'elle est le fond de sa destinée. Auparavant, la civilisation n'avait point osé entrer en lice; trop heureuse d'avoir la vie sauve et de croître indépendante dans un coin caché du monde, elle laissait l'empire à sa rivale. Elle sortit enfin de sa retraite sous l'enseigne d'Alexandre; elle mit le pied dans l'arène qu'elle n'a plus abandonnée, et dès lors la possession de la terre fut disputée. Aussi cette expédition fut quelque chose de nouveau dans le monde. Elle n'eut point le caractère des invasions barbares qui l'avaient précédée. Au lieu de vaincre par la force, Alexandre vainquit par l'art; au lieu de détruire, il fonda; au lieu d'abrutir, il éclaira..... Ce fut moins une conquête qu'une mission : le général avait le génie d'un apôtre, et ses victoires avaient des lendemains où le disciple d'Aristote éclipsait le roi de Macédoine. Jusqu'alors il n'y avait point de monde; il n'y avait que des nations isolées, ennemies ou inconnues les unes aux autres, avec des génies, des habitudes, des directions différentes... L'expédition d'Alexandre mit en contact, mêla et jeta dans un même système toutes les nations de l'Orient. Par elle, les idées de toutes ces nations firent connaissance; elles se comprirent, se contrôlèrent, se rallièrent au flambeau de l'esprit grec, et de cette union intellectuelle résulta le premier monde civilisé, le monde grec ou oriental. »

Rome. — Nous pouvons dire des Romains ce que nous venons de dire des Grecs : c'est la même histoire, avec des noms différents. « Par leurs fortes vertus, par leurs mœurs austères et l'excellence de leur gouvernement, les Romains des vieux âges méritaient l'empire; par la concentration de leurs forces et l'énergie de leur patriotisme, par leur discipline et leur courage, ils l'obtinrent. » (Duruy.) Ajoutons de suite, sauf à y revenir, que par l'abandon de leurs qualités militaires et de leurs vertus civiques, par le goût des richesses et du luxe, ils le perdirent.

C'est la conquête qui a créé le monde romain. C'est l'épée qui a réuni en une seule et forte nation des hordes sauvages hostiles à tout progrès, incapables de rien de grand. Les premières guerres furent entreprises pour augmenter la population de la nouvelle cité, pour agrandir ses possessions et se défendre contre des voisins jaloux. Rome, une fois tranquille à l'extérieur, s'occupa d'elle-même et perfectionna sa forme politique. Après la chute de la royauté, il fallut reprendre les armes contre les peuples qui aidaient au rétablissement des Tarquins. La ville fut souvent à deux doigts de sa perte; mais, grâce à une énergie indomptable, à une constance qui fait l'admiration de l'histoire, elle vainquit tour à tour les Volsques, les Eques, les Véiens, les réunit à son territoire, s'enrichit de nombreux butins et accrut au loin sa domination cimentée par d'illustres triomphes. C'est alors que les Gaulois se précipitent sur elle, la pillent et l'incendient. Camille parvient à les chasser; il reconstruit Rome et la repeuple. De nouvelles attaques sont repoussées; et les vaincus de Brennus redeviennent plus puissants que jamais.

Puis il faut marcher contre les Samnites, contre les Latins, contre Pyrrhus. Mais tant de combats habituent les Romains à la victoire et leur donnent la passion de la guerre. D'ailleurs, ils savent conserver ce qu'ils ont conquis. La politique affermit la domination fondée par les armes. Ils s'ouvrent eux-mêmes aux vaincus et leur confèrent peu à peu leurs droits. C'est ce génie pratique admirable qui fait d'eux les maîtres du monde. Leurs mœurs y contribuent aussi. La frugalité, le désintéressement sont en honneur chez eux. Ils se font gloire d'être pauvres; on trouve souvent à la charrue les sénateurs et les généraux. Leur plaisir n'est pas d'avoir de l'argent, mais de commander à ceux qui en possèdent. Comment ne pas vaincre lorsqu'on n'a d'autre amour que celui de la patrie et que l'on méprise tout le reste ?

Guerres puniques. — Les succès continus de Rome finirent par inquiéter Carthage et lui donnèrent le désir de l'abattre avant qu'elle devînt une rivale dangereuse. Rome, de son côté, qui avait tout le feu, toute l'ambition de la jeunesse, saisit ardemment l'occasion de se mesurer avec une ennemie digne d'elle.

Montesquieu va nous dire quelle était la situation respective de ces deux puissances redoutables. Il sera facile d'en déduire de quel côté penchera la victoire.

« Carthage, devenue riche plus tôt que Rome, avait aussi été plus tôt corrompue : ainsi, pendant qu'à Rome les emplois publics ne s'obtenaient que par la vertu et ne donnaient d'utilité que l'honneur et une préférence aux fatigues, tout ce que le public peut donner aux particuliers se vendait à Carthage, et tout service rendu par les particuliers y était payé par le public.... Carthage, qui faisait la guerre avec son opulence contre la pauvreté romaine, avait par cela même du désavantage : l'or et l'argent s'épuisent ; mais la vertu, la constance, la force et la pauvreté ne s'épuisent jamais.....

« Des batailles perdues, la diminution du peuple, l'affaiblissement du commerce, l'épuisement du trésor public, le soulèvement des nations voisines, pouvaient faire accepter à Carthage les conditions de paix les plus dures ; mais Rome ne se conduisait point par le sentiment des biens et des maux; elle ne se déterminait que par sa gloire, et comme elle n'imaginait point qu'elle pût être si elle ne commandait pas, il n'y avait point d'espérance ni de crainte qui pût l'obliger à faire une paix qu'elle n'aurait point imposée.....

« Enfin, les Carthaginois se servaient de troupes étrangères, et les Romains employaient les leurs. »

Ainsi, d'un côté régnaient la vertu, la pauvreté, le patriotisme, le sentiment du devoir, l'honneur et le dévouement militaire; de l'autre la corruption, le luxe, l'avarice, le mépris des lois et de la patrie. Quelles que fussent les alternatives de la lutte, l'issue en était certaine, la justice voulant que le succès appartienne au peuple le plus moral.

Les armées surtout étaient différentes. Tandis que Carthage était défendue par des mercenaires, à Rome tout citoyen était soldat. Le service obligatoire, repris de nos jours, était appliqué dans toute sa rigueur. De continuels exercices militaires non-seulement formaient le corps, mais encore affermissaient les courages, rendaient exacts à tous les devoirs, au point que pour les armées romaines, rompues aux fatigues, la guerre n'était plus qu'un jeu et un repos. L'amour de la patrie chez presque tous et pour quelques-uns la crainte de lois terribles, faisaient des troupes pleines d'énergie et de constance. « Aussi voyons-nous, dit Bossuet, que les Romains n'ont jamais désespéré de leurs affaires, ni quand Porsenna, roi d'Étrurie, les affamait dans leurs murailles; ni quand les Gaulois, après avoir brûlé leur ville, inondaient tout leur pays, les tenaient serrés dans le Capitole ; ni quand Pyrrhus, roi des Épirotes, aussi habile qu'entreprenant, les effrayait par ses éléphants, et défaisait toutes leurs armées ; ni quand Annibal, déjà tant de fois vainqueur, leur tua encore plus de cinquante mille hommes et leur meilleure milice dans la bataille de Cannes. » Telle était la force de leur discipline militaire, que, loin de l'abandonner comme il arrive si souvent dans les désastres, ils la resserraient au contraire et augmentaient la sévérité du commandement à chaque défaite nouvelle : c'est là le principal secret de leurs triomphes ; c'est là ce qui les a rendus supérieurs aux bandes tumultueuses d'Annibal.

Il faut remarquer aussi que, bien que l'organisation de leurs armées fût admirable, ils avaient le courage de la modifier chaque fois qu'ils trouvaient chez l'ennemi une organisation meilleure. Les progrès étaient donc incessants, puisque, toujours en guerre avec des nations différentes, ils avaient toujours quelque chose à apprendre. Rien n'est plus difficile que de renoncer à ses propres usages et de reconnaître la supériorité des peuples que l'on combat : la routine et l'orgueil national sont si aveugles ! Cette sage disposition d'un esprit qui ne s'abuse jamais est la marque particulière du génie romain.

Les nombreux et émouvants épisodes des guerres puniques sont connus de tous.

On sait que le premier acte de ce drame grandiose se passe en Sicile, dont Duilius s'empare après une vicloire navale au promontoire de Myles ; que le deuxième a pour théâtre l'Italie elle-même envahie par Annibal ; que dans le troisième, enfin, Carthage est prise et ruinée par Scipion Emilien.

Partout éclatent la grandeur et l'audace de la *Ville éternelle*. Les Romains, qui n'avaient aucune ressource en marine, construisent, en deux mois, une véritable flotte sur le modèle d'une galère carthaginoise échouée en Italie. Après les premières victoires, Régulus porte un instant la guerre dans le pays même de Carthage, qu'il fait trembler. Mais il est battu et envoyé sur parole à Rome pour traiter de l'échange des prisonniers. Il s'oppose lui-même à cet échange, et, n'écoutant que sa conscience, plein d'une fermeté admirable, se livre héroïquement à ses ennemis, qui le font périr dans un horrible supplice.

Devant un si généreux exemple, on ne sait lequel il faut louer davantage, ou de l'homme qui se sacrifie avec tant de noblesse pour son pays, ou du pays qui a su donner le jour à un homme pareil !

Il est inutile de parler ici du génie d'Annibal ; personne n'ignore que c'est le plus grand capitaine de l'antiquité. S'il n'a pas réussi dans son œuvre, c'est que cette œuvre était impossible. Des généraux bien inférieurs à lui l'ont vaincu, parce qu'ils étaient soutenus par leur patrie, tandis qu'il était abandonné de la sienne. Varron pouvait se faire battre lâchement à Cannes. Derrière lui il y avait Rome ; derrière Annibal, il n'y avait rien. Un homme, quelque grand qu'il soit, n'a pas raison d'un peuple qui préfère la mort à la servitude.

« Rome, dit Montesquieu, fut sauvée par la force de son institution. Après la bataille de Cannes, il ne fut pas permis aux femmes mêmes de verser des larmes : le sénat refusa de racheter les prisonniers, et envoya les misérables restes de l'armée faire la guerre en Sicile, sans récompense ni aucun honneur militaire, jusqu'à ce qu'Annibal fut chassé d'Italie. » Un peu plus loin, le même auteur ajoute cette réflexion profonde : « Ce n'est pas ordinairement la perte réelle que l'on fait dans une bataille (c'est-à-dire celle de quelques milliers d'hommes) qui est funeste à un Etat, mais la perte imaginaire et le découragement qui le prive des forces mêmes que la nature lui avait laissées. »

Après la ruine de sa rivale, Rome recommença d'autres conquêtes en Grèce, en Asie, en Espagne et dans les Gaules. Les guerres se succédaient avec une rapidité étonnante; c'était comme une sorte d'enchaînement indépendant de la volonté humaine. Il fallait s'agrandir, il fallait se défendre, il fallait se venger. Quand on est toujours victorieux et que l'on mérite de l'être, on prend goût à la lutte. Les armées romaines ont peut-être eu tort de courir ainsi à la domination universelle : quoi qu'il en soit, elles n'étaient pas au-dessous de cette tâche grandiose. « Faut-il s'étonner, dit l'historien Flavius Josèphe, que ce superbe empire, à la fois si sage et si audacieux, n'ait pour bornes que l'Euphrate du côté de l'orient, l'Océan du côté de l'occident, l'Afrique du côté du midi, le Rhin et le Danube du côté du septentrion, puisque l'on peut dire sans flatterie que, quelque grande que soit l'étendue de tant de royaumes et de provinces, le cœur de ce peuple, que sa prudence jointe à sa valeur a rendu le maître du monde, est encore plus grand ! »

Malheureusement les Romains, en devenant les maîtres du monde, devinrent les esclaves d'eux-mêmes, et l'empire perdit en qualité ce qu'il gagnait en étendue. C'est le lot des conquérants : ils abandonnent en chemin les vertus qui les ont faits ce qu'ils sont, et récoltent partout les vices qui doivent les perdre. Il s'opère entre vainqueurs et vaincus un échange mutuel au désavantage des premiers et en faveur des seconds. Ainsi se rétablit l'équilibre général un instant rompu.

Les vieilles mœurs républicaines disparurent avec la pauvreté; l'honneur et le patriotisme ne furent bientôt plus que des mots vides de sens. « Qu'est-ce qu'un serment? s'écrie Labérius. Un emplâtre à guérir les dettes. » Les citoyens, après avoir acquis des richesses incalculables, se disputèrent entre eux la jouissance de ces richesses. Les quelques voix honnêtes qui s'élevèrent pour signaler le danger social furent impuissantes à étouffer le tumulte des passions. La force et la fortune remplacèrent la justice et la liberté. « Tu demandes, dit Juvénal, d'où viennent nos désordres? Une humble fortune maintenait jadis l'innocence des femmes latines. De longues veilles, des mains endurcies au travail, Annibal aux portes de Rome, et les citoyens en armes

sur les murailles, défendaient de la corruption les modestes demeures de nos pères. Maintenant la luxure a
fondu sur nous, et le monde vaincu s'est vengé en nous
donnant ses vices. »

La destruction de la classe moyenne, dévorée par des
siècles de combats, livra la république au despotisme
et à l'anarchie, jusqu'au jour où tous, nobles et prolé-
taires, riches et pauvres, tombèrent sous le joug d'empereurs capricieux ou féroces.

Les armées se ressentirent peu à peu de cet abaissement de la société. Le collége des féciaux qui, dans
l'origine, devait juger si une guerre était juste ou non,
ne fit plus, dans la suite, qu'approuver les entreprises
ambitieuses des grands de Rome; et ceux-ci travaillèrent
bien moins pour la gloire de leur patrie qu'en vue de
leur propre élévation. Pour cela, ils firent de leurs soldats autant de créatures, et l'on vit des légions nommer
des inconnus aux plus hautes charges pour les rejeter
ensuite dans leur obscurité originelle. Aussi, le premier
soin des généraux était-il de s'attacher leurs hommes
par des dons de terres et d'argent, fruits de rapines
odieuses exercées souvent sur des populations inoffensives.

Ce qui fait que la ruine du pays ne fut pas trop rapide, c'est le maintien des qualités militaires, de la valeur héroïque et de l'art de combattre. Mais lorsque ces
qualités disparurent, lorsque l'esprit d'intrigue étouffa
la discipline, tout tomba et les conquêtes firent place
aux invasions. Les barbares du Nord se soulevèrent de

toutes parts, et l'empire romain croula sous le choc répété de ses anciens esclaves.

Montesquieu résume ainsi l'histoire de cette nation, la plus glorieuse de l'antiquité, la plus grande qu'on ait jamais vu, et qui a fini misérablement *comme le Rhin qui n'est plus qu'un ruisseau lorsqu'il se perd dans l'Océan :* « Les Romains parvinrent à commander à tous les peuples, non-seulement par l'art de la guerre, mais aussi par leur prudence, leur sagesse, leur constance, leur amour pour la gloire et pour la patrie. Lorsque, sous les empereurs, toutes ces vertus s'évanouirent, l'art militaire leur resta, avec lequel, malgré la faiblesse et la tyrannie de leurs princes, ils conservèrent ce qu'ils avaient acquis; mais lorsque la corruption se mit dans la milice même, ils devinrent la proie de tous les peuples. »

France. — Comme la Grèce, comme l'empire romain, la France est un produit de la guerre. Des conquêtes et des invasions, voilà ce qui remplit son histoire. Depuis sa formation, elle n'est pas restée un instant en repos. Et de tant de batailles, de tant de siècles de luttes et d'aventures, qu'est-il sorti en fin de compte? Le chaos? Non, mais une nation grande et forte, que les succès ont pu éblouir, mais que les désastres n'ont jamais pu abattre.

Nous ne pouvons entreprendre de suivre pas à pas la fortune extraordinaire de ce pays privilégié. L'œuvre est trop vaste et dépasse les limites que nous nous sommes imposées dans ce travail. Nous nous bornerons à examiner les causes et les résultats des guerres les plus importantes dans lesquelles la France a joué son avenir et sa grandeur.

Les Gaulois, — nos véritables ancêtres, — ont été pendant plusieurs siècles la terreur du monde. L'amour de la gloire et des combats les a poussés en Grèce, à Rome et en Asie. Leur intrépidité était proverbiale, et l'on sait qu'ils ne craignaient qu'une chose, c'est que le ciel ne tombât sur leurs têtes. Pourtant ils ont été vaincus par César. Les légions du proconsul n'étaient pas d'une bravoure plus indomptables; elles avaient le même mépris de la mort, la même obstination pour vaincre. Mais les armes et l'organisation romaines étaient bien supérieures. Les Gaulois avaient un petit bouclier et une épée mauvaise; ils se laissaient attaquer et détruire en détail. L'art et la science militaires eurent facilement raison de la fougue désordonnée et du courage individuel.

C'est dans l'ordre; la guerre est l'instrument de la civilisation contre la barbarie. Elle force les peuples, sous peine de mort, à s'élever au niveau des progrès accomplis par l'humanité. Elle fait pénétrer violemment dans les pays en enfance les institutions plus avancées des pays qui les domptent.

A cette défaite, la Gaule gagna de s'assimiler la langue, la jurisprudence et les formes administratives des Romains. La population s'accrut, les villes s'enrichirent, l'agriculture et le commerce prospérèrent, le territoire se couvrit d'écoles, de monuments et de routes. L'unité nationale fut entrevue comme un signe de force contre les invasions ennemies, et les idées religieuses, s'épurant peu à peu, rendirent plus faciles, dans la suite, l'introduction du christianisme. La conquête romaine fut donc un bienfait pour les destinées futures de notre race.

Les invasions des Visigoths, des Vandales, des Huns, des Francs, produisirent plusieurs siècles de désordres, de ruines et de ténèbres. Mais de ce mélange confus de peuples divers sont sortis les États modernes. Les éléments romain, chrétien, gaulois et germanique, se croisent, se confondent, pour former, après une longue transition, les mœurs féodales et la nation française. « Du sein de la plus épouvantable confusion politique que le monde ait jamais connue, s'est élevée l'idée la plus étendue et la plus pure qui ait jamais rallié les hommes, l'idée de la société spirituelle. » (Guizot.)

Il fallait un chef à cette société naissante : le Franc Clovis se présenta pour la diriger. La victoire de Tolbiac l'avait rendu digne de porter une couronne. Il fut sacré roi. L'Église bénit en grande pompe, à Reims, son royal disciple et l'éclaira de ses lumières supérieures.

A la mort de Clovis, ses fils se partagèrent son royaume que plus tard Charlemagne devait réunir un instant dans ses mains puissantes, accroître par la conquête de nombreuses provinces et transformer en un empire aussi vaste qu'éphémère.

Charlemagne emporta avec lui dans la tombe son œuvre trop hâtive. L'empire fut démembré et sur ses ruines se fonda l'aristocratie féodale. Plusieurs États indépendants se formèrent sous la direction de chefs indigènes et sous la suzeraineté plutôt nominale que réelle d'un prince toujours en guerre avec ses vassaux.

Ce morcellement, nécessité par les conditions sociales de l'époque, eut son avantage. « Dès qu'on ne compta plus sur la protection du gouvernement central, et qu'on se vit libre, isolé, abandonné à ses propres forces, chacun employa ses moyens à augmenter sa sûreté personnelle. Alors surgirent, dans toutes les petites souverainetés, des soldats et des châteaux, la plupart dans un but de défense, quelques-uns dans un but d'attaque. Aussitôt que ces éléments de force existèrent, les restes de la population se relevèrent et vinrent se mettre sous la protection du guerrier et de sa maison crénelée : ce fut l'origine des villes du Moyen-Age..... L'homme reprit, avec les vertus guerrières, sa dignité et sa confiance en lui-même ; et il dut ces idées nobles aux moyens de défense qu'il trouvait dans ses murailles et dans ses armes : les châteaux forts et les lourdes épées, ces représentants matériels de la féodalité, devinrent les éléments de la civilisation..... Ainsi cette époque de trouble et de désordres, qui semblait menacer de détruire les misérables restes de la population gauloise, fut en même temps l'époque d'une grande et bienfaisante révolution économique, qui releva cette population de son abaissement. » (SISMONDI.)

C'est à ce moment de notre histoire que l'on voit poindre la première idée des croisades. La religion de Mahomet, qui depuis longtemps s'était répandue dans toute l'Asie et commençait à porter ombrage à l'influence chrétienne, excita enfin la colère des papes.

Ils n'eurent pas de peine à faire partager leurs craintes et leur ardeur aux peuples qu'ils tenaient sous leur domination morale. La fermentation fut universelle : nobles et vilains partirent avec enthousiasme à la délivrance de la Terre-Sainte, au cri de *Dieu le veut !*

Jamais guerre ne fut plus populaire, plus spontanée. La chevalerie inspirait l'amour de la gloire; la foi naïve et robuste enflammait les dévouements. Il se manifestait dans toutes les classes un besoin irrésistible de turbulence et d'aventures qu'il fallait satisfaire en le répandant au dehors. L'homme se sentait malheureux et à l'étroit chez lui ; il partit conquérir quelques royaumes à travers les mers, pour vivre plus à l'aise ou revenir chargé de richesses.

Quels furent les résultats de ce pèlerinage militaire, qui venait si heureusement offrir l'aliment le plus riche au goût du merveilleux et à l'activité dévorante des races occidentales?

« Une commotion violente fut donnée à tous les esprits, à toutes les facultés, à toutes les existences. On se trouva jeté hors de l'isolement féodal; on se mit en contact avec de nouveaux hommes, de nouvelles choses, de nouvelles idées..... Le commerce connut de nouvelles routes, l'industrie de nouveaux moyens. On fit le pèlerinage d'Orient non plus seulement par dévotion, mais par curiosité de voyageur ou par intérêt de marchand. On vit deux sociétés bien différentes, et toutes deux matériellement supérieures à celle des Latins, la grecque et la musulmane : on les haïssait d'abord ; plus tard, on les connut mieux, on les estima, on chercha à les imiter. » (LAVALLÉE.)

Enfin, la France acquit en Orient une grande gloire, à la place de la fortune que la plupart des croisés étaient allés y chercher ; ce qui valut infiniment mieux, car la fortune se dissipe, tandis que la gloire reste.

Nous voyons ensuite la France reprendre les armes pour une cause sacrée, celle de son existence même. Pendant plus de cent ans, elle disputa son rôle à l'Angleterre, qui, au commencement des hostilités, possédait un grand nombre de provinces sur le continent et ne conserva plus chez nous, en 1453, que la ville de Calais, reprise deux siècles après par François de Guise.

Dans cette guerre presque toujours malheureuse, conduite d'ailleurs par des rois incapables et une noblesse corrompue ou frivole, on vit apparaître une femme extraordinaire à laquelle nous vouons tous aujourd'hui une admiration et un culte particuliers. Jeanne Darc, élevée par des parents pauvres dans un bourg obscur, obéissant à des voix intérieures (qui n'étaient autres, sans doute, que la voix de la patrie mutilée), se présenta hardiment à la cour et réussit à convaincre le roi de sa mission divine. En possession d'un commandement, elle rendit à l'armée l'espoir et la confiance.

Elle souleva, le long de son passage, l'enthousiasme patriotique. Le peuple se sentit renaître, se reconnut dans « *la fille au grand cœur.* » Courtisans et généraux s'inclinèrent devant cette héroïne de vingt ans. L'ennemi s'enfuit devant elle, comme devant une apparition mystérieuse, et sa mort tragique, loin de rendre la victoire aux Anglais, fut au contraire la rédemption de la France.

La Pucelle (c'est ainsi qu'elle se nommait elle-même) représente l'héroïsme et l'esprit de sacrifice. C'est la renommée la plus pure et la plus touchante de l'histoire. Aussi, quand bien même la guerre de Cent Ans n'aurait pas contribué à former l'unité nationale, quand elle ne nous aurait pas fait découvrir les imperfections de notre système social, quand elle n'aurait n'y augmenté notre territoire n'y chassé l'ennemi, quand elle aurait été purement inféconde, on serait cependant tenté de la bénir puisque de son sein est sorti un modèle sublime de constance et de dévouement, un type idéal de vertu courageuse, la personnification même du génie de la délivrance, puisqu'elle a ajouté à nos annales militaires une page magnifique, pleine d'enseignements et de consolations, puisqu'enfin elle nous a donné Jeanne Darc

Délivré des Anglais, le fils de Charles VII, — Louis XI, — se retourna contre ses ambitieux vassaux, leur fit une guerre acharnée, dompta le plus rebelle d'entre eux, Charles le Téméraire, et porta un coup terrible à la féodalité qui, après avoir représenté l'avenir, ne rappelait plus alors qu'un passé confus et barbare.

Ses successeurs se jettent follement en Italie et en rapportent la Renaissance, butin pacifique qui servit à agrandir nos idées, à polir nos mœurs. En se retrempant aux sources vives de l'Antiquité, notre esprit s'affranchit des formes sombres du Moyen-Age, s'illumina soudain, et de cette inspiration nouvelle jaillit la gloire intellectuelle et artistique du pays.

Les guerres d'Italie n'avaient pas seulement pour objet de s'emparer de Naples et de Milan, mais encore d'opposer un sérieux obstacle à la domination universelle de la maison d'Autriche. « Quand elles se terminèrent par le traité du Cateau-Cambrésis, la péninsule nous échappa, mais nous balancions en Europe l'influence des successeurs de Charles-Quint, nous obtenions Metz, Toul, Verdun, premières étapes de notre marche jusqu'au Rhin, notre frontière naturelle vers l'est. »

Après les guerres politiques vinrent les guerres religieuses et civiles : il s'agit de savoir qui dominera, des protestants ou des catholiques, du fédéralisme féodal ou de l'unité monarchique.

Pendant quarante ans les Français versent un sang précieux pour des querelles de doctrines, et leur fanatisme est exploité par quelques familles ambitieuses, en quête d'une couronne.

Henri de Navarre, plus habile et plus énergique que ses rivaux, s'empare du trône, l'épée à la main, « fait le saut périlleux, » comme il écrit à sa maîtresse Gabrielle d'Estrées, c'est-à-dire se convertit au catholicisme afin

9.

de complaire à la majorité de la nation, et, après avoir réparé les malheurs des guerres civiles, donne au pays quelques années d'ordre et de prospérité. A l'extérieur il s'efforça de nous préserver de l'influence autrichienne, toujours menaçante, et de reconstituer l'Europe d'après le principe nouveau de l'indépendance et de l'équilibre des États. Sa mort prématurée l'empêcha malheureusement de réaliser les vues grandioses qu'il caressait avec tant d'amour.

Ce que Henri IV n'avait pu faire, Richelieu et Mazarin l'entreprirent avec succès. Le traité de Westphalie, qui couronne si dignement la guerre de Trente Ans, abaissa l'Autriche et valut à la France, en même temps qu'un agrandissement territorial, un influence morale qui la rendit l'arbitre des destinées de l'Europe.

Lorsque Louis XIV prit en main le pouvoir, le royaume était puissant, respecté et tranquille. Le traité des Pyrénées, complétant celui de Westphalie, avait rétabli pour longtemps la paix au dehors. La Fronde vaincue, la noblesse devenait impuissante et laissait libre carrière à la volonté royale. Celui qu'on a appelé le *Grand Roi* (parce qu'il est né dans un grand siècle) pouvait donc faire un bien immense en maintenant le pays au rang où l'avaient placé de profonds ministres et en lui donnant une forte et virile éducation. Il ne sut que le ruiner par de folles dépenses, le lasser par des guerres d'ambition et le corrompre par les plus fâcheux exemples. Voilà ce que l'histoire impartiale lui reprochera éternellement. Ne s'inspirant que de son égoïsme et de son orgueil, il se fit détester des nations voisines et détruisit l'œuvre à laquelle ses prédécesseurs avaient travaillé si ardemment. Dans la seconde partie de son règne, l'équilibre européen est rompu et des traités malheureux enlèvent à la nation la prépondérance dont elle jouissait depuis cinquante ans.

Le despotisme amène toujours la corruption et la décadence. Sous des apparences trompeuses de force, il cache une grande faiblesse. Ce sont les favoris et les courtisans qui arrivent au pouvoir, accaparent toutes les places et s'emparent des commandements militaires. L'armée, mal dirigée, n'est plus apte à défendre le sol confié à sa garde. Elle peut bien encore gagner quelques batailles, lorsque les armées étrangères ne valent pas mieux qu'elle, mais c'est alors le hasard qui décide : un coup de dé lui donne la victoire, un autre coup de dé peut amener sa destruction et sa ruine.

Ce que nous disons du siècle de Louis XIV peut se dire également de celui de Louis XV, avec cette différence que les scandales sont plus nombreux, que le cynisme remplace l'hypocrisie, et que l'on ne peut plus se faire aucune illusion sur l'odieuse conduite des gouvernants.

Que pouvait-il résulter de tout cela ? Que pouvait devenir un pays soumis aux caprices de quelques courtisanes et d'une foule d'intrigants sans mœurs et sans honneur ? Il ne pouvait que déchoir. Aussi les défaites se succèdent rapidement ; la France se voit enlever par les Anglais ses colonies et se trouve presque sans commerce et sans marine. Le respect que les puissances lui accordaient du temps de sa splendeur se tourne en mépris. Elles songent peut-être déjà à l'envahir et à s'en partager les dépouilles, comme elles viennent de faire de la Pologne, lorsqu'une formidable explosion de haine éclate de toutes parts. Louis XVI, impuissant à réparer les fautes et les crimes de sa famille, tombe victime du tourbillon révolutionnaire, et la nation, enivrée par son triomphe, se laisse aller aux plus indignes excès. Toutefois, il faut lui rendre cette justice, elle sut se préserver de l'invasion et défendit son territoire avec une énergie sauvage. Quand la patrie ne désespère pas d'elle-même, elle a de grandes chances d'être sauvée.

Dans ces époques troublées, bien des défaillances inévitables se produisirent, en haut comme en bas. Mais, en somme, la masse du peuple n'avait pas été encore profondément pénétrée par la corruption des hautes classes. Il lui restait le courage et le patriotisme, et s'il a survécu à tant de catastrophes, c'est qu'il méritait toujours de vivre.

Il faut dire que la fortune vint en aide à la délivrance du pays, et le génie de Bonaparte ne fut pas de trop pour nous débarrasser de l'Autriche, de l'Italie, de la Russie, de la Prusse et de l'Angleterre. Les armées de Carnot, improvisées à la hâte, se ressentaient des vices de leur origine. La levée en masse est une expérience dangereuse à tenter. Le *feu sacré*, surtout aujourd'hui, ne suffit pas aux triomphes. S'il n'est entretenu par une discipline inflexible, il risque fort de s'éteindre au moindre revers. C'est souvent un feu de paille. Par bonheur, le plus grand homme de guerre des temps modernes vint donner aux jeunes armées cette discipline, cette organisation, cette solidité admirables, grâce auxquelles elles ont pu vaincre et dominer l'Europe.

Les guerres de la Révolution n'ont pas été seulement défensives; elles sont devenues des guerres de propagande révolutionnaire. « Il ne s'agit pas d'intérêts, disait Pitt à ses alliés, il s'agit de principes. »

C'est l'éternelle lutte du passé et de l'avenir. Le raisonnement seul ne saurait répandre les idées nouvelles, parce que le raisonnement défend aussi bien les vieilles idées. On a de si bonnes raisons de conserver ce qui est! Quelle folie de quitter la réalité pour des rêves! Mais la force arrive, chasse tout ce qui doit disparaître, et le rêve devient une réalité.

La France a donc rendu un grand service à l'Europe en l'inondant de ses armées victorieuses qui, derrière elles, laissaient un limon civilisateur. Elle a payé cher ce service, et cela se comprend. Napoléon ne travaillait pas pour tous, il ne travaillait que pour lui-même. Il n'était pas l'apôtre du progrès, il n'en était que l'instrument aveugle. Il aurait pu s'en tenir à la paix d'Amiens, et se reposer ensuite sur le trône qu'il venait de fonder. Mais ébloui de sa gloire, fort de son génie, confiant dans son étoile, altéré de conquêtes, il recommença, à travers le monde, sa course extraordinaire, cueillant partout des victoires, brisant tous les obstacles, jusqu'au jour où il se heurta le front à la nature, plus puissante que tous les hommes. Cette ambition insatiable méritait un châtiment. Aussi fut-il puni d'une façon terrible ; et s'il se consola de la perte de la toute-puissance en songeant que son long martyre ne ferait qu'augmenter le culte de ses admirateurs, il eut du moins le cruel remords d'avoir entraîné dans sa chute profonde la nation qui s'était donnée à lui corps et âme.

Depuis 1815, le plus grand événement de notre histoire est la guerre de 1870. Cette guerre entre la Prusse et la France était fatale. Un pays jeune et pauvre, par conséquent ardent et avide, est toujours en armes. Le développement de sa grandeur menace les puissances voisines. Il le sait et se prépare en conséquence. Il doit périr ou être belliqueux ; c'est la lutte pour l'existence. Il lui faut bec et ongles pour se défendre. Une fois qu'il a bec et ongles, il devance ses ennemis et attaque. Depuis le commencement du monde on voit pareille chose.

La Prusse, qui a puisé dans la défaite d'Iéna sa régénération et sa nouvelle splendeur, s'est d'abord jetée sur le Danemark pour essayer ses forces, puis sur l'Autriche pour prendre un rang digne d'elle dans le concert européen, puis sur la France pour se venger des désastres que lui a infligés Napoléon. Elle se jettera peut-être un jour sur la Russie pour n'avoir plus de craintes d'aucun côté, et préparer, sans conteste, l'avenir de l'Occident.

Plus tard, les mêmes puissances, profitant de leurs revers, comme la Prusse a profité des siens, livreront combat à leur tour, et, si elles en sont capables, abattront leurs anciens vainqueurs. Et toujours ainsi : toujours les faibles se fortifieront, les forts s'affaibliront ; toujours les guerres viendront, à intervalles plus ou moins éloignés, classer les peuples suivant leur mérite, donnant la suprématie à ceux qui sont dignes de l'obtenir, reléguant au dernier rang ou faisant disparaître ceux qui se négligent ou s'abandonnent.

Ces quelques réflexions feront comprendre la cause des revers que la France vient d'essuyer. Qui n'a pas senti, en effet, ces dernières années, que notre défaite provenait de ce que nous étions moins disciplinés, moins sérieux, moins patriotes, moins instruits que nos ennemis, de ce que nous étions moins pénétrés qu'eux du sentiment du devoir. « Expliquer, dit M. de Gasparin, les succès de l'Allemagne par des causes extérieures et accidentelles, par une artillerie supérieure, par le chaud, par le froid, c'est n'avoir rien compris... Il s'agit de prendre la revanche, de remporter une victoire sur nous-mêmes. Il s'agit de réorganiser (outre nos armées) notre peuple, nos idées, nos mœurs, car c'est surtout la supériorité morale qui nous a vaincus. »

Dans quel triste état se trouvait notre pays avant la guerre ! Quelle faiblesse, quelle anarchie se cachaient sous une grandeur toute superficielle ! Pendant que de pitoyables écrivains, moins désireux d'instruire le peuple que de flatter ses instincts railleurs, dénigraient tout ce qu'il y a de noble dans le caractère du soldat, tout ce qu'il y a de respectable dans sa mission ; pendant que des charges ineptes sur nos gloires passées faisaient pâmer de joie les désœuvrés et les sots; pendant que l'armée, ainsi bafouée, s'effondrait peu à peu sous le découragement et la honte du ridicule; pendant que des utopistes, faisant bon marché du patriotisme, prêchaient bruyamment l'amour de l'humanité, qui n'était autre, au fond de leur cœur, que la haine de tout ce qui existe; pendant que le pays, enfin, s'énervait au bruit des grandes phrases philanthropiques et des petites chansons grivoises; pendant ce temps-là la Prusse s'armait, travaillait, forgeait des canons et des armes, faisait des plans de campagne sur nos cartes qu'elle connaissait mieux que nous, et, poussée par les chants guerriers de ses poètes qui réclamaient la revanche d'Iéna, se préparait à écraser, sous le poids de ses lourds bataillons, la France, *l'éternelle ennemie!*

Que cette effroyable leçon ne soit pas oubliée! Et puisque c'est surtout la grandeur morale d'un peuple qui fait sa grandeur militaire, puisque ce qui manque chez nous, ce sont plutôt des caractères que des bras, ouvrons donc nos yeux, élevons nos cœurs, améliorons-nous. Le jour où, sans négliger la force, nous aurons acquis de la vertu, il nous sera permis de relever la fortune de la France, qu'ont laissé tomber nos mains débiles.

Ce vœu de régénération militaire et sociale se réalise en partie. Avec l'aide du temps, sans lequel rien ne se fait, nous réparerons nos malheurs; nous les rendrons même profitables, en devenant, par eux, plus sages et plus forts. Arrivés là, nous jetterons un regard philosophique en arrière, et nous remercierons nos ennemis du bien qu'ils nous ont fait, en nous forçant brutalement à réfléchir.

« Oui, il serait possible qu'un jour cette guerre funeste dût être bénie, et considérée comme le commencement d'une régénération. Ce n'est pas la seule fois que la guerre aurait été plus utile au vaincu qu'au vainqueur » (RENAN).

Le premier et le plus grand service que nous ait rendu l'ennemi est d'avoir réveillé notre patriotisme. Du sein même de ces terribles désastres ont surgi les éléments de notre salut. Il s'est opéré dans la masse une réaction salutaire qui a frappé tous les esprits éclairés de l'époque.

« Malgré ce que l'heure présente a de misères et de larmes, — écrivait M. E. Caro, dès janvier 1871, — un immense espoir a traversé la France. Dans son apparente agonie, elle a senti palpiter en elle le principe et le germe d'une résurrection. A travers tant de ruines, sous cet amoncellement de cadavres et de débris..... quelque chose a tressailli : c'est l'âme de la patrie renaissant avec plus de force que jamais sous le coup qui devait l'anéantir.....; toute meurtrie, toute sanglante qu'elle nous apparaisse en ce moment, qui ne voit que la France a gagné quelque chose, le sentiment énergique de son unité, et qu'elle a ressaisi enfin sa conscience nationale, menacée par de fatales défaillances, troublée par de vains rêves, par un esprit de système ennemi de nos vrais instincts et de nos sentiments naturels. »

Oui, nous avions négligé la patrie; mais, en la voyant tombée dans l'infortune, nous nous sommes repris à l'aimer, et son relèvement a été le but unique de nos efforts. Tous les dévouements se sont appliqués à la chose publique.

L'intérêt général s'est substitué à l'intérêt particulier, le sentiment du devoir au scepticisme railleur, et le culte de la France aux chimères cosmopolites.

L'apathie, l'indifférence ont fait place à une véritable fièvre de réformes. Le pays, éclairé par une cruelle expérience, a résolu de présider lui-même à la direction de ses destinées et il s'est mis à l'œuvre avec ardeur. Il a reconstitué son gouvernement, son armée, ses finances avec une promptitude et une habileté qui ont fait l'étonnement des peuples voisins. Il est redevenu, en quelques années, plus puissant, plus digne d'estime et de respect qu'avant ses malheurs.

Cette rapide restauration de l'Etat sur de meilleurs bases, ne faut-il pas l'attribuer au patriotisme des gouvernants, du peuple, de la nation tout entière? Et cet élan patriotique, n'est-ce pas la guerre qui l'a engendré?

Il est donc vrai, là encore, que la civilisation a continué son travail par les voies de la barbarie, et que les revers du passé ont été les germes de la prospérité à venir.

C'est la plus belle morale à tirer de l'invasion prussienne.

Lorsque les compagnons d'Ulysse eurent goûté des mets empoisonnés de la magicienne Circé, ils oublièrent d'abord leur patrie, puis ils prirent la forme de pourceaux immondes et se vautrèrent dans des étables. Mais Ulysse, informé de ces métamorphoses, s'élance vers le palais, tire l'épée, et, courant sur la magicienne comme pour l'immoler à sa vengeance, l'oblige à rendre aux Grecs leur véritable forme. Celle-ci fit alors sur eux des tours magiques; ils changent de figure, leurs longues soies tombent, ils redeviennent des hommes, et paraissent même plus beaux, plus jeunes et plus grands qu'auparavant.

Cette fable est transparente. Elle signifie que les peuples qui se jettent avidement sur les plaisirs se corrompent et vivent de la vie de la brute, jusqu'à ce que la guerre arrive, et, les dépouillant de la grossière enveloppe qui leur voilait la raison, les rappelle à eux-mêmes et leur rend leur dignité première.

Avant de terminer ce chapitre, il est bon de faire remarquer que notre but n'a pas été de soutenir la justice et l'utilité de toutes les guerres. Les trois quarts, au contraire, ont été faites pour des motifs peu avouables. Mais la cause nous importe moins que le résultat.

La nature se sert de toutes les forces qu'elle tient à sa disposition, et, parmi ces forces, il en est d'impitoyables. Il faut, n'importe comment, qu'elle arrive à son but. Les invasions, les conquêtes, la mort de plusieurs millions d'hommes, les ravages de provinces entières, tout lui est bon. Elle ne recule devant rien de ce que notre jugement particulier appelle des crimes, et c'est à elle qu'on peut appliquer la maxime connue : « La fin justifie les moyens. » C'est du chaos qu'elle tire l'harmonie, c'est du choc qu'elle fait jaillir la lumière. Dans son œuvre immense, infinie, insaisissable à notre faible compréhension, pour combien peu doivent compter quelques misérables existences! Et que nous sommes petits pour elle, nous qui nous trouvons si grands! « — Mais, mon révérend père, dit Candide, il y a horriblement de mal sur la terre. — Qu'importe, dit le derviche, qu'il y ait du mal ou du bien? Quand Sa Hautesse envoie un vaisseau en Egypte, s'embarrasse-t-elle si les souris qui sont dans le vaisseau sont à leur aise ou non?»

Mesurons donc la nature à sa taille et non pas à la nôtre. Et lorsque la guerre désole l'humanité, regardons-la de plus haut, nous la jugerons mieux. Nous verrons qu'elle est inévitable, qu'elle châtie les peuples, qu'elle les relève, qu'elle les civilise, et que si elle accumule des ruines qu'on peut relever, elle répand des bienfaits qui ne meurent pas. C'est bien ce qu'a saisi l'instinct des peuples. La guerre les accable, mais ils la trouvent salutaire, féconde. Et cette sorte de goût étrange qu'ils ont pour elle et qui les fait se jeter les uns sur les autres, n'est que l'affirmation inconsciente de la justice qu'ils lui reconnaissent. Mais de ce qu'elle est féconde et salutaire, de ce qu'elle réveille les peuples endormis dans le luxe, de ce qu'elle sert d'aliment à l'exubérance de vie d'une jeune nation et délivre un pays de ses vices, il ne s'ensuit pas qu'elle doive être encouragée. Loin de là! L'amour des conquêtes est aussi funeste qu'un trop grand amour de la paix. Le trop et le trop peu sont également nuisibles. De même qu'un peuple amolli par la richesse perd peu à peu son influence, sinon son existence même, de même un peuple, toujours à combattre, ou s'appauvrit et meurt de misère, ou s'enrichit, s'amollit, est frappé, lui aussi, du même mal que les ennemis qu'il a vaincus, et s'ensevelit dans sa gloire.

La guerre est comme le poison : elle guérit quand on en use à propos; si l'on s'en sert sans raison, elle tue.

CHAPITRE XIV.

Le droit et les lois de la guerre.

Le droit des gens, ses progrès. — La déclaration. — Les hostilités. — Les droits des neutres. — Les belligérants. — Les ruses et stratagèmes. — Les blocus, investissements, bombardements, capitulations et assauts. — Représailles. — Espions. — Blessés et malades. — Prisonniers. — Armistices. — Occupation. — Pillage et butin. — La conquête. — La paix. — Les traités. — La justice militaire en campagne.

Commençons par des définitions.

D'après Vattel, la guerre est cet état dans lequel on poursuit son droit par la force, après l'avoir revendiqué inutilement par des titres, des témoignages ou des preuves. C'est la nature qui donne aux hommes le droit d'user de la force, quand cela est nécessaire.

« Les nations, dit Kant, ont le droit de faire la guerre comme un moyen licite de poursuivre leur droit par la force. »

Ce droit est aussi indispensable pour la police extérieure des nations que le droit de rendre la justice est indispensable pour la police intérieure de chaque État.

Selon Montesquieu (*Esprit des Lois*, liv. x), la vie des États est comme celle des hommes; ceux-ci ont droit de tuer dans le cas de la défense naturelle; ceux-là ont droit de faire la guerre pour leur propre conservation.

Dans le cas de la défense naturelle, j'ai droit de tuer

parce que ma vie est à moi, comme la vie de celui qui m'attaque est à lui ; de même un État fait la guerre, parce que sa conservation est juste comme toute autre conservation. Entre les citoyens, le droit de la défense naturelle n'emporte point avec lui la nécessité de l'attaque, parce qu'ils peuvent recourir aux tribunaux ; mais entre les sociétés, le droit de la défense naturelle entraîne quelquefois la nécessité d'attaquer.

Le droit de la guerre dérive donc de la nécessité et du juste rigide.

La guerre, qui a son droit, a aussi ses lois.

C'est l'ensemble de ces lois qu'on appelle *le droit des gens*, et qui n'est autre chose que l'application, dans les rapports internationaux, du droit naturel.

Mackintosh résume ainsi le droit des gens : « Il comprend les principes de l'indépendance des nations, leurs rapports en temps de paix, les priviléges des ambassadeurs et des ministres d'un rang inférieur, les relations entre les simples sujets, les justes causes de la guerre, les devoirs mutuels des puissances belligérantes et des puissances neutres, les bornes des hostilités légitimes, les droits de la conquête, la foi à observer entre ennemis, le droit résultant des armistices, des saufs-conduits et des passe-ports, la nature des alliances et les obligations qui en naissent, les voies de négociations, l'autorité et l'interprétation des traités de paix. »

La première règle du droit des gens est que les nations doivent se faire dans la paix le plus de bien et dans la guerre le moins de mal qu'il est possible, sans nuire à leurs véritables intérêts.

Mais le droit naturel étant tout à fait arbitraire, c'est-à-dire subordonné à l'état de civilisation des différents peuples, le droit de la guerre qui en découle est aussi fort obscur en théorie et souvent violé en pratique. Il défend et permet à peu près tout, suivant les cas, et ces cas sont si nombreux, si confus, que le jésuite Sanchez lui-même y perdrait toute sa science de casuiste. Autant dire que son application est laissée à l'honneur et à la bonne foi des nations belligérantes. Ainsi, pour les ruses militaires, par exemple, le droit des gens se noie en pleine divagation. La même action, le même stratagème sont reconnus légitimes ou infâmes, suivant la circonstance, et provoquent les appréciations les plus diverses. Propagation de fausses nouvelles, tromperies sur le nombre des combattants, embuscades, endossement d'uniformes, feintes, séductions, espionnages, abus des insignes neutres de la convention de Genève, ausses redditions suivies d'attaques imprévues, sonneries contraires aux mouvements exécutés, autant de ruses appliquées par ceux-là mêmes qui les renient ! Il se passera encore bien du temps avant que les nations aient comblé toutes les lacunes qui se remarquent aujourd'hui dans ce droit des gens, que Voltaire appelait *le Code du meurtre.*

« Les mœurs modernes, écrit le général Bardin, s'accommodent encore du pillage qui était le mobile des guerres du bas siècle. Dans un siècle où la philanthropie proscrit l'esclavage des noirs, ne sera-t-il rien décidé touchant la manière permise d'égorger, en temps de guerre, des blancs ?

« Quelle autorité la guerre donne-t-elle sur la vie et les biens des peuples envahis ? Peut-on faire incendier des provinces entières ? L'état d'hostilité excuse-t-il l'empoisonnement des sources d'eaux ? Peut-on incendier des villages dans le seul but d'élever une barrière de feu entre un corps en retraite et l'artillerie qui le poursuit ? Peut-on ordonner le sac d'une ville, parce que sa garnison a défendu la brèche ? Peut-on écraser de fusées incendiaires les habitations des citoyens paisibles ? Devrait-on transformer en places de guerre des villes populeuses ? Peut-on condamner des captifs à l'infection des pontons ? Peut-on *faire le dégât* pour empêcher l'ennemi de vivre ? Peut-on détruire sans nécessité les monuments d'une capitale ou la spolier de ses chefs-d'œuvre ? Quelles représailles peut-on exercer lorsqu'on égorge des soldats malades ? Peut-on achever les blessés qui invoquent la mort ou vont passer à l'ennemi ? Doit-on défendre ou ordonner au soldat de diriger ses coups sur les chefs ennemis, etc., etc. ?

« Malgré le respect que nous professons pour Grotius et pour les deux cents écrivains hébreux, grecs ou latins qu'il énumère, nous craignons que le droit de la guerre ne soit à jamais vide de sens ; nous doutons que guerre et loi, massacre et justice puissent être à jamais compatibles. »

Bardin pousse trop loin son raisonnement. Le duel a

ses règles d'honneur que l'on ne peut transgresser sans forfaiture. Pourquoi n'en serait-il pas de même de la guerre, qui a progressé incontestablement depuis les âges primitifs, qui est beaucoup plus humaine chez les nations civilisées que chez les sauvages? Pourquoi ne parviendrait-on pas à imposer des lois plus sévères à l'action des armées, et à réformer peu à peu les abus auxquels la guerre est sujette comme toutes les choses humaines? Ne constate-t-on pas déjà de grands progrès accomplis et un adoucissement indéniable des mœurs guerrières? Le droit des gens des premiers peuples consistait à manger les prisonniers; on n'en est plus là, Dieu merci !

Les armées, chez les anciens, avaient un pouvoir illimité, s'étendant à la population civile, aux biens, aux lois, aux mœurs, aux dieux mêmes. Les prisonniers étaient impitoyablement égorgés, et lorsqu'on leur faisait grâce de la vie, c'était bien moins par grandeur d'âme que par cupidité, car on les vendait comme esclaves. L'Ecriture et Homère en font foi.

Dans un de nos précédents ouvrages, nous avons donné quelques exemples d'atrocités commises dans les luttes d'autrefois. « Lors de la guerre du Péloponèse, les Athéniens condamnèrent les habitants d'Egine à avoir le pouce de la main droite coupé, afin qu'ils ne pussent se servir de la lance, mais qu'ils demeurassent en état de manier la rame. Une autre fois ils marquèrent les prisonniers de Samos au visage avec un fer chaud portant l'empreinte d'une chouette.

« Jadis les Scythes buvaient du sang du premier homme qu'ils renversaient, lui arrachaient la peau de la tête et faisaient une coupe de son crâne.

« Lorsque les barbares envahirent l'Europe, le droit des gens qu'avaient prêché Socrate, Platon, Cicéron, fut méprisé et violé chaque jour. Des crimes odieux furent accomplis. Un seul exemple suffira : sous Thierri Ier, roi d'Austrasie, les Thuringiens (ancêtres des Allemands), victorieux près de Metz, pendirent les enfants aux arbres par le nerf de la cuisse, firent périr plus de deux cents jeunes filles en les liant par les bras au cou des chevaux que l'on forçait, à coups d'aiguillon, à s'écarter chacun de son côté; d'autres furent étendues sur les ornières des chemins et clouées en terre avec des pieux, puis on faisait passer sur elles des chariots chargés et leurs cadavres restaient pour servir de pâture. aux chiens et aux oiseaux. »

Henri V d'Angleterre n'a-t-il pas prononcé un mot qui peint la cruauté du Moyen-Age : « Guerre sans feux ne vaut rien, non plus qu'andouilles sans moutarde. »

Lorsque Tamerlan quittait une ville pour marcher contre une autre, il la laissait dans une si affreuse désolation qu'on n'y entendait ni l'aboiement d'un chien, ni le chant d'un oiseau, ni le cri d'un enfant. Lorsqu'il se fut emparé de Bagdad, chaque soldat de son armée (qui se composait de 80,000 hommes) dut fournir une tête s'il voulait conserver la sienne. Toutes ces têtes furent amoncelées et formées en pyramide en signe de hideux monument de sa victoire.

De pareilles horreurs ne pourraient plus se reproduire aujourd'hui, et si quelque vainqueur se permettait de violer trop ouvertement le droit des gens, il soulèverait les plus vives protestations dans le monde entier.

C'est déjà un grand pas de fait.

« Si on n'a pu bannir du monde le monstre de la guerre, on est parvenu à le rendre moins barbare..... Nous ne voyons plus les horreurs, les massacres, les assassinats qui se commettaient jadis..... Il y a bien moins de cannibales dans la chrétienté qu'autrefois. C'est toujours une consolation dans l'horrible fléau de la guerre qui ne laisse jamais l'Europe respirer vingt ans en repos. » (VOLTAIRE.)

Examinons donc un instant ces lois de la guerre, telles qu'elles sont acceptées aujourd'hui par les plus grands jurisconsultes de l'Europe [1].

Les armées des anciens temps agissaient suivant leurs caprices et leurs passions, exhumant ensuite du passé, dans le but d'alléger leur conscience ou de satisfaire celle d'autrui, une riche collection de précédents qui n'étaient, en définitive, que de vieux crimes dont ils cherchaient à couvrir les leurs. Aujourd'hui le droit des gens auquel les armées sont *à peu près* forcées de

---

[1] Les principaux publicistes qui ont examiné les questions importantes de droit international sont Alberic Gentilis, Grotius, Vattel, Puffendorf, Victoria, Wolff, de Martens, Weaton, Pinheiro Ferreira, Buflamaqui, Montesquieu, Pasqual Fiore, Massé, Machiavel, Klüber, Ch. Vergé, Pradier-Fodéré, Bluntschli, Morin, etc.

se soumettre est l'application des sentiments de justice et d'honneur qui existent dans le cœur de tout homme civilisé.

Les causes de la guerre ont été traitées dans un chapitre précédent. Nous nous bornerons ici à ce que dit Vattel sur cette matière : « Quiconque aura une idée de la guerre, quiconque réfléchira à ses effets terribles, aux suites funestes qu'elle traîne après elle, conviendra aisément qu'elle ne doit point être entreprise sans les plus fortes raisons. L'humanité se révolte contre un souverain qui prodigue le sang de ses plus fidèles sujets sans nécessité ou sans raisons pressantes, qui expose son peuple aux calamités de la guerre, lorsqu'il pourrait le faire jouir d'une paix glorieuse et salutaire..... Chargé de tous les maux qu'il attire à ses sujets, il est coupable encore de tous ceux qu'il porte chez un peuple innocent. Le sang versé, les villes saccagées, les provinces ruinées, voilà ses forfaits. On ne tue pas un homme, on ne brûle pas une chaumière, dont il ne soit pas responsable devant Dieu et comptable à l'humanité. Les violences, les crimes, les désordres de toute espèce, qu'entraînent le tumulte et la licence des armes, souillent sa conscience et sont mis sur son compte, parce qu'il en est le premier auteur. Vérités certaines, images terribles qui devraient inspirer aux conducteurs des nations, dans leurs entreprises guerrières, une circonspection proportionnée à l'importance du sujet ! » (Liv. iii, ch. iii, § 24).

10.

Les souverains dont le cœur est sensible à la pitié et la conscience sensible aux remords, n'ont donc recours à la voie des armes que lorsque tout arrangement pacifique est devenu impossible, que lorsque tous les moyens de conciliation sont épuisés. D'ailleurs, la plupart des constitutions actuelles ne voulant pas laisser un peuple à la merci d'un homme, n'ont confié au chef du gouvernement qu'un pouvoir limité. Ils lui ont abandonné le soin de *déclarer* la guerre à l'ennemi, après que le pouvoir législatif avait *décidé* s'il était convenable de demander satisfaction par la force.

La *déclaration de guerre* peut être remplacée par un *manifeste* adressé aux puissances intéressées. Elle est ordinairement précédée d'un *ultimatum* exposant les conditions dernières.

Certains jurisconsultes ne considèrent point comme nécessaire la *déclaration de guerre* en forme, par la raison que cette formalité place celui qui la remplit dans une situation désavantageuse. Il est de fait que la mobilisation étant une des conditions les plus importantes des succès ultérieurs, il importe de ne pas donner à son adversaire tout le temps nécessaire pour faire ses préparatifs d'entrée en campagne. Aussi ne déclare-t-on la guerre aujourd'hui que lorsqu'on est entré sur le territoire de l'ennemi ou au moins massé sur les frontières.

Les anciens, au contraire, attachaient à la déclaration une grande importance. Cicéron dit dans le *De officiis :* « Nullum bellum est justum, nisi quod denuntiatum ante sit et indictum. » A Rome, le *droit fécial* réglait la matière. « Les Romains envoyaient premièrement le chef des *féciaux* ou hérauts d'armes, appelé *pater patratus*, demander satisfaction au peuple qui les avait offensés; et si, dans l'espace de trente-trois jours, ce peuple ne faisait pas une réponse satisfaisante, le héraut prenait les dieux à témoin de l'injustice, et s'en retournait en disant que les Romains verraient ce qu'ils auraient à faire. Le roi, et dans la suite le consul, demandait l'avis du sénat, et la guerre résolue, on renvoyait le héraut la déclarer sur la frontière. » Ajoutons que des procédés aussi chevaleresques n'offraient alors aucun des inconvénients qu'ils présenteraient aujourd'hui avec notre façon de combattre.

Dans l'antiquité, tout étranger était réputé ennemi, *hostis;* chaque citoyen était soldat; les guerres étaient contre les nations, et les vainqueurs se livraient sur le peuple défait à des cruautés sans nombre. « Heureux ceux qui écraseront contre une pierre les enfants des Babyloniens ! » dit le Psalmiste. « L'empereur Sévère ordonnant à ses soldats de passer tout au fil de l'épée dans la Grande-Bretagne, invoquait quelques vers où Homère fait dire à Agamemnon qu'il ne faut épargner aucun Troyen, pas même les enfants dans le sein de leur mère. Thucydide rapporte que les Thraces ayant pris la ville de Micalesse, égorgèrent même les femmes et les enfants. Dès qu'il s'empara de Tyr, Alexandre le Grand fit massacrer six mille habitants. Ses soldats, las de tuer, en ayant laissé en vie trente-deux mille, le roi en fit crucifier deux mille le long du rivage, et vendit le reste comme esclaves. » (VILLIAUMÉ, *L'Esprit de la guerre*.) Le droit des gens modernes ne professe plus ces monstrueuses erreurs. Il établit, au contraire, une distinction bien nette entre l'Etat armé et la population civile. « De nos jours, — dit M. Pradier-Fodéré, — les personnes et les propriétés particulières sont inviolables en temps de guerre, aussi bien qu'en temps de paix..... La constitution des armées permanentes a divisé chaque nation en deux camps : celui de la guerre et celui de la paix. La civilisation a fait passer dans le camp de la paix les femmes, les enfants, les prêtres, les magistrats, les savants, les gens de négoce, les laboureurs, toute la foule des citoyens inoffensifs et désarmés. Il n'est resté dans le camp de la guerre que les hommes d'armes ou soldats; l'Etat, en tant qu'il fait la guerre, se personnifie dans l'armée. Ce n'est pas que les autres citoyens ne se ressentent point, comme membres de la nation, des conséquences de la guerre; ils en supportent les charges, et souffrent les maux qu'elle entraîne : mais s'ils ne prennent pas eux-mêmes une part directe et personnelle aux hostilités, leur vie, leur liberté restent sauves, même à quelques pas du lieu où s'est livré le plus sanglant combat. » Talleyrand écrivait, à ce sujet, à Napoléon, en 1806 : « La guerre n'étant pas une relation d'hommes, mais une relation d'Etats, le droit des gens ne permet pas que le droit de guerre et celui de conquête qui en dérive, s'appliquent aux citoyens paisibles et sans armes, à leurs habitations, à leurs propriétés, aux marchandises, aux magasins,...... aux voitures,...... en un mot, aux personnes et aux choses des particuliers. »

Les droits des neutres, méconnus par les peuples belliqueux de l'antiquité, sont réglés par le droit international actuel. Mais cette neutralité renferme encore aujourd'hui des points forts embrouillés, surtout en ce qui concerne la guerre maritime. Cependant le traité de Paris du 30 mars 1856, signé par presque toutes les puissances, a fait faire un grand pas à la question.

Voici quelles sont les clauses principales de ce traité :

Abolition de la course.

Le pavillon neutre couvre la marchandise ennemie, à l'exception de la contrebande de guerre; la marchandise neutre, à l'exception de la contrebande de guerre, n'est pas saisissable sous pavillon ennemi (en termes techniques, la robe d'ennemi ne confisque pas celle d'ami).

Le premier devoir des neutres est une exacte impartialité entre les belligérants, impartialité négative, d'inaction, n'accordant de secours ni à l'un ni à l'autre parti.

La neutralité de certains États (Suisse, Belgique, etc.) est garantie par des traités, en raison de leur situation géographique.

Les nationaux des États neutres doivent être empêchés de toute participation aux hostilités.

Les neutres ont le droit de commerce avec les belligérants, sauf relativement à la contrebande de guerre, sous peine de confiscation.

Les États neutres ne doivent fournir ni hommes ni armes à l'un des belligérants, sans pouvoir toutefois empêcher les engagements volontaires.

Le passage des troupes est interdit sur le territoire neutre. On permet seulement le refuge aux soldats poursuivis, à la condition de déposer les armes.

« Il y a *neutralité armée*, lorsque l'état neutre prend les armes pour faire respecter sa neutralité et empêcher les belligérants de pénétrer sur son territoire. » (BLUNTSCHLI.)

Les belligérants n'ont pas un droit illimité sur la personne de l'ennemi. Certains moyens d'action sont tenus pour actes de perfidie ou cruautés inutiles. En thèse générale, *tout ce qui n'est pas nécessaire au succès des armées est défendu*. Ainsi on n'a le droit de tuer ou de blesser l'ennemi que lorsqu'il est impossible de le réduire autrement à l'impuissance. On doit lui donner l'exemple de la bonne foi et de l'observance des règles du devoir et de l'honneur.

Mais qu'il y a loin de la théorie à la pratique! Combien il est difficile de déterminer, — dans l'application, — l'étendue des droits de la guerre! Que d'obscurités, que de contradictions! Chaque parti agit à sa guise et interprète à sa façon; *tot capita, tot sensus.* « On autorise, on défend, sans savoir précisément pourquoi, dit

M. Bluntschli, ou plutôt on autorise chez les siens ce que l'on défend chez les autres. »

Quoi qu'il en soit, nous allons exposer quelques-unes des principales règles du droit des gens relatives aux hostilités proprement dites, règles admises, sinon respectées, parmi les armées européennes.

Sont prohibés : les armes empoisonnées, les matières susceptibles d'engendrer des maladies contagieuses, les balles mâchées, le verre pilé, la grenaille métallique, les boulets à chaînes (dans les guerres continentales), les boulets rouges (dans les guerres maritimes), enfin les projectiles explosibles d'un poids inférieur à 400 grammes.

Cette dernière interdiction fait l'objet de la déclaration de Saint-Pétersbourg, du 11 décembre 1868, acceptée par les puissances européennes, et dont les considérants valent la peine d'être rapportés :

« Considérant que les progrès de la civilisation doi« vent avoir pour effet d'atténuer autant que possible
« les calamités de la guerre;

« Que le seul but légitime que les Etats doivent se
« proposer, durant la guerre, est l'affaiblissement des
« forces militaires de l'ennemi; qu'à cet effet il suffit
« de mettre hors de combat le plus grand nombre
« d'hommes possible;

« Que ce but serait dépassé par l'emploi d'armes qui
« aggraveraient inutilement les souffrances des hommes
« mis hors de combat, ou rendraient leur mort inévi« table;

« Que l'emploi de pareilles armes serait dès lors con-
« traire aux lois de l'humanité;

« Les parties contractantes s'engagent à.... etc. »

Le pas que les puissances européennes ont fait par ce règlement, dans les voies de la civilisation, nous semble bien timide ! Et la logique n'y trouve pas tout à fait son compte. Quoi ! celui qui lancerait une balle explosible erait mis au ban de l'Europe comme un barbare, tandis que l'on pourra, sans crainte, écraser une troupe à coups de canon ou à coups de mitrailleuse, faire sauter un bataillon avec une mine, et faire couler un vaisseau avec une torpille ! Si, comme vous le dites, les sentiments humains remplissent votre cœur, imitez le pape qui demandait que l'on interdît toutes les armes lançant des projectiles, dans les guerres entre chrétiens; répétez le mot de Bayard : « N'est-ce pas une honte qu'un homme de cœur soit exposé à périr par une misérable *friquenelle* contre laquelle il ne peut se défendre, et qui met de pair le vaillant et le lâche ! » Enfin appliquez les maximes du Christ, *remettez le glaive dans le fourreau,* ou ne l'en sortez du moins que pour vous défendre !

Toutefois, en attendant qu'on en arrive là, une convention qui aurait certainement l'approbation des populations, serait celle qui prohiberait l'emploi du pétrole et de toute autre huile minérale. Il répugne au sentiment moderne de voir des soldats transformés en bandits, abandonner le fusil et le sabre pour le seau et la brosse de l'incendiaire. Le pétrole ne sert pas seulement aux nécessités de la lutte. Il sert surtout à assouvir d'indignes vengeances et à frapper les innocents par d'odieuses représailles.

Il est interdit d'empoisonner les sources et les fontaines ; mais il est permis de les dessécher, parce qu'ainsi on ne trompe pas la confiance de l'ennemi. Quelques auteurs prétendent qu'on a le droit de les infecter par des corps morts ou de la chaux. Ce procédé a été très-souvent pratiqué. Il n'en est pas moins perfide et condamnable.

Les belligérants doivent éviter toute destruction qui n'est pas absolument nécessaire. Ravager une province, anéantir les productions du sol, est contraire aux lois de la guerre. L'inondation de la Hollande par la rupture des digues et l'incendie du Palatinat seraient également blâmés de nos jours.

Il n'est pas non plus permis de fouiller les morts, de s'emparer de l'argent et des bijoux du vaincu. Un publiciste allemand dit à ce sujet : « Si cependant l'ennemi tué sur le champ de bataille portait sur lui des valeurs ou des objets précieux, et qu'il soit absolument impossible de découvrir l'héritier du défunt, on devra laisser ces objets au vainqueur, plutôt que de forcer celui-ci à les enterrer ou à les laisser perdre. » Cette réflexion est éminemment pratique, et il y aurait délicatesse exagérée à enfouir des trésors : une seule chose est à craindre, c'est que *la recherche des héritiers* sur le champ de bataille ne soit, de la part des vainqueurs, suffisamment poussée à fond.

La question de savoir si les ruses et les stratagèmes sont licites, et dans quel cas ils le sont, est une des plus délicates du droit des gens. Les guerres anciennes et modernes abondent en surprises, feintes, embûches, artifices, supercheries et dissimulations de tous genres; ceux qui les ont blâmés sont tout d'abord ceux qui en ont été les victimes. Tous les grands généraux se sont aussi bien servis de la ruse que de la force, et vouloir établir des règles précises en pareille matière serait se perdre dans des subtilités insolubles. La ruse est surtout permise lorsqu'elle épargne le sang humain que la force aurait fait verser. La plupart des jurisconsultes déclarent déloyal le combattant qui revêt l'uniforme de l'ennemi lorsque l'action est engagée, ou qui porte un signe distinctif de neutralité, tel par exemple que le brassard à croix rouge, ou qui couvre du drapeau d'ambulance les voitures de munitions ou d'approvisionnements. Malheureusement, sauf le cas de prise, le contrevenant est impuni; la répression est toute morale et ne réside que dans le blâme public, blâme fort aisément accepté d'ailleurs par la nation en faute. On réprouve en outre la violation du secret des lettres particulières, le stratagème dit *de la crosse en l'air* (qui est, il est vrai, la plus insigne perfidie), ou l'émission de fausses nouvelles, ou la provocation à un acte criminel (trahison, espionnage, etc.), ou enfin l'excitation à la révolte.

Voici quelques exemples de ruses permises :

Emploi des signaux ou sonneries de l'ennemi, pour l'attirer dans une embuscade.

Dimensions sciemment erronées (trop grandes ou trop petites) dans l'assiette d'un camp, afin de tromper l'adversaire sur le nombre de troupes que contient ce camp (Service des armées en campagne, art. 33).

Extinction des feux de bivouac ou établissement de feux apparents entretenus par des sentinelles volantes (*Id.*, art. 92).

Simulation, à l'approche de parlementaires, de mouvements propres à les induire en erreur, ou interruption précipitée de ces mouvements, comme si l'on avait à craindre d'en laisser pénétrer l'objet (*Id.*, art. 94).

En somme, le but de la guerre étant la victoire, les moyens les plus sûrs sont aussi les plus louables, pourvu qu'ils n'aient rien d'illicite et d'odieux en eux-mêmes. *Dolus an virtus, quis in hoste requirat?* dit Virgile. Ruse ou force, qu'importe contre l'ennemi!

S'il est permis de réduire par la force les villes qui se défendent, l'humanité prescrit le respect de celles qui ne résistent pas. Il n'y a pas lieu d'établir de différence entre les villes *ouvertes* et les villes *fortifiées*, car celles-ci peuvent bien ouvrir leurs portes et les premières se mettre en état d'arrêter l'ennemi.

On prend les villes par un siége en règle avec assaut, par surprise, par la famine (avec blocus ou investissement) et par le bombardement. Tous ces moyens sont permis à la guerre. Les deux derniers sont de préférence employés aujourd'hui, comme plus sûrs et moins meurtriers pour l'assiégeant.

Lorsqu'une place est menacée d'un siége, le commandant de place fait sortir les bouches inutiles, les étrangers, les gens jugés dangereux; il invite l'autorité civile à activer les mesures nécessaires pour assurer la subsistance des habitants et la réunion des ressources que le pays peut fournir pour les besoins de la garnison et pour les travaux; il fait entrer dans la place ou empêche d'en sortir les ouvriers, les matériaux, les bois, les bestiaux et les denrées; il fait garder aux abords de la place les moulins et autres usines qui peuvent être utiles; il fait tendre les inondations, occuper les terrains nécessaires à la défense, et détruire tout ce qui, dans l'intérieur de la place, peut gêner la circulation de l'artillerie et des troupes, en assurant aux habitants les indemnités qui peuvent leur être dues.

Le commandant de place prend toutes les précautions compatibles avec les circonstances pour que l'exécution de ces différentes mesures soit le moins gênante et préjudiciable qu'il est possible aux habitants et à la propriété (Service des places, art. 25).

Quant aux bouches inutiles, il est permis à l'assiégeant de contraindre ceux qui quittaient la ville d'y rentrer afin de hâter la reddition de la place, soit par la famine, soit par des considérations morales. Ce droit a été jugé inhumain. D'ailleurs il n'est pas toujours appliqué rigoureusement, et dans bien des siéges, sur l'insistance de différentes personnes, l'assiégeant a laissé sortir de la ville les femmes, les enfants, les infirmes et les vieillards, dont les souffrances sont plus dignes de pitié.

Les agents diplomatiques et résidents neutres ont le droit de sortir « sauf obstacle accidentel ou choix du moment, ainsi que du lieu. »

Aussitôt que l'état de siége est déclaré, les pouvoirs dont l'autorité civile était revêtue pour le maintien de l'ordre et de la police passent tout entiers à l'autorité militaire.

L'autorité civile continue néanmoins d'exercer ceux de ces pouvoirs dont l'autorité militaire ne l'a pas dessaisie.

Le commandant supérieur ou commandant de place délègue, en conséquence, aux magistrats, telle partie de ces pouvoirs qu'il juge convenable. Il exerce son autorité jusqu'aux limites du rayon d'investissement. En proclamant cette déclaration, il fait connaître que tous les délits dont il ne juge pas à propos de laisser la connaissance aux tribunaux ordinaires seront jugés par les tribunaux militaires, quelle que soit la qualité des prévenus.

Le *bombardement* est une opération de siége destinée à triompher de la résistance d'une ville. Il est presque toujours précédé d'une *sommation* (repoussée le plus souvent par le conseil de défense) et d'une *notification* avertissant la population civile et les résidents neutres. Cependant l'omission de ces deux formalités n'est pas considérée comme une violation des droits de la guerre. « La surprise, dit l'instruction américaine, peut être commandée par la nécessité. »

Le bombardement de Paris a commencé sans avis préalable. Le gouvernement de la Défense nationale, les agents diplomatiques et les corps savants ont protesté contre cet oubli des usages admis par toutes les nations. « Le droit des gens, écrivait M. Giraud, de l'Institut, n'est pas un code de textes, mais un ensemble de pratiques, de règles de conduite, admis entre États policés et tacitement consacré par les précédents. » Mais le chancelier prussien se souciait fort peu de ces détails. Sa règle de conduite se résumait en cette phrase devenue célèbre : *La force prime le droit.*

Les bombardements n'ont pas été considérés par tous les ingénieurs comme un moyen bien efficace d'accélérer la reddition d'une place assiégée.

Vauban prescrivait de diriger les bombes exclusivement sur les remparts, estimant que les projectiles jetés dans l'intérieur de la ville étaient, en quelque sorte, sans influence sur la durée du siége. Certaines considérations de sentiment sont venues, d'autre part, discréditer les tirs incendiaires au delà des murs d'enceinte. Le bombardement, pour certains esprits, est un procédé barbare, tout au plus justifiable dans un but de représailles contre une population dont on a à se plaindre.

« Si l'on ne considérait que les intérêts de l'humanité, s'écrie le colonel du génie J. Jones, un tel genre d'attaque devrait être abandonné pour jamais ! Les maux qu'il entraîne ne sauraient être imaginés par ceux qui n'en ont pas été témoins. Ses effets tombent de la manière la plus cruelle sur les habitants : les vieillards, les femmes, les infirmes, les faibles sont ceux qui en souffrent le plus. »

Il est évident que si le bombardement n'était qu'un moyen terrible de châtiment, qu'un acte de dépit ou de vengeance, il faudrait en proscrire à tout jamais l'usage ; mais il ne manque pas d'ingénieurs qui en reconnaissent l'efficacité dans la guerre de siége. Suivant ces derniers, un fort bombardement de quelques jours porte le désordre partout, et, par suite des plaintes incessantes d'une population terrifiée, oblige la garnison à capituler sans coup férir.

L'assiégeant gagne ainsi un temps précieux, fait, après tout, plus de peur que de mal, et compte bien moins de victimes que par des attaques au corps de place, toujours meurtrières et souvent malheureuses. « Pendant les guerres de la République et de l'Empire, dit le colonel du génie Vauvilliers dans son *Essai sur de nouvelles considérations militaires* (1843), quatre-vingt-seize redditions ont été rapidement décidées par ce brutal genre d'attaque, sans que l'on ait été obligé, aussi bien les étrangers que les Français, de passer par les difficultés, les lenteurs et les dangers des cheminements réguliers. »

Le bombardement est donc, selon l'auteur, un système expéditif, facile, et à la portée de tous les courages.

Le colonel Vauvilliers trouve aussi une réponse à faire aux philanthropes qui réprouvent ce procédé comme contraire à la civilisation.

Dans le cas d'un siége régulier et dans celui d'un bombardement, les désastres, fait-il remarquer, no sont que pour une différente classe d'hommes. « Si on ménage les habitants, on sacrifie les troupes ; la perte numérique est la même. Entre ces deux genres d'humanité, quel est le plus vrai ? »

« La guerre, dit de son côté le général de Blois, a ses rigueurs qui sont inévitables et que la nécessité justifie, quand leur perpétration est suivie de résultats avantageux..... Si l'on doit s'interdire l'attaque par le bombardement comme un acte de barbarie, à plus forte raison devrait-on renoncer aux blocus, aux escalades de corps de place, à tourner une brèche retranchée, à donner l'assaut à une brèche qui ne le serait pas, etc. »

Les différents siéges qui se sont succédé en 1870-1871 ne fournissent aucune indication qui permette de trancher le débat. Parmi les vingt-six places attaquées par les armées allemandes, il en est peu dont la reddition fut le résultat immédiat du bombardement... La défense prolongée des deux plus grandes places fortes attaquées pendant la dernière campagne semblerait plutôt défavorable à la thèse que soutiennent les partisans du bombardement. En effet, Paris, malgré les éléments divers de sa population, malgré les mouvements tumultueux qui l'agitèrent jusqu'à la fin de janvier, loin d'être troublé par les projectiles ennemis, sembla au contraire puiser dans cette agression inattendue une nouvelle force de résistance, et ne fut en réalité vaincu que par la famine.

De son côté, Strasbourg, dont un grand nombre de quartiers étaient cependant incendiés et détruits, ne se résigna à capituler qu'au moment où un assaut allait être ordonné par les brèches praticables faites au corps de place.

Dans ces deux cas, le bombardement continué jusqu'à la fin des opérations fut donc une rigueur inutile, ajoutée aux souffrances du blocus.

On peut conclure de ce qui précède que le bombardement, ce terrible moyen d'amener une place à capituler, ne doit être mis en œuvre qu'aussitôt après l'investissement de la place, pour être abandonné dès qu'on a reconnu la nécessité de recourir aux longs travaux de l'attaque régulière, sous peine, pour l'assiégeant, de soumettre la population civile à d'inutiles désastres et d'assumer ainsi sur sa tête la plus grave responsabilité.

La *capitulation* est une convention militaire qui met fin, avec ou sans condition, à la résistance d'une troupe enfermée dans une place ou cernée en rase campagne.

La bonne foi doit présider à la négociation et à l'exécution de ce pénible arrangement. Le commandant doit livrer la place dans la situation où elle se trouve au moment de la capitulation, c'est-à-dire ne doit ni briser les armes, ni brûler les drapeaux, ni noyer les poudres, ni détruire les ouvrages, sauf dans le cas où aucune négociation n'est faite, et où la place, réduite à la dernière extrémité, ouvre ses portes et se rend à la discrétion du vainqueur.

11.

Lorsqu'il y a convention, « le commandant de place ne se sépare jamais de ses officiers ni de ses troupes, et il partage leur sort après comme pendant le siége. Il s'occupe surtout du soin d'améliorer le sort du soldat et de stipuler, pour les blessés et les malades toutes les clauses d'exception et de faveur qu'il peut obtenir. » (Service des places, art. 256.)

Le *pillage après assaut* serait aujourd'hui flétri par l'opinion générale. Ce serait un acte de vandalisme de passer (comme on le faisait autrefois) la garnison au fil de l'épée; et les habitants ont droit au respect du vainqueur.

« Le général commandant le siége désigne des compagnies d'élite exclusivement destinées, dès l'entrée des troupes dans la place, à protéger les propriétés et les personnes, à empêcher partout le pillage et la violence. Les officiers font tous leurs efforts pour contenir leurs troupes.

« Le général désigne les lieux qui doivent être plus particulièrement protégés; au nombre de ces lieux sont les églises, les temples et les maisons religieuses, les hôpitaux et hospices, les colléges et pensionnats, l'hôtel-de-ville, les magasins militaires et civils. L'ordre doit rappeler, en outre, que les infracteurs sont traduits devant les tribunaux militaires et jugés comme voleurs à main armée. » (Service en campagne, art. 210.)

Au surplus, dans les guerres modernes, les villes

ont capitulé avant que l'ennemi s'en fût emparé de vive force. Les Allemands n'ont pas pris en France une seule ville d'assaut.

L'inutilité actuelle de ce terrible genre d'attaque est, pour les cités dont on s'empare, la meilleure garantie contre le pillage.

Les *représailles* sont une des plus tristes nécessités de la guerre. Elles ne peuvent être empêchées par le droit des gens, car elles sont parfois malheureusement le seul moyen d'éviter la répétition d'actes injustes et barbares. Le règlement américain dit à ce sujet : « Il ne faut jamais recourir à des représailles dans le simple but de se venger; il faut en user comme d'un châtiment protecteur, et encore avec circonspection et *à la dernière extrémité*. » Cette loi primitive, — autrefois appelée loi du *talion*, — doit s'exercer plutôt sur les biens que sur les personnes (presque toujours innocentes), et après de nombreux avertissements.

De telles mesures ne doivent, d'ailleurs, jamais dépasser en rigueur les infractions qu'il s'agit de réprimer. Dans le cas contraire, l'ennemi pourrait répondre par des sévices encore plus graves, et l'on en arriverait ainsi à des actes de sauvagerie impardonnables. Pinheiro Ferreira a fort bien interprété les tendances de l'esprit moderne dans la phrase suivante : « Le système de représailles n'est qu'une barbarie dont le résultat ne peut être que d'envenimer le cœur de ceux que les chefs doivent plutôt disposer à mettre un terme aux horreurs de la guerre, par la vaillance ennoblie des sentiments d'une humanité généreuse. »

En principe, la qualité de *belligérant* est acquise à toute personne qui combat pour son pays et se conforme aux lois de la guerre. (*Manuel de droit international.*) Donc, non-seulement l'armée régulière de tous les bans doit être traitée, en cas de rupture, comme prisonnière de guerre, mais encore : 1º les volontaires, corps francs et partisans, pourvu qu'ils aient des insignes visibles à distance, des rapports avec l'ennemi, et qu'ils soient soumis aux ordres des autorités militaires ; 2º la masse des habitants, lorsqu'elle défend le pays envahi, bien qu'elle n'appartienne à aucun corps régulier, pourvu que les actes de ces soldats improvisés ne soient point des brigandages, et qu'ils ne dissimulent pas, à l'occasion, les insignes qui les font reconnaître.

Cette interprétation ressort des décrets de 1792 et 1793 en France, de 1808 en Espagne, de 1812 en Russie et de 1813 en Prusse, qui, tous, proclament que le salut de la patrie sanctifie tous les moyens, que la résistance, dans ce cas, est un devoir sacré, chaque particulier se trouvant, pour ainsi dire, en état de légitime défense, qu'enfin il est permis à quiconque de se lever spontanément, lorsqu'il s'agit de combattre *pro aris et focis*.

Quant aux bandits et rôdeurs armés, qui pillent les pays envahis et vivent de rapines, ils ne peuvent invoquer le privilége des prisonniers de guerre, et sont traités militairement ou mieux punis après jugement régulier des conseils do guerro, des prévôtés ou des cours martiales.

Nous verrons plus loin quelle est la peine réservée aux *espions*. Rappelons seulement qu'ils ne peuvent être frappés sans jugement préalable.

Quelque immoral et méprisable que soit cet usage de l'espionnage, la nécessité l'a fait accepter des chefs d'armée, de sorte que ceux-là mêmes qui méprisent et condamnent les espions s'en servent chaque fois qu'ils en trouvent l'occasion, sans toutefois s'en vanter, comme s'ils se reconnaissaient, jusqu'à un certain point, coupables de la basse action qu'ils font commettre. Anomalie qui prouve une fois de plus la difficulté que l'homme éprouve à faire concorder sa conduite avec ses principes de justice et d'honneur !

Ajoutons qu'il y a plusieurs catégories d'espions. Quelques-uns vendent leur patrie pour quelques pièces d'or; ceux-là sont tout simplement infâmes. D'autres se livrent à ce triste métier par haine de l'adversaire, pour venger un frère ou un fils tué sur les champs de bataille, ou encore par pur esprit de patriotisme et d'abnégation. Le sentiment qui inspire ces derniers les relève et les rend dignes de pitié. Sacrifier sa vie est toujours du courage; la sacrifier dans un but désintéressé est quelquefois de l'héroïsme. De son temps, l'illustre Catinat, le vainqueur de La Marsaille, celui que ses soldats appelaient le *Père la pensée*, ne rougit pas, quoique maréchal de France, de se déguiser en simple paysan et d'aller inspecter le camp des Impériaux, poussant devant lui un âne sur lequel il frappait, en criant : *Hue, Catinat!*

Ce serait un tort d'assimiler aux espions les soldats ou officiers en reconnaissance, les courriers, les messagers, les agents militaires envoyés à la découverte et les *aéronautes*.

Les *blessés et les malades* ont droit à la même protection et aux mêmes soins, à quelque parti qu'ils appartiennent.

La convention de Genève, signée le 22 août 1864, a réglé de la façon suivante les questions de droit des gens relatives à ce service :

« Art. 1er. Les ambulances et les hôpitaux militaires seront reconnus neutres, et, comme tels, protégés et respectés par les belligérants, aussi longtemps qu'il s'y trouvera des malades ou des blessés.....

« Art. 2. Le personnel des hôpitaux et des ambulances, comprenant l'intendance, les services de santé, d'administration, le transport des blessés, ainsi que les aumôniers, participera au bénéfice de la neutralité, lorsqu'il fonctionnera, et tant qu'il restera des blessés à relever ou à secourir.....

« 'Art. 4. Le matériel des hôpitaux militaires demeurant soumis aux lois de la guerre, les personnes attachées à ces hôpitaux ne pourront, en se retirant, emporter que les objets qui sont leur propriété particulière...

« Art. 5. Les habitants du pays qui porteront secours aux blessés seront respectés et demeureront libres.....

« Tout blessé recueilli et soigné dans une maison y servira de sauvegarde.

« L'habitant qui aura recueilli chez lui des blessés sera dispensé du logement des troupes, ainsi que d'une partie des contributions de guerre qui seraient imposées.

« Art. 6. Les militaires blessés ou malades seront recueillis et soignés, à quelque nation qu'ils appartiennent.

« Seront renvoyés dans leur pays ceux qui, après guérison, seront reconnus incapables de servir.

« Les autres pourront être également renvoyés, à la condition de ne pas reprendre les armes pendant la durée de la guerre.....

« Art. 7. Un drapeau distinctif et uniforme sera adopté par les hôpitaux, les ambulances et les évacuations. Il devra être, en toute circonstance, accompagné du drapeau national.

« Un brassard sera également admis pour le personnel neutralisé; mais la délivrance en sera laissée à l'autorité militaire.

« Le drapeau et le brassard porteront croix rouge sur fond blanc.

« Toute infraction aux clauses de la convention de Genève constitue une violation de la foi solennellement jurée. A défaut d'autre sanction, la garde du traité est confiée à l'honneur de l'armée.... »

Il est bien entendu que les médecins, ambulanciers, etc., ne jouissent de l'inviolabilité acquise par cette convention qu'à la condition de ne prendre aucune part aux hostilités, sauf le cas de légitime défense.

Les *parlementaires* et ses assistants sont inviolables. On ne peut ni les tuer, ni les retenir prisonniers, ni les violenter. « Le parlementaire perd ses droits s'il abuse de sa situation privilégiée pour provoquer ou commettre un acte de perfidie. Le cas échéant, il s'expose à être traité comme espion ou traître; mais les mesures de rigueur prises contre lui et les motifs qui en auront déterminé l'application devront toujours être portés sans retard à la connaissance de l'ennemi. » (*Manuel de droit international.*)

Il existe deux sortes d'*armistices :* l'armistice particulier (suspension d'armes signée entre généraux pour l'enterrement des morts ou tout autre motif) et l'armistice général (ou *trêve* générale) signé entre Etats belligérants, dans lequel on pose le plus souvent les préliminaires de paix.

Vattel donne, au sujet de l'armistice, les règles suivantes :

1º Chacun peut faire chez soi ce qu'il a droit de faire en pleine paix (levée de troupes, réparations de fortifications, établissements de batteries, etc.) ;

2º On ne peut profiter de la trêve pour faire ce que les hostilités ne laissaient pas le pouvoir d'exécuter (réparation de brèches, entrée de secours);

3° Ne rien entreprendre dans les lieux disputés, mais y laisser toutes choses en état.

Martens déclare qu'on admet la faculté, pour chacune des parties, d'exécuter dans les lieux qu'elle occupe, pendant l'armistice, tous les travaux de nature à fortifier sa position.

On peut dire enfin, avec M. Pradier-Fodéré, que c'est un point généralement gouverné par des conventions particulières. Les parties contractantes peuvent, par clause expresse, déroger à certains égards, et même à tous les égards, à ces règles générales.

Chez certains sauvages, les *prisonniers* sont dépecés et mangés. Chez d'autres on les scalpe, c'est-à-dire qu'on leur enlève la peau de la tête, dont on se fait un glorieux trophée. Chez d'autres aussi, on scie le crâne à hauteur des oreilles et on se sert de la boîte osseuse en manière de vase à boire. Rien de plus pratique! La guerre, ainsi, a son utilité immédiate : elle satisfait les premiers besoins de l'homme, choses moins discutables que des principes ou des idées creuses.

L'antiquité ne fut pas tendre, non plus, à l'égard des prisonniers. Le vainqueur les immola à des dieux sanguinaires; puis il les mutila (leur coupant le pouce, l'oreille, le nez, comme on l'a vu encore aujourd'hui dans la guerre d'Orient) ou leur fit subir de mauvais traitements; puis il les garda ou les vendit comme esclaves.

Le Moyen-Age s'est également signalé par des atrocités de tout genre. Suger raconte que Louis VI ayant fait quelques prisonniers près de Clermont, en 1126, leur fit couper la main droite, et ainsi mutilés, portant la main coupée dans celle qui leur restait, ordonna qu'on les reconduisît à leurs compagnons.

Aujourd'hui les prisonniers sont internés dans le pays ennemi jusqu'à la fin des hostilités, ou même renvoyés de suite chez eux.

Le progrès est indéniable.

Selon le droit des gens, l'ennemi vaincu et désarmé peut invoquer le respect dû au malheur. Il est traité avec bienveillance et avec les égards que le rang de chaque prisonnier comporte.

« Les officiers, dit le règlement militaire, doivent rappeler aux soldats que la générosité honore le courage. »

Les officiers renvoyés sur parole sont tenus (par engagement écrit ou verbal) de ne pas reprendre les armes pendant toute la durée de la campagne. Sauf le cas d'une condition expresse, il leur est loisible toutefois d'instruire les recrues dans les dépôts, de travailler aux fortifications des places non assiégées, de maintenir l'ordre public et de combattre d'autres ennemis. Ils sont aussi rendus à la liberté par échange.

On a vu plus haut que les aumôniers, les médecins, etc., ne sont pas faits prisonniers, la convention de Genève leur assurant la neutralité.

Les prisonniers peuvent être emprisonnés lorsque la sûreté de l'armée ou de l'Etat l'exige, ou employés à des travaux autres que ceux qui sont tournés contre leur propre pays.

En droit naturel, l'évasion d'un prisonnier ne constitue pas un délit. L'amour de la liberté est un sentiment si naturel, si légitime de la part de l'homme, surtout, qui n'est qu'un défenseur malheureux de sa patrie, que son incarcération, en cas de reprise, est la seule peine que l'on doive lui infliger. Il est seulement permis d'exercer sur lui une surveillance plus sévère. La conspiration, cependant, est punissable, de même que l'évasion après engagement d'honneur de ne pas quitter la ville d'internement. Le prisonnier qui a faussé sa parole est même puni de mort, lorsqu'il est repris les armes à la main.

L'occupation soumet la contrée envahie à l'autorité militaire de l'envahisseur. Le premier devoir de l'occupant est de préserver son armée et les habitants de toute insulte, de toute attaque, de toute surprise. Il peut même se substituer au gouvernement légal. Mais l'humanité lui ordonne de modérer, autant que possible, ses exigences et de n'opérer que les changements absolument indispensables dans le pays où il n'exercera peut-être qu'une autorité temporaire. Dans tous les cas, il a le droit de suspendre les lois de la conscription, de percevoir les impôts et de retenir les hommes valides qui pourraient aller se réunir à l'armée nationale. Il ne devra qu'en cas d'absolue nécessité forcer les fonctionnaires du pays envahi de rester en place, et les habitants de se livrer à des travaux destinés à servir contre leur patrie.

L'occupant est tenu à une conduite honorable vis-à-vis de la population, tout comme s'il tenait garnison dans son pays. « Il doit s'abstenir, comme d'un crime, de tout attentat contre la vie des individus et de toute violence contre leur personne. C'est pour lui une obligation absolue de respecter l'honneur et les droits de la famille, de ne porter aucune atteinte à la pudeur des femmes, à la pureté des enfants, à la faiblesse vénérable des vieillards. Le meurtre, les menaces sous condition, les blessures, les violences, les attentats aux mœurs, les arrestations ou séquestrations arbitraires, l'enlèvement des mineurs, le rapt sont des crimes, en temps de guerre comme en temps de paix, en pays ennemi comme sur le territoire national. » (*Manuel de droit international.*)

Autrefois les armées vivaient aux dépens des habitants du pays ami ou ennemi, les rançonnant, les ravageant, les dépouillant de la façon la plus injuste et la plus cruelle. « La guerre nourrit la guerre, » disait-on.

Le droit des gens actuel réprouve ces coutumes barbares, et interdit le *pillage* et le *butin.*

C'est une de ses plus importantes conquêtes.

Les armées doivent respecter les biens publics et privés, ou du moins s'abstenir de tout dommage, de toute dévastation qui ne seraient pas nécessaires. Elles vivent et s'entretiennent à leurs frais, au moyen d'approvisionnements livrés par des entrepreneurs. Ce n'est qu'en cas d'urgence que certaines prestations (en espèces ou en nature) peuvent être imposées au pays occupé, sous réserve d'indemnité ultérieure.

« Lorsque les besoins de l'armée l'exigent impérieusement, les généraux commandant en chef ont autorité pour frapper de contributions un pays ennemi occupé par leurs troupes.

« La même faculté est attribuée aux commandants de corps d'armée.

« Aucun autre général ne peut imposer de contributions en argent ou en nature, sans une autorisation écrite du commandant en chef. » (Service en campagne, art. 15.)

Ce respect de la propriété n'a pas été toujours pratiqué par l'Allemagne en 1870-1871. Les envahisseurs, invoquant la nécessité, mais, en réalité, ayant pour but l'intimidation, la terreur ou la vengeance, ont abusé de réquisitions écrasantes, menaçant les habitants, fouillant les maisons, faisant des otages, ou délivrant des bons sans la moindre valeur. Aux plaintes nombreuses portés à cet effet, ils répondaient ironiquement : « C'est la guerre ! »

Les vainqueurs des siècles précédents ne se faisaient aucun scrupule de s'emparer des meubles, tableaux ou objets d'art trouvés dans les musées et monuments publics des contrées envahies. Le général Bonaparte lui-même fit porter à Paris des richesses artistiques dont il avait dépouillé plusieurs villes d'Italie. La civilisation actuelle ne tolère plus ces spoliations. Il faut reconnaître que les Allemands ont respecté les musées de Saint-Germain, de Saint-Cloud et de Versailles, et, en général, tous les immeubles de l'Etat.

La capture, à titre de butin, n'est admise qu'en ce qui concerne les armes et munitions, les magasins de vivres et les voitures pour les transports, le trésor de l'armée et autres choses analogues; en un mot, tout ce qui peut être directement utile à l'envahisseur.

La *conquête* est une usurpation, car, selon le droit naturel, il n'est permis de prendre que les terres qui n'appartiennent à personne : c'est ce que l'on appelle *le droit du premier occupant.* Un conquérant est donc, en grand, ce qu'un voleur est en petit. Le poète François Villon l'explique dans sa chanson bien connue d'*Alexandre et le Pirate* :

> L'empereur si l'arraisonna :
> « Pourquoi es-tu larron de mer ? »
> L'autre, response lui donna :
> « Pourquoi larron me fais nommer ?
> Pource qu'on me voit écumer
> En une petiote fuste ?
> Se comme toy me peusse armer,
> Comme toi empereur je fusse. »

La Rochefoucauld dit aussi : « Il y a des crimes qui deviennent glorieux par leur éclat : de là vient que prendre des provinces injustement s'appelle faire des conquêtes. »

Après lui, J.-J. Rousseau déclare que le droit de conquête n'a de fondement que le droit du plus fort.

La morale et la justice répudient donc le droit de conquête, comme violent, barbare et contraire au droit des gens. Une guerre peut être comparée à un procès dont deux nations seraient les parties adverses. Que la nation vaincue paie une indemnité, comme la partie condamnée du procès paie des dommages et intérêts, fort bien ! Mais il est inique de la déposséder de tout ou partie de son fonds, *à moins qu'il ne s'agisse d'une revendication de territoire récemment soustrait par la violence.*

La justice internationale doit être la même que la justice civile.

Le principe des nationalités (comme tout autre principe) ne légitime pas la conquête ; il n'est qu'un stratagème habile de diplomates sans scrupules. Tout au plus l'ennemi peut-il s'annexer une province, après consentement collectif et *librement exprimé* des populations auxquelles on propose de changer de nationalité.

Ces quelques considérations permettent d'apprécier la validité des récentes conquêtes allemandes.

Montesquieu reconnaissait le droit de conquête : il le faisait dériver directement du droit de guerre, mais il ajoutait : « C'est un droit malheureux qui laisse toujours à payer une dette immense pour s'acquitter envers la nature humaine. » Il voulait aussi qu'on laissât à la nation vaincue, non-seulement ses lois, mais aussi et surtout ses mœurs, « parce qu'un peuple connaît, aime et défend toujours plus ses mœurs que ses lois. » (*Esprit des lois*, l. x, ch. xi.)

« La paix, dit Vattel (l. iv, ch. 1) est opposée à la guerre : c'est cet état désirable dans lequel chacun jouit tranquillement de ses droits;..... c'est l'état naturel de l'homme..... Il est triste pour l'humanité que l'injustice des méchants rende la guerre si souvent inévitable.

« Les nations pénétrées des sentiments de l'humanité, sérieusement occupées de leurs devoirs, éclairées sur leurs véritables et solides intérêts, ne chercheront jamais leur avantage au préjudice d'autrui ; soigneuses de leur propre bonheur, elles sauront l'allier avec celui des autres, et avec la justice et l'équité. Dans ces dispositions, elles ne pourront manquer de cultiver la paix.....

« Cette obligation de cultiver la paix lie le souverain par un double nœud. Il doit ce soin à son peuple, sur qui la guerre attire une foule de maux, et il le doit de la manière la plus étroite et la plus indispensable, puisque l'empire ne lui est confié que pour le salut et l'avantage de la nation....

« L'amour de la paix doit empêcher également et de commencer la guerre sans nécessité et de la continuer lorsque cette nécessité vient à cesser.

« Quand les puissances qui étaient en guerre sont convenues de poser les armes, l'accord ou le contrat dans lequel elles stipulent les conditions de la paix et règlent la manière dont elle doit être rétablie et entretenue, s'appelle le traité de paix. »

Il est inutile de dire que les traités de paix sont souvent méconnus, et que leur violation est en quelque sorte justifiée par la contrainte dans laquelle se trouve la nation vaincue au moment de l'acceptation. Il est évident que lorsqu'on impose à un pays des conditions dures, inhumaines, qui sont un abus de la victoire, il ne peut moralement les respecter et est· poussé fatalement à les enfreindre. Quoi qu'il en soit, la violation d'un traité est un acte de mauvaise foi ; aussi, lorsque le temps a amené entre les belligérants des modifications respectives telles que la force ait changé de côté, la nation qui a recouvré sa puissance doit, avant de reprendre les armes, chercher à ouvrir des négociations pour la révision ou la dénonciation desdits traités. Bluntschli, le jurisconsulte allemand, va plus loin, en disant : « L'obligation de respecter les traités doit, conformément à la nature des choses, cesser dès qu'elle compromet l'existence des États et leur développement nécessaire. Le droit conventionnel doit s'effacer devant ces droits primordiaux et inaliénables. »

L'ennemi commet donc plus qu'un crime, il commet une faute en imposant des traités que le vaincu est obligé de déchirer. Pour qu'une paix soit durable, il faut qu'elle soit débonnaire. Si elle est cruelle, elle enfante de nouveaux conflits un jour ou l'autre. *Si bonam dederitis, fidam et perpetuam; si malam, haud diuturnam.* (LIVIUS.)

On voit, par ces quelques pages, que les lois de la guerre, comme toutes lois de ce monde, ont suivi la marche du progrès humain. Elles se sont civilisées, et si on les élude parfois aujourd'hui, c'est toujours avec une sorte de honte que trahissent les raisons justificatives ou les démentis des armées coupables.

Le peu de respect qu'on leur porte à certains moments tient surtout à ce que la plupart d'entre elles n'ont point de bases certaines, qu'elles autorisent les interprétations les plus diverses et que chacun peut, jusqu'à un certain point, les manier à sa convenance sans craindre d'être accusé d'une dérogation formelle. Il y a là une lacune à combler. Ce qu'il faut, c'est circonscrire l'arbitraire et la cruauté, c'est trouver une sanction à la violation des lois de la guerre actuellement admise, plus efficace que l'honneur des armées en présence. Déjà les puissances européennes ont réglé dans des congrès solennels les questions relatives aux blessés et aux neutres. Combien d'autres questions, telles que celles qui concernent les prisonniers, les réquisitions, les bombardements, les ruses, etc., auraient besoin d'être ainsi résolues et jugées d'une façon claire et définitive ! Ne serait-ce pas un bien qu'elles fussent toutes formulées en un corps de doctrines, en un code international qui ne laisserait plus aucune porte ouverte à la colère et aux passions? A défaut d'un jury international qui tranche les contestations des Etats et garantisse la paix universelle, jury dont la création nous semble, de nos jours, bien difficile, nous voudrions du moins qu'un nouveau congrès, transformant le droit coutumier en droit positif, déterminât avec précision la conduite que doivent tenir les nations et les armées dans toutes les circonstances qui naissent de l'état de guerre. Ce tribunal souverain n'aurait pas, il est vrai, à l'appui de ses décisions, une force effective. Mais il pourrait convenir que le mépris, de la part d'une des nations contractantes, des principes émis dans son sein, en même temps qu'il constituerait un outrage à la civilisation et à l'humanité, entraînerait, *ipso facto*, avec la réprobation générale, l'abandon de cette nation par toutes les autres et sa radiation de l'alliance.

Une pareille convention produirait, sans doute, de bons effets. D'abord on craint plus de violer un engagement que de violer un usage. D'autre part, dans l'état d'intelligence et de moralité auquel sont parvenues les sociétés actuelles, la déchéance encourue par un acte contraire aux décisions du congrès, cette sorte de *mise hors la loi*, serait une peine morale assez grave pour retenir sur la pente de l'injustice et de la barbarie les nations qui, par désespoir ou enivrement du succès, seraient tentées d'y glisser.

La guerre devrait être une lutte courtoise où chaque belligérant s'attacherait à verser le moins de sang possible et à décider de la victoire par d'habiles opérations stratégiques, où enfin serait réduite à son minimum la violence, qui est « la tache originelle et le fond malheureux des combats. » Cet idéal est inaccessible, mais il serait glorieux de s'en approcher autant que la nature des choses peut le permettre.

Il nous faut maintenant dire quelques mots de la justice militaire en campagne.

Si le droit des gens ne règle que d'une façon imparfaite les rapports et les devoirs des nations entre elles pendant la guerre, par contre chaque pays possède un recueil de lois déterminant avec précision les peines dont sont passibles les belligérants pour les infractions, les délits et les crimes qui peuvent se commettre dans le courant d'une campagne.

Ces lois nationales sont beaucoup mieux respectées que les lois internationales dont l'ensemble forme le droit des gens, par la raison naturelle que celles-ci n'ont presque jamais de sanction, tandis que les premières en ont une facilement applicable. Il faut avouer cependant que si les crimes purement militaires sont immanquablement suivis de répression, il n'en est pas toujours de même à l'égard des crimes de droit commun, tels que le vol, le pillage, la destruction. Les troupes qui connaissent trop bien l'indulgence coupable à laquelle sont portés parfois quelques-uns de leurs chefs pour ces sortes de fautes, surtout en pays ennemi, ne reculent pas devant certains actes malheureux dont elles semblent ignorer elles-mêmes la gravité. Il serait à désirer que, dans les guerres futures, les armées, retenues par des menaces sérieuses et mieux éclairées sur leurs devoirs, fussent plus ménagères de la propriété d'autrui et eussent un sentiment plus vif du respect dû à tout ce qui ne vous appartient pas.

Les lois qui régissent en France la matière sont réunies en un code nommé *Code de justice militaire.*

Ce code, qui date de 1857, est la coordination en un seul corps et la refonte de tous les textes incohérents et souvent barbares qui formaient l'ancien arsenal de la justice militaire. Il applique encore des peines extrêmement rigoureuses. La peine de mort y est employée en nombre de cas. C'est que, lorsque deux nations sont aux prises et jouent sur les champs de bataille leur grandeur sinon leur existence, la nécessité prime toutes les autres règles, et la justice ordinaire ne suffit plus. D'un crime, d'un simple délit, peut dépendre la défaite; ce n'est donc pas seulement l'acte en lui-même qu'il faut punir, mais ses conséquences qui peuvent être des plus graves. En présence de l'ennemi la loi doit être inflexible, et le châtiment doit, par sa dureté, frapper l'imagination des hommes trop peu soucieux de l'honneur et du devoir militaires. Il faut que celui qui par sa conduite compromet la discipline, la sécurité de l'armée, le sort de la patrie, soit l'objet d'une répression aussi prompte qu'exemplaire. *Salus populi suprema lex.*

Le rapporteur de la loi de 1857 a fait ressortir, par un exemple saisissant, la différence qu'il convient d'établir entre une action commise par un citoyen en temps de paix et la même action commise par un soldat en temps de guerre.

« Un paysan vole une poule ; il est pris, condamné à une peine légère. Le dommage est minime, en effet ; le délit n'est pas des plus graves.

« Nous sommes en campagne : un soldat vole une poule. Quelles considérations doivent se présenter à l'esprit du juge militaire ? Elles sont multiples, et nous devons les résumer.

« Nous sommes en pays ennemi ou neutre : les habitants attendent pour se déclarer ; le moindre fait, le moindre prétexte peuvent les tourner du côté de l'adversaire, et une révolte compromettrait la sûreté de toute l'armée. Nos colonnes ont besoin de guides pour fouiller ce pays inconnu ; il nous faut des espions pour nous renseigner sur des mouvements que nous avons tout intérêt à connaître.

« Lorsque le soldat a volé la poule, il n'a vu qu'une chose : sa faim à satisfaire, peut-être s'est-il cru autorisé à agir ainsi au nom d'un prétendu droit de conquête. Au point de vue du principe donc, la culpabilité n'est pas bien grande.

« Et cependant, que de conséquences pour un fait aussi simple ! Si ce vol n'est pas réprimé inexorablement, l'exemple sera imité, la bonne volonté des habitants disparaîtra ; ils désiraient peut-être nous servir ; lésés dans leurs intérêts, ils vont se tourner contre nous : l'armée sera compromise.

« Le juge militaire se placera donc à un double point de vue :

« 1° Rassurer les habitants, en leur prouvant que les propriétés seront respectées ;

« 2° Effrayer le soldat, en lui montrant quelles peuvent être les conséquences de ce larcin qu'il croyait presque innocent.

« Guidé donc par cette considération : *l'intérêt commun*, le juge appliquera la peine la plus sévère, *la mort même.* » (G*al* NIEL.)

Ainsi les principes du droit commun sont sacrifiés au salut du pays : *inter arma silent leges.*

Cette sévérité du code pénal militaire est d'ailleurs tempérée par l'admission, dans certains cas, de circonstances atténuantes, et par le système de l'acquittement à la *minorité de faveur.*

Pour les crimes ou délits purement militaires (trahison, espionnage, révolte, désertion, etc.), le code ne prévoit pas de circonstances atténuantes. Les coupables de cette catégorie doivent être jugés sans indulgence et sans faiblesse. L'intérêt de la discipline l'exige. Le principal mobile que les législateurs ont eu en vue, en poussant ainsi à ses dernières limites la rigueur de la justice, a été l'intimidation « qui va droit au but et produit de salutaires effets. »

Au contraire, les circonstances atténuantes sont admises pour les crimes ou délits de droit commun (vol, pillage, corruption, etc.). Dans ce cas, par un sentiment de respect pour le droit général, il a paru convenable que les militaires fussent traités comme les autres citoyens.

Il serait trop long d'entrer dans le détail des crimes prévus par le Code de justice militaire en campagne, ainsi que des peines qui leur sont applicables. L'émotion produite naguère dans le pays par un procès tristement célèbre nous décide cependant à parler de la *capitulation*.

« Est puni de mort avec dégradation militaire, tout gouverneur ou commandant qui capitule avec l'ennemi et rend la place qui lui était confiée, sans avoir épuisé tous les moyens de défense dont il disposait et sans avoir fait tout ce que prescrivaient le devoir et l'honneur. (Art. 209.)

« Tout général, tout commandant d'une troupe armée, qui capitule en rase campagne, est puni :

« 1° De la peine de mort, avec dégradation militaire, si la capitulation a eu pour résultat de faire poser les armes à sa troupe, ou si, avant de traiter verbalement ou par écrit, il n'a pas fait tout ce que lui prescrivaient le devoir et l'honneur;

« 2° De la destitution, dans tous les autres cas. » (Art. 210.)

Le meilleur commentaire de cet article est l'opinion donnée par Napoléon Ier dans ses *Mémoires*. « Le souverain ou la patrie, dit-il, commandent à l'officier inférieur et aux soldats l'obéissance envers leur général et leur supérieur, pour tout ce qui est conforme au bien ou à l'honneur du service. Les armes sont remises au soldat, avec le serment militaire de les défendre jusqu'à la mort. Un général a reçu des ordres et des instructions pour employer ses troupes à la défense de la patrie; comment peut-il avoir l'autorité d'ordonner à ses soldats de livrer leurs armes et de recevoir des chaînes?

« Il n'est presque pas de batailles où quelques compagnies de voltigeurs ou de grenadiers, souvent quelques bataillons, ne soient momentanément cernés dans des maisons, dans des cimetières, dans des bois. Le capitaine ou le chef de bataillon, qui, une fois le fait constaté qu'il est cerné, ferait sa capitulation, trahirait son prince ou son honneur. Il n'est presque pas de batailles où la conduite tenue dans des circonstances analogues n'ait décidé de la victoire. Or, un lieutenant général est à une armée ce qu'un chef de bataillon est à une division.... Se soustraire au péril pour rendre la position de ses camarades plus dangereuse est évidemment une lâcheté. Un soldat qui dirait à un commandant de cavalerie: « Voilà mon fusil, laissez-moi m'en aller dans mon village, » serait un déserteur en présence de l'ennemi; les lois le condamneraient à mort. Que fait autre chose le chef de division, le chef de bataillon, le capitaine qui dit : « Laissez-moi m'en aller chez moi, ou recevez-moi chez vous; je vous donne mes armes?... »

« Que doit faire un général qui est cerné par des forces supérieures? Nous ne saurions faire d'autre réponse que celle du vieil Horace. Dans une situation extraordinaire, il faut une résolution extraordinaire; plus la résistance sera opiniâtre, plus on aura de chances d'être secouru ou de percer. Que de choses qui paraissent impossibles ont été faites par des hommes résolus, n'ayant plus d'autres ressources que la mort! Cette question ne nous paraît pas susceptible d'une autre solution, sans perdre l'esprit militaire d'une nation et l'exposer aux plus grands malheurs. »

On ne s'étonnera donc pas, après les paroles si énergiques de l'empereur, que la capitulation en rase campagne ait été l'objet des sévérités de la législation.

Le Code de 1857 ne contient aucune disposition spéciale relative à la *cour martiale*, tribunal extraordinaire qui n'est établi que dans les circonstances tout à fait exceptionnelles. Au moment de l'envahissement de la France par les troupes allemandes, le gouvernement de la Défense nationale institua de ces sortes de tribunaux, en remplacement des conseils de guerre, jusqu'à la cessation des hostilités, dans les divisions actives et dans les corps de troupes détachés.

Quelques articles du décret sont à signaler.

« ART. 2. Il n'y aura lieu ni à révision ni à cassation des sentences rendues par les cours martiales.

« ART. 3... La majorité simple décidera de la culpabilité..... En cas de condamnation, la sentence sera exécutée le lendemain matin en présence du bataillon auquel appartient le coupable.

« ART. 6... Au feu tout officier ou sous-officier est autorisé à tuer l'homme qui fait preuve de lâcheté, en n'allant pas se mettre au poste qui lui est indiqué, ou en jetant le désordre par fuite, panique, etc.

« ART. 9. La prévôté arrêtera d'elle-même les délinquants, quels qu'ils soient, officiers ou non;..... contre les délinquants qui tenteraient de fuir ou de faire résistance, elle fera usage de ses armes. »

On voit, par ces quelques mots, que les *cours martiales* sont encore plus impitoyables que les conseils de guerre. C'est au nom de la patrie envahie qu'elles fonctionnent. L'individualité du soldat disparaît alors devant l'intérêt commun, le droit disparaît devant le devoir; c'est le triomphe de la terreur militaire, c'est la loi de salut public.

En somme, la justice militaire en campagne, quelque sévère qu'elle soit, n'en est pas moins juste. « La criminalité des actions, dit le rapporteur de la commission, M. Langlais, ne se mesure pas exclusivement sur l'intention et sa persévérance, mais aussi sur les dangers qu'elles font courir au pouvoir et à la société... La loi, en traitant le militaire comme un grand coupable, fait donc œuvre de protection pour la société, satisfait aux nécessités de l'armée, et se montre juste et humaine jusque dans ses rigueurs. »

Le jurisconsulte Target avait déjà dit longtemps avant : « Il est certain que la peine n'est pas une vengeance ; cette triste jouissance n'entre pour rien dans la raison des lois. C'est la nécessité de la peine qui la rend légitime.... Qu'un coupable souffre, ce n'est pas le dernier but de la loi ; mais que les crimes soient prévenus, voilà ce qui est d'une haute importance.... La gravité des crimes se mesure, non pas tant sur la perversité qu'ils annoncent, que sur les dangers qu'ils entraînent. »

CHAPITRE XV.

Des guerres civiles.

Émeutes, soulèvements, révolutions. — Les différentes formes gou-
vernementales; leur vice, leur écueil. — Fréquence des guerres
civiles; leurs raisons d'être. — Calamités qu'elles produisent. —
Leurs résultats, bons et mauvais. — Le droit révolutionnaire.

Les guerres civiles sont des luttes entre les membres
d'une même nation. Elles ont reçu, suivant leur portée,
différents noms : on les a appelées factions, ligues,
émeutes, séditions, rébellions, révolutions, etc. Pinheiro Ferreira a fort bien précisé le sens de chacun de
ces mots, employés souvent d'une façon tout à fait im-
propre.

« La *rébellion*, dit-il, consiste à opposer une résistance à la volonté nationale.

« Ainsi quelques individus résistent-ils à l'autorité à
laquelle la grande masse de la nation obéit sans y être
forcée, il y a rébellion, car cette obéissance volontaire
est la meilleure preuve que l'on puisse donner de la
volonté nationale.

« Un parti, fût-il commandé par le monarque lui-
même, prétend-il imposer telle ou telle constitution,
ou même une simple loi au reste de la nation, on ne
peut regarder tous ces individus, quels qu'ils soient,
et même s'ils étaient en très-grand nombre, que
comme des rebelles.

« Mais si ces individus ne prétendent pas faire la loi à leurs concitoyens, s'ils ne prennent les armes que pour soutenir leur liberté individuelle, leur propriété, leur sûreté envers et contre tous, même contre leur propre gouvernement qui a forfait à ses serments, on ne saurait dire en pareil cas qu'il y a insurrection contre la volonté nationale, car elle cesserait de l'être si elle était contradictoire avec les conditions essentielles du pacte social.

« Il y a encore un autre cas où, tout en prenant les armes contre celui que l'on reconnaissait jusque-là comme le *conducteur de l'État,.....* on ne devrait pas pour cela être traité de rebelle : c'est lorsqu'une nation se trouve partagée entre deux bandes tellement nombreuses chacune, qu'il ne soit pas possible d'en qualifier aucune de minorité factieuse.

« Il se peut que, numériquement, une de ces deux bandes soit beaucoup plus considérable que l'autre. Mais comme il est question de constater un fait moral, on sent que ce n'est point par têtes qu'il faut compter les voix, mais d'après le nombre de ceux qui peuvent émettre librement une opinion en connaissance de cause..... On doit avouer qu'il y aurait grave injustice à traiter de rebelles ceux qui défendent leurs droits contre un gouvernement tyrannique, aussi bien que ceux qui, à tort ou à raison, soutiennent une opinion qu'on n'oserait qualifier d'opposée à la volonté nationale, par cela seul que la nation étant partagée en deux bandes à peu près égales, il n'y a plus de nation.

« Toute *émeute,* tout *soulèvement* n'est pas un crime, mais l'un aussi bien que l'autre peuvent être criminels. Une *révolution* ne saurait jamais l'être.

« Le *soulèvement,* ainsi que l'*émeute,* n'a lieu que de la part d'une petite portion du peuple contre des autorités ou contre des lois que les insurgés prétendent être offensives contre leurs droits. Cette prétention est-elle fausse? L'*insurrection* est incontestablement un délit; elle peut même constituer un grand crime.

« Mais si leurs plaintes sont fondées, s'ils n'ont éclaté qu'après avoir épuisé inutilement toutes les ressources que la loi du pays leur offrait, le gouvernement ne ferait qu'ajouter à ses premières injustices en punissant comme un délit des actes dont il aurait été la première et la seule cause, soit que l'oppression contre laquelle on s'est insurgé provienne directement de lui, soit qu'il ait attiré sur lui la responsabilité des auteurs du mal en repoussant la réclamation des plaignants.

« En pareil cas, il ne lui reste qu'à jeter sur les fâcheuses suites de son insouciance, peut-être même de sa connivence, le voile d'une *amnistie.*

« Les *révolutions* se trouvent dans une tout autre catégorie; là, ce n'est plus une petite portion du peuple qui est censée se révolter, à tort ou à raison, contre la loi du pays; c'est la nation en masse, c'est-à-dire en grande majorité ou en force tellement grande qu'on ne saurait décider si ce n'est pas la majorité de la nation qui repousse soit les actes, soit la domination des autorités actuelles, soit enfin la constitution même du pays...

« Ceux donc qui repoussent ces actes n'attaquent point une loi, ne se rendent point coupables d'un délit. On ne saurait leur appliquer le nom de *rebelles*, car on ne peut être rebelle qu'à la loi, et, par supposition, l'acte contre lequel ils s'insurgent n'est pas une loi. »

Ce que nous avons dit des guerres générales s'applique aussi bien aux luttes intestines. Les causes philosophiques de ces dernières sont l'hétérogénéité des divers éléments qui composent le tout social, l'inégalité des forces individuelles, le manque d'équilibre entre les différentes parties de la masse humaine, toutes choses qui se réduisent à cette grande loi de chaos que l'on rencontre partout, et dont le combat incessant avec l'autre grande loi d'harmonie a donné aux premiers hommes l'idée de créer deux puissances rivales se disputant l'univers.

Les causes politiques sont nombreuses; la guerre civile est due soit à la rivalité des princes (guerre des Deux-Roses, Fronde) ou des personnages influents (Marius et Sylla, Pompée et César, Antoine et Octave), soit au fanatisme religieux (guerre des Albigeois, des Camisards, guerres de religion sous les Valois), soit à la haine des races (guerres du Péloponèse, de la Vendée) ou des classes extrêmes (guerre des Gracques, Jacquerie), soit aux coups de force du gouvernement (révolutions de 1830, de 1851), soit à l'aveuglement et à la colère du peuple (1793), soit enfin à la lutte éternelle entre le despotisme et la liberté, entre le passé et l'avenir (expulsion des Tarquins, révolution de 1789, etc., etc.).

On s'étonne moins de la fréquence des guerres civiles lorsqu'on s'est rendu compte de la formation des sociétés, de la nature des éléments particuliers qui les composent et des rapports nécessaires qui s'établissent entre ces différents éléments.

A l'origine de toute société, que voit-on? Un mélange de plusieurs peuples; les uns qui ont envahi le sol et sont demeurés victorieux, les autres qui n'ont su ou n'ont pu défendre leur territoire et sont tombés sous la domination des premiers. Ainsi les Spartiates, les Romains et les Francs ont été vainqueurs des Athéniens, des Italiens, des Gaulois. Voilà déjà trouvés les deux éléments constitutifs des nations, l'élément aristocratique et l'élément démocratique. L'histoire intérieure des nations est la lutte de ces deux principes, suivie de la victoire partielle ou définitive de l'un d'eux. Qu'on ne s'y trompe pas, cette lutte est pour chaque nation une condition de progrès et de grandeur, car elle fait naître, elle exige l'habileté, la discipline, le courage, toutes les vertus sociales. Lorsqu'il n'y a pas ou qu'il n'y a plus lutte, il y a dépérissement, atonie. Voyez la Chine!

Si le peuple l'emporte sur les nobles, il se forme une république démocratique comme à Athènes ou en Suisse. Si les deux pouvoirs se balancent, alors il se forme une sorte de république aristocratique comme à Rome ou dans certaines villes d'Italie au Moyen-Age, ou comme en France à l'heure actuelle.

Un troisième facteur vient le plus souvent s'ajouter aux premiers et changer les conditions de la lutte : c'est la royauté. Le roi, — chef des nobles ou chef du peuple, — s'empare d'une partie du pouvoir, c'est-à-dire enlève à chacun des partis primitifs quelques-unes de leurs attributions dans l'ordre exécutif, législatif ou judiciaire.

Lorsque le roi, se plaçant au-dessus de la noblesse et du peuple, devient tout-puissant, la monarchie est dite *absolue*. « L'Etat, c'est moi ! » s'écria Louis XIV en plein Parlement. Lorsqu'il s'appuie sur la noblesse au détriment du peuple, la monarchie est dite *aristocratique*. Tel est le gouvernement des premiers Romains et du Moyen-Age. Lorsqu'il fait cause commune avec le peuple, la monarchie est dite *démocratique*. L'empire des Césars et des Napoléons, — en dépit de certaines apparences, — est une forme de monarchie démocratique. Enfin, lorsque les trois partis se font équilibre, chacun ayant une part de souveraineté et cherchant à l'augmenter ou à la conserver par des moyens pacifiques, la monarchie est dite *constitutionnelle*, comme en Angleterre [1]. Cette forme de gouver-

---

[1] Il est bien entendu que, dans ces quelques lignes, le mot *aristocratie* ne signifie pas seulement la noblesse de race et de titres, mais aussi et surtout l'*aristocratie* des talents, de la puissance et de la vertu, comme l'indique l'étymologie αριϛτος, *meilleur*.

nement est naturellement, — avec la république con-
servatrice, — une des meilleures. Cicéron vante les deux
dans son discours *De republica*. Quoi de plus précieux,
en effet, qu'une lutte féconde qui active l'énergie de
chacun et qui, sans glisser ni dans le despotisme ni
dans l'anarchie, procure, par une heureuse pondération
des pouvoirs, l'ordre et la liberté, ces biens si difficiles
à réunir, si recherchés de tous! Malheureusement toutes
les nations ne sont pas dignes de jouir de ces deux
formes de gouvernement. Les vices et les passions, en
haut comme en bas, en retardent ou en empêchent l'avé-
nement. C'est, après tout, l'idéal des sociétés, et il n'est
pas étonnant qu'elles ne puissent toujours l'atteindre.

On voit donc par ce qui précède que les guerres civiles
ne manquent pas de raison d'être. Sans elles, les sociétés resteraient comme pétrifiées dans leur forme originelle, et l'on peut affirmer qu'il y aura des guerres
civiles tant que les hommes n'auront pas changé leur
nature. Elles aussi sont frappées du sceau de la fatalité.

Que les sages cherchent à les rendre moins fréquentes, moins barbares; leurs efforts ne seront peut-être
pas vains. Mais qu'ils ne cherchent pas à les faire disparaître; ils ne réussiraient pas. Cela serait aussi impossible que de détruire une loi de la nature, que
d'enrayer le mouvement général de la civilisation, que
de faire de nous des anges ou des bêtes. « Une révolution est une force contre laquelle aucune puissance
ne peut prévaloir, dont la nature est de se fortifier et

de grandir par la résistance même qu'elle rencontre. On peut diriger, modérer, ralentir une révolution : j'ai dit tout à l'heure que la plus sage politique consiste à lui céder pied à pied, afin que l'évolution éternelle de l'humanité, au lieu de se faire par de vastes enjambées, s'accomplisse insensiblement et sans bruit. On ne refoule point une révolution, on ne la trompe pas, on ne saurait la dénaturer, ni à plus forte raison la vaincre. Plus vous la comprimez, plus vous augmentez son ressort et rendez son action irrésistible. C'est à tel point qu'il est parfaitement égal, pour le triomphe d'une idée, qu'elle soit persécutée, vexée, écrasée dans ses commencement , ou qu'elle se développe et se propage sans obstacle. Comme l'antique Némésis, que ni les prières ni les menaces ne pouvaient émouvoir, la révolution s'avance, d'un pas fatal et sombre, sur les fleurs que lui jettent ses dévots, dans le sang de ses défenseurs, et sur les cadavres de ses ennemis. » (PROUDHON, *Idée générale de la révolution au XIXᵉ siècle.*)

Résignons-nous ! Il faudra combattre contre les méchants et les pervers ; il faudra déjouer les ruses et la violence ; il faudra conquérir la liberté, puis la défendre contre ceux qui l'exploitent ; il faudra conquérir l'égalité, puis la défendre contre ceux qui en abusent ; il faudra résister aux gouvernements qui nous raviront ces droits imprescriptibles, et aux partis qui les arracheront des mains du gouvernement pour s'en faire une arme de guerre ; il faudra aiguillonner ceux qui vont trop lentement, et retenir ceux qui marchent trop vite.

Et ce ne sont pas seulement l'éloquence et le bon sens qui pourront triompher de difficultés pareilles ; hélas ! c'est souvent meurtris et blessés que nous rentrerons de la bataille ! Combien d'hommes compte-t-on déjà morts sur la brèche. Le chemin du progrès n'est pas arrosé que de nos sueurs ; il l'est aussi de notre sang et de nos larmes. « Si la volonté de l'homme était toujours maîtresse des événements, il faudrait désirer que le progrès se fît par *évolution* plutôt que par *révolution*. Mais c'est le cas de dire ici : *L'homme propose et Dieu dispose.* L'action décisive des causes générales, jointe à l'action imprévue des causes accidentelles, ne laisse pas le plus souvent à la volonté et à la sagesse de l'homme le choix des moyens pour les grandes transformations sociales qui doivent s'opérer. Alors la politique pratique, sommée par les événements de *saisir l'occasion par les cheveux*, en est réduite aux hasards, aux aventures, aux expédients révolutionnaires, toujours plus ou moins en contradiction avec les principes de liberté et de justice dont le triomphe est le but même de la révolution. » (VACHEROT, *La Démocratie.*)

Cette fatalité des guerres civiles est cruelle, car elles entraînent toujours immédiatement des maux incalculables. D'abord les belligérants violent plus souvent la loi naturelle que dans les guerres ordinaires et les rigueurs sont plus grandes, parce que la haine et la passion sont plus vives. Les maximes d'humanité et de droiture qui commencent à régir les luttes internationales sont moins fidèlement observées dans ces luttes intestines où l'on voit des hommes, destinés à vivre en frères, se jeter avec une ardeur aveugle les uns sur les autres et déchirer leur commune patrie. Ce serait aux chefs de parti de tempérer la violence des sentiments qui animent leurs troupes et de leur prêcher la modération. Mais ce sont eux, parfois, les plus impitoyables. Faut-il rappeler les excès honteux commis par le baron des Adrets, par Montluc, par le prince de Condé, par certains meneurs de la Révolution et par les membres de la Commune de Paris ?

De sorte que ces guerres sont une terrible chose pour le pays : la loyauté est abolie, les familles sont divisées, la confusion règne dans l'État, chacun tremble de crainte, des victimes innocentes sont immolées à la vengeance des partis, des êtres méprisables semblent sortir de terre pour semer partout la terreur; et la victoire même est dangereuse, car le vainqueur, souvent, n'est pas maître de sa colère et ternit ses triomphes par des actes odieux de barbarie. Heureuse encore la nation chez laquelle le despotisme, destructeur de toute liberté, ne vient pas remplacer l'anarchie, destructrice de tout ordre; bref, selon le mot d'un ancien, *c'est une mer de malheurs.*

Thucydide a fait de la guerre civile un sombre tableau : « Les séditions causées par la lutte entre Sparte et Athènes amenèrent à leur suite dans les villes beaucoup de maux qui les accompagnent d'ordinaire, et qui les accompagneront aussi longtemps que la nature humaine sera la même; mais toutefois avec des caractères plus ou moins graves, plus ou moins variés, suivant la diversité des conjonctures. En effet, pendant la paix, et au sein de la prospérité, les états et les particuliers sont animés d'un meilleur esprit, parce qu'ils ne tombent pas en d'impérieuses nécessités ; mais la guerre, qui détruit l'aisance journalière, maître violent dans ses leçons, plie aux circonstances les mœurs du plus grand nombre.

« Les séditions agitaient donc les villes, et celles que l'esprit de discorde gagnait un peu plus tard, instruites au crime par le récit des crimes antérieurs, portaient loin l'excès des nouveautés à imaginer, soit dans la combinaison des attaques, soit dans l'atrocité des vengeances. La signification ordinaire des mots fut changée conformément au nouveau code de justice. L'audace inconsidérée fut traitée de zèle intrépide pour ses amis ; la lenteur qui prévoit, de crainte décorée d'un beau nom ; la modération fut appelée pusillanimité ; une prudence soutenue, la vertu des hommes qui ne sont bons à rien. La folle précipitation fut regardée comme le propre des hommes courageux. Délibérer avec sagesse afin de ne rien hasarder imprudemment, c'était un prétexte honnête pour ne pas s'engager. L'homme emporté était un homme sûr ; celui qui le contredisait, un homme suspect. Ourdir les trahisons et réussir, annonçait de l'habileté ; les prévenir, c'était prouver bien plus d'esprit..... On préférait les amitiés de parti à celles de parenté, comme plus prêtes à tout oser sans jamais prétexter aucune excuse..... Ceux qui dans chaque ville tenaient le premier rang, décorant de noms honorables une domination usurpée et se proclamant défenseurs, les uns de l'égalité politique, bienfait du gouvernement populaire, les autres d'une aristocratie modérée, faisaient tous de l'état qu'ils affectionnaient, à les entendre, le prix de leurs déplorables luttes. Mettant tout en œuvre pour se supplanter les uns les autres, leur audace ne reculait devant aucun excès, leur cruauté allait toujours croissant..... Les plus modérés périssaient victimes des factions, ou parce qu'ils refusaient de combattre avec elles, ou parce qu'on les voyait d'un œil jaloux se mettre à l'abri des désastres publics. »

Montaigne a tenu, sur le même sujet, un langage non moins triste et sévère : « Malheureuse guerre ! Les aultres agissent au dehors ; celle-cy encores contre soy, se ronge et se desfaict par son propre venin. Elle est de nature si maligne et rugueuse, qu'elle se ruyne quand et quand le reste, et se deschire et despece de rage. Nous la veoyons plus souvent se dissouldre par elle-mesme, que par disette d'auculne chose necessaire, ou par la force ennemie. Toute discipline la fuyt : elle vient guarir la sedition, et en est pleine ; veult chastier la desobeïssance, et en montre l'exemple ; et, employee à la deffense des loix, faict sa part de rebellion à l'encontre des siennes propres. Où en sommes-nous ? Nostre medecine porte infection !.....

« En ces maladies populaires, on peult distinguer, sur le commencement, les sains des malades ; mais quand elles viennent à durer, tout le corps s'en sent,

et la teste et les talons : auculne partie n'est exempte
de corruption ; car il n'est air qui se hume si goulue-
ment, qui s'espande et penetre, comme faict la licence. »

Ainsi la guerre civile, en elle-même, est un mal :
c'est un mal inévitable qui dérive de l'imperfection humaine ; c'est quelquefois un mal nécessaire, lorsqu'il
s'agit de résister à un parti ou à un gouvernement qui
se révolte contre la volonté nationale ou veut, par des
mesures violentes, introduire des réformes dans l'État.
Ses résultats immédiats sont souvent funestes, même
lorsque le parti raisonnable reste victorieux. Les ruines
qu'elle entraîne sont longues et difficiles à réparer ; la
force, lorsqu'on l'emploie, laisse toujours derrière elle
un grand désordre dans les esprits, dans les cœurs et
dans les choses. Mais ses effets lointains peuvent être
salutaires, même dans le cas ou la mauvaise cause a
triomphé. A la longue elle réveille le courage des bons
citoyens dont le principal défaut est la faiblesse, et fait
d'eux des soldats prêts à défendre leurs droits un instant
menacés. Elle secoue la torpeur de la nation, lui montre
les véritables dangers qu'elle court et dont elle riait
avant la catastrophe. Bref, elle aguerrit et elle éclaire.

On peut ajouter, avec Montesquieu, qu'elle rend le
pays plus redoutable à ses ennemis extérieurs. « Dans
les guerres civiles il se forme souvent des grands hommes, parce que, dans la confusion, ceux qui ont du
mérite se font jour, chacun se place et se met à son
rang ; au lieu que, dans les autres temps, on est placé,
et l'on est presque toujours tout de travers..... Les Fran-

çais n'ont jamais été si terribles au dehors qu'après les querelles des maisons de Bourgogne et d'Orléans, après les troubles de la Ligue, après les guerres civiles de la minorité de Louis XIII et de celle de Louis XIV. L'Angleterre n'a jamais été si respectée que sous Cromwell, après les guerres du Long Parlement. Les Allemands n'ont pris la supériorité sur les Turcs qu'après les guerres civiles d'Allemagne. Les Espagnols, sous Philippe V, d'abord après les guerres civiles pour la succession, ont montré en Sicile une force qui a étonné l'Europe, et nous voyons aujourd'hui la Perse renaître de ses cendres de la guerre civile et humilier les Turcs. »

Quoi qu'il en soit de ces avantages, évitons autant que possible les guerres civiles : nous ne nous en trouverons que mieux. Que la lutte reste confinée dans la sphère sereine des idées ! Les combattants de cette lutte pacifique ne se servent pas d'armes déloyales; leurs blessures ne sont pas sanglantes, et leurs victoires ne sont jamais stériles. Au contraire la guerre des idées, lorsqu'elle demeure dans son domaine théorique, entretient la vie et le progrès, et sauve les nations de la décadence. C'est de la diversité des opinions que naît l'harmonie générale. Et si l'ordre règne dans certains Etats où toutes les pensées sont comprimées sous le même joug despotique, il règne alors... comme à Varsovie, par la terreur. « Ce qu'on appelle union dans un corps politique est une chose très-équivoque; la vraie est une union d'harmonie qui fait que toutes les parties, quelque opposées qu'elles nous paraissent, concourent au bien général de la société, comme des dissonances dans la musique concourent à l'accord total. Il peut y avoir de l'union dans un Etat où l'on ne croit voir que du trouble, c'est-à-dire une harmonie d'où résulte le bonheur, qui seul est la vraie paix. Il en est comme des parties de cet univers éternellement liées par l'action des unes et la réaction des autres. » (*Grandeur et décadence des Romains*, ch. ix.)

Le vicomte Ph. d'Hussel a parfaitement caractérisé, dans un des chapitres de son ouvrage : *Essai sur l'esprit public*, l'influence régénératrice du mouvement des idées sociales qui agitent l'humanité. « A défaut de paix, dit-il, l'antagonisme, quand il se soutient, n'en est pas moins une condition favorable à la prospérité morale des sociétés; car il réalise par les contrastes qu'il provoque, certains résultats de ce partage qui, rationnellement effectué, serait dans le monde le règne idéal de la vérité et de la justice.....

« D'une part, en effet, par les efforts de la démocratie, la liberté s'oppose aux abus de pouvoir, et l'égalité au privilége; de l'autre, par la résistance du parti de l'histoire, la pensée soutient ses droits contre l'intérêt, et l'intelligence contre le nombre. Tout combat a pour effet de développer les facultés des combattants, dont chacun se fait des armes qu'il aiguise et fourbit en raison des services qu'elles lui rendent. L'émulation, d'ailleurs, stimule les esprits, excite les volontés, et fait surgir des chefs. Mais, quand l'un des deux adversaires vient à être terrassé sans retour, le vainqueur, maître du champ de bataille, se laisse entraîner, par l'ivresse du succès, à exagérer des principes que la contradiction maintenait dans de justes limites; sa force s'énerve, et sa valeur se perd au milieu d'un repos fatal à son énergie. Ainsi avons-nous vu jadis la Grèce déchoir après la guerre du Péloponèse, et la république romaine entrer en décadence aussitôt après la fusion des ordres et la destruction de l'un d'eux : l'ordre aristocratique. Ainsi en est-il toujours arrivé dans l'humanité à travers les événements de l'histoire.

« La nécessité de maintenir cette lutte ressort donc visiblement des leçons du passé..... Elle ne doit pas dégénérer en discorde..... mais il faut qu'elle dure.

« Les esprits éclairés et philosophiques de chaque époque ont pour devoir de rechercher..... lequel des combattants commence à faiblir, et d'apporter alors, sans hostilité aveugle contre l'adversaire, au secours de celui qui chancelle, l'appui désintéressé de leur talent et de leur caractère...

« Si cette doctrine rencontre peu de faveur auprès de ceux qui dirigent ou de ceux qui exploitent la lutte, elle n'en concorde pas moins avec la loi générale qui préside et qui présidera toujours aux destinées de l'humanité, tant que la raison et la passion mêlées ensemble constitueront le fond même de la nature de l'homme, et tant que les sociétés chercheront leur équilibre entre les sollicitations contraires de principes opposés, alternativement vainqueurs ou vaincus, mais possédant une part intrinsèque de justice et de vérité.

« L'esprit humain obéit de lui-même à cette loi de pondération sociale qui régit ses mouvements; et les intelligences élevées de chaque époque la suivent à leur insu. »

Le *droit* de prendre les armes contre celui qui attente ouvertement aux lois de la patrie a été reconnu par tous les peuples. Les quatre livres classiques de la Chine, écrits dès la plus haute antiquité et enseignés jusqu'à nos jours dans tous les colléges de l'empire, admettent expressément ce droit révolutionnaire de se faire justice soi-même et de se délivrer de la tyrannie. « Celui qui possède un empire, est-il dit dans le *Ta Hio* ou la *Grande Etude*, ne doit pas négliger de veiller attentivement sur lui-même, pour pratiquer le bien et éviter le mal; s'il ne tient compte de ces principes, alors la ruine de son empire en sera la conséquence. » Tchou-Hi, le commentateur officiel, ajoute en note : *et sa propre personne sera exterminée.*

« Si un souverain ou des magistrats publient des décrets et des ordonnances contraires à la justice, ils éprouveront une résistance opiniâtre à leur exécution et aussi par des moyens contraires à la justice. »

Dans le livre de Meng-Tseu (le 4e livre classique), on lit cette conversation typique que le plus farouche révolutionnaire de nos jours n'oserait peut-être pas écrire : « Le roi dit : Un ministre ou sujet a-t-il le droit de détrôner et de tuer son prince? Meng-Tseu dit : Celui qui fait un vol à l'humanité est appelé *voleur;*

celui qui fait un vol à la justice (qui l'outrage) est appelé *tyran*. Or, un voleur et un tyran sont des hommes que l'on appelle *isolés, réprouvés* (abandonnés de leurs parents et de la foule). J'ai entendu dire que Tching-Tang avait mis à mort un homme *isolé, réprouvé* (abandonné de tout le monde), nommé Cheou-Sin; je n'ai pas entendu dire qu'il eût tué son prince. »

Et ces menaces ne sont pas de vaines formules. Le peuple chinois a changé *vingt-deux fois* de dynastie, les livres sacrés à la main.

Les Grecs glorifiaient ceux qui les débarrassaient des tyrans. Les plus grands honneurs ont été rendus à la mémoire d'Harmodius et d'Aristogiton, ces deux jeunes gens qui tuèrent Hipparque, frère du tyran Hippias. On leur éleva des statues sur la place publique. Il fut réglé aussi que leurs deux noms seraient célébrés à perpétuité dans la fête des *Panathénées* et ne seraient, sous aucun prétexte, donnés à des esclaves. « La vue des deux statues, dit Rollin, exposées en spectacle aux yeux de tous les citoyens, rallumait en eux la haine et l'exécration de la tyrannie, et renouvelait de jour en jour dans leurs esprits une vive reconnaissance pour ces généreux défenseurs de la liberté, qui n'avaient pas craint de lui sacrifier leur vie et de la sceller de leur sang. » Trasibule acquit aussi une grande gloire pour avoir délivré Athènes des trente tyrans. Le célèbre général Phocion disait à ses amis : « Quand la loi règne, tout citoyen doit obéir; mais quand par sa ruine la société est dissoute, tout citoyen devient magistrat; il est revêtu de tout le pouvoir que lui donne la justice, et le salut de la république doit être sa suprême loi. »

Les Romains ne pensaient pas autrement. « Aucun pacte ne nous lie avec les tyrans, dit Cicéron dans le *De officiis*, l. III, ou plutôt tout nous en sépare; et il n'est pas contre la nature de dépouiller celui *qu'il est honorable de tuer*. C'est une race pernicieuse et impie qu'il faudrait exterminer du milieu des hommes. On ne craint pas de retrancher un membre que le sang et les esprits vitaux ont cessé de nourrir, et qui nuit aux autres parties du corps; pourquoi ces monstres, qui, sous une forme humaine, cachent toute la cruauté de la bête féroce, ne seraient-ils pas retranchés du grand corps de la société humaine? »

Cette doctrine du tyrannicide se maintient encore au Moyen-Age. Charron avance qu'il faut résister par voie de justice ou par voie de fait à celui qui envahit la souveraineté. Dans ce cas, ce n'est même pas résister au prince, car il ne l'est encore ni de droit ni de fait, n'étant ni reçu ni reconnu. Il dit un peu plus loin : « Quand le prince veut changer et ruiner l'Estat, le voulant rendre d'électif, héréditaire, ou bien d'aristocratique ou démocratique le faire monarchique ou autrement, il lui faut résister, et l'empescher par voye, ou de justice, ou autrement : car il n'est pas maistre de l'Estat, mais seulement gardien et dépositaire. »

Jamais la théorie du régicide ne fut soutenue avec autant de chaleur que sous les derniers Valois. Écrivains, jurisconsultes, pamphlétaires, prédicateurs soutiennent que c'est un acte légitime, juste, conforme au jugement de Dieu. Frère Clément, l'assassin de Henri III, fut proclamé, dans toutes les chaires, le bienheureux enfant de Dominique, le saint martyr de Jésus-Christ. On désigna à la vengeance populaire ceux qui prirent en pitié ce *chien de Valois* et osèrent accuser de crime *le héros* qui avait délivré sa patrie de *l'odieux tyran*. La mère de la duchesse de Montpensier, Mme de Nemours, alla elle-même aux Cordeliers et fit l'apothéose du glorieux moine. Des cierges furent allumés dans toutes les églises autour de sa statue. Le peuple fut invité par des sermons spéciaux à aller vénérer la bienheureuse mère du martyr, qui s'en retourna enrichie de dons et d'argent, et accompagnée par quarante religieux jusqu'à une lieue de Paris.

Les mœurs, en s'épurant, ont fait abandonner d'aussi abominables principes. L'assassinat, dans n'importe quelle circonstance, est considéré comme un crime. La société répugne à l'homicide. Elle a compris qu'elle peut autrement combattre le despotisme; aujourd'hui on ne tue pas les rois, on les chasse, lorsqu'on n'en veut plus. Le droit insurrectionnel a été seul conservé.

Il est admis tout d'abord que la constitution qu'il a a plu à un peuple de se donner ne l'enchaîne point pour l'avenir. « Une nation, dit Sieyès, est indépendante de toute forme gouvernementale, et de quelque manière qu'elle veuille, il suffit que sa volonté paraisse pour que tout droit positif cède devant elle, comme devant la source et le maître même de tout droit positif. » La constitution de 1852 le reconnaissait également : « Le peuple reste toujours le maître de sa destinée Rien de *fondamental* ne se fait en dehors de sa volonté. » On suppose donc les peuples modernes assez circonspects pour ne se porter jamais aux nouveautés, sans les raisons les plus pressantes. Et s'ils ont le droit de modifier la constitution, *a fortiori* ont-ils celui de résister au prince qui cherche à la renverser. « Dès qu'il attaque la constitution de l'Etat, le prince rompt le contrat qui liait le peuple à lui ; le peuple devient libre par le fait du souverain, et ne voit plus en lui qu'un usurpateur qui voudrait l'opprimer. Cette vérité est reconnue de tout écrivain sensé, dont la plume n'est point asservie à la crainte ou vendue à l'intérêt..... Mais si la nation se soustrait à l'obéissance du tyran, c'est, bien entendu, *en épargnant sa personne.* » (VATTEL, l. i, ch. iv, § 51.)

Ainsi le contrat passé entre la nation et le chef du gouvernement est un *contrat révocable.* « Le droit de résistance, écrit M. P. Pradier-Fodéré, est admis par la plupart des publicistes. Il est confirmé par la logique. Le mandataire peut être révoqué par le mandant... Comme les gouvernants et les gouvernés n'ont pas de supérieur commun pour juger leur différend sur la violation du pacte fondamental, ils rentrent dans l'état naturel de libre défense... Mais ce n'est là qu'un remède extraordinaire, dont on ne doit faire usage qu'à la dernière extrémité ; c'est l'*ultimum præsidium* de la liberté des peuples. » Bossuet, lui-même, admettait de son temps que « les monarchies les plus absolues ne laissent pas d'avoir des bornes inébranlables *dans certaines lois fondamentales contre lesquelles on ne peut rien faire qui ne soit nul de soi.* » (*V° Avertissement sur les lettres de Jurieu.*)

Le sentiment de ce droit insurrectionnel a inspiré les États-Unis, lorsqu'ils ont lancé leur déclaration d'indépendance en 1776.

Voici un des paragraphes de cet acte célèbre : « Nous tenons pour évidentes ces vérités : que tous les hommes sont créés égaux ; qu'ils sont doués par leur créateur de certains droits inaliénables, au nombre desquels sont la vie, la propriété, la recherche du bonheur ; que, pour assurer ces droits, des gouvernements sont institués parmi les hommes, et qu'ils tirent leur légitime pouvoir du consentement des gouvernés ; que partout où une forme de gouvernement est contraire à ce but, le droit des peuples est de la changer ou de l'abolir, et d'instituer un nouveau gouvernement, dont les principes soient fondés et les pouvoirs organisés de la manière qui leur paraît la plus propre à garantir leur sûreté et leur bonheur. »

La Constitution de 1793, présentée, il est vrai, par la Convention à une époque de troubles et de passions extrêmes, est plus explicite encore. La déclaration des Droits de l'homme, qui la précède, dit :

« Art. 33. La résistance à l'oppression est un droit.

« Art. 34. Il y a oppression contre le corps social lorsqu'un seul de ses membres est opprimé : il y a oppression contre chaque membre lorsque le corps social est opprimé.

« Art. 35. Quand le gouvernement viole les droits du peuple, l'insurrection est pour le peuple, et pour chaque portion du peuple, le plus sacré et le plus indispensable de ses devoirs. -»

La déclaration va même plus loin. Elle remonte au droit antique dans son article 27 : « Que tout individu qui usurperait la souveraineté soit à l'instant mis à mort par les hommes libres. »

Et encore, là, elle condamne l'usurpateur et non le prince légitime. Louis XVI, il est vrai, est monté sur l'échafaud. Mais cette condamnation a été accompagnée de formes juridiques qui en atténuaient le caractère odieux. Le roi a été jugé non comme tyran, mais comme traître à la nation.

Au XIXᵉ siècle, il n'y a plus à craindre, croyons-nous, de pareils attentats. La souveraineté nationale, basée sur le suffrage universel, rend inutiles les Aristogiton et les Brutus. Le dernier cri des peuples est : Guerre à l'absolutisme, mais respect des personnes !

Si les nations étaient à la fois parfaitement éclairées et parfaitement raisonnables, — ce qui serait beaucoup leur demander, nous l'avouons; — elles n'auraient pas à tuer les tyrans; elles n'auraient pas davantage à les chasser. Par leurs lumières et leur sagesse, elles les empêcheraient de naître.

CHAPITRE XVI.

Histoire de l'art de la guerre.

Origines de cet art. — Les Orientaux. — Les Grecs (Athéniens, Spartiates); la phalange. — Alexandre. — L'art militaire chez les Romains; la légion; stratégie et tactique; les machines. — Le combat chez les Barbares. — L'art moderne. — Les armées féodales. — L'artillerie nouvelle. — La guerre de Trente Ans. — Décadence de l'armée française. — La Révolution. — Napoléon. — L'armée prussienne. — L'art de la guerre et la civilisation.

Les instruments de guerre, comme tous les arts, se sont perfectionnés avec la civilisation. Les armes des premiers peuples sont grossières. L'arme de jet est, chez le sauvage, une pierre lancée à la main ou à la fronde, une flèche garnie d'une pointe en silex, en os, en coquillage ou en arête de poisson. Leurs armes de main sont des bâtons durcis au feu, d'énormes massues comme en ont aujourd'hui les orangs-outangs de Sumatra et de Java (d'où certains savants sans préjugés nous font descendre). Après la découverte des métaux, on fabriqua des javelots, des lances, des épées. L'armure, d'abord en peau, fut de fer ou de cuivre. Boucliers, casques, cuirasses, étaient façonnés par les guerriers les plus habiles. Pour se mettre à l'abri des surprises, on entoura les habitations de haies, de fossés, de pieux, de palissades, de murs. Pour repousser l'ennemi, les hommes se groupèrent en petits corps d'infanterie; et bientôt, *guidés par l'impression que fait tout objet qui do-*

mine, ils inventèrent les chars, et montèrent les animaux qu'ils avaient à leur disposition, des chevaux, des éléphants, des chameaux, des onagres.

Parmi les combattants, les uns, *armés à la légère,* furent destinés à l'escarmouche; les autres, *pesamment armés,* furent réservés pour le choc.

L'escarmouche et le *choc* constituent deux manières de combattre puisées dans les mœurs des animaux, et par conséquent de toute antiquité.

La victoire était à la force, c'est-à-dire au nombre. Aussi les souverains entraînaient-ils des populations entières au milieu des combats et des aventures. Ces millions d'êtres vivants ravageaient les pays qu'ils traversaient, ne laissant derrière eux que des ruines. La guerre méritait justement son nom de *fléau.*

Contre d'aussi terribles invasions, les peuples cherchaient un refuge dans les villes principales, sortes de vastes camps retranchés dont les traces subsistent encore de nos jours (Memphis, Ninive, Babylone) et dont la ville de Pékin nous offre un vivant modèle. Les siéges exigeaient donc un temps très-long, les habitants ayant, dans l'intérieur même des murailles, des champs nombreux d'où ils tiraient leur subsistance.

Nous ne dirons rien de l'art de la guerre chez les anciens (sauf bien entendu les Grecs et les Romains), leur histoire étant trop peu connue pour qu'il soit possible d'en tirer des renseignements profitables. Toutefois nous devons mentionner les *Perses,* nation guerrière sous Cyrus qui, par une discipline sévère, une vie frugale et de fréquents exercices, forma une solide et redoutable armée. Ce peuple prouva que le secret de la force c'est la vertu, l'obéissance et le travail; que les armées qui ont une foi, une conviction, sont presque toujours victorieuses, lorsqu'elles ne sont pas, numériquement, trop inférieures; enfin, que dans l'art militaire, il entre une grande question morale, et que le génie guerrier réside tout autant (sinon plus) dans l'élévation des sentiments que dans l'emploi judicieux de la force et du nombre.

L'art de la guerre chez les Grecs. — Les Athéniens étaient jugés aptes à servir de 18 à 60 ans. Ne défendaient la patrie que les *citoyens*, c'est-à-dire ceux qui avaient intérêt à la défendre. Dans les besoins pressants, on faisait toutefois marcher les pauvres, les étrangers et les esclaves de l'Attique.

Les hommes de 40 à 60 ans formaient une sorte de landwehr, réserve nationale commise à la défense nationale. L'armée prussienne, et à sa suite, la plupart des armées européennes ont repris de nos jours (à la différence d'âge près) cette vieille institution.

Athènes était, dans l'origine, divisée en dix tribus, chaque tribu fournissant 1000 hommes et 120 chevaux. Un *stratége* (général), un *taxiarque* (chef d'état-major et intendant), et un *phylarque* (chef de la cavalerie) étaient élus tous les ans par le peuple, dans chacune de ces dix tribus.

Les Spartiates servaient de 20 à 60 ans. La République était partagée en cinq tribus commandées par les deux rois. Chaque tribu fournissait un corps de milice (*mora*) et un certain nombre de cavaliers (*scirites*). En cas de danger seulement, l'on enrôlait les esclaves.

La *phalange* modèle était un corps d'infanterie de 4096 hommes divisés en 256 files de 16 soldats chacune. Autant de peuples, autant d'époques, autant de formations particulières de la *phalange*. L'on sait cependant que la profondeur diminua à chaque guerre nouvelle, sauf la phalange thébaine, qu'Épaminondas, à Leuctres, disposa sur 50 rangs de hauteur!

Cette formation de combat se retrouve d'ailleurs partout où l'on a affaire à des bandes désordonnées. On la voit revivre dans les masses carrées que Napoléon et Kléber opposent aux cavaliers de la basse Égypte.

Dans la retraite des *Dix-Mille*, Xénophon rompt la phalange, pour que ses différentes parties traversent facilement le pays accidenté de l'Asie-Mineure. Les *taxiarchies* de 96 hommes, ainsi formées, ne sont pas autre chose que nos colonnes de compagnie, si mobiles et si maniables. On se répète, ainsi, à 2200 ans de distance!

Les *hoplites* (*pesamment armés* de boucliers et de piques) constituaient le corps de la *phalange*. Les *psiles* (infanterie légère) armés de traits, se plaçaient derrière ou sur les flancs, pour suppléer à la cavalerie. Plus tard furent créés les *peltastes*, qui réunissaient la solidité des *hoplites* à l'agilité des troupes légères.

Les soldats athéniens, peu partisans des fardeaux, étaient, dans toutes leurs guerres, suivis d'esclaves chargés des munitions; des prophètes, des marchands, des poëtes et des femmes, les accompagnaient aussi. Cela ne les empêchait pas de bien se battre, grâce aux nombreux exercices auxquels ils se livraient journellement, et qui, stimulant leur courage, fortifiaient leur corps. Les grands jeux nationaux (olympiques, pythiques), les danses guerrières (pyrrhique, etc.), la course, le saut, le lancement des traits, le franchissement des fossés, les évolutions diverses, la natation, faisaient des Grecs autant de combattants audacieux et rompus à toutes les fatigues. Les philosophes eux-mêmes prêchaient la gymnastique dans l'intérêt de la grandeur de la patrie. « La santé et la vigueur — écrivait Xénophon — sont le partage de ceux qui ont le corps en bon état. Beaucoup, par ce moyen, se tirent avec honneur des périls guerriers et s'échappent dans des situations dangereuses ; d'autres secourent leurs amis, rendent service à leur patrie, dont ils obtiennent ainsi la reconnaissance, acquièrent un grand renom, gagnent les plus beaux honneurs, passent le reste de leur vie heureux et considérés. » Les Suisses et les Prussiens chez lesquels les exercices du corps sont également en très-grand honneur, se font remarquer par leur vigueur tant morale que physique. Ce sont des peuples forts : le premier saurait énergiquement défendre son indépendance, le second serait difficile à vaincre.

Les Grecs accordaient à la musique une influence souveraine sur les mœurs. Platon fait souvent son éloge. Les chants belliqueux (le péan), le son de la trompette, les airs de flûtes, les accords de la lyre enflammaient les guerriers et les précipitaient au milieu des combats.

Chez les Spartiates, la discipline était rude en temps de paix. Aussi aimaient-ils la guerre, parce qu'elle était pour eux le temps des plaisirs. Le caractère athénien se pliait au contraire difficilement aux exigences de la règle et du devoir. Athènes était plus belliqueuse que militaire, et l'on pourrait dire que, au point de vue qui nous occupe, la différence de ces deux peuples était la même que celle qui existe de nos jours entre la Prusse et la France.

Les peines adoptées par les Grecs se ressentaient de leurs mœurs et de leur état social. C'étaient la mort, pour le général qui agissait sans ordre, ou pour la trahison; la lapidation, lorsque l'on combattait contre sa patrie; la privation de sépulture, pour la fuite suivie de mort; l'infamie, pour la perte du bouclier; l'exil ou l'amende pour les généraux coupables; les châtiments corporels pour les soldats. Comme récompenses, on distinguait les éloges publics, le butin, l'avancement, les couronnes, les dons de chevaux, d'armes, les pensions, les honneurs funèbres, puis les statues et les monuments, lorsque l'esprit républicain commença à se perdre.

Les Grecs ne se sont jamais livrés à de grandes opérations statégiques. L'étroitesse du territoire le leur défendait. Mais ils furent bons *tacticiens*. L'ordre *parallèle* était le plus habituel. La colonne triangulaire (*coin* ou *tête porc*) servait avec avantage contre la cavalerie.

14.

Les machines de guerre, dont ils faisaient un fréquent usage, prirent, en se perfectionnant, d'énormes dimensions. Le bélier, la tarière, le corbeau, les sambuques, les tours, le mantelet, la tortue, étaient des machines faites pour s'emparer des villes assiégées, pour détruire les murailles, garantir les assaillants et escalader les remparts. Les *machines de jet* étaient les scorpions, les catapultes, les balistes, portant environ à 1,000 mètres, et pouvant lancer des projectiles de 700 livres avec une justesse qui, au dire de quelques auteurs, ne le cédait en rien à celle de nos armes à feu.

Dans les premiers temps, les troupes s'équipant et s'armant à leurs frais, se contentaient du butin fait sur l'ennemi. Mais lorsque les pauvres furent incorporés, on dut leur donner une solde, et comme cette solde les mettait à l'abri du besoin, ils demandèrent toujours à se battre et finirent par ruiner le pays en s'enrichissant. Les Grecs, d'ailleurs, perdirent le goût du service militaire. Les pauvres eux-mêmes ne voulant plus marcher, on employa des mercenaires; les vieilles traditions se perdirent, et les Macédoniens en profitèrent pour conquérir ces petits peuples abâtardis par le plaisir et affaiblis par les guerres civiles. Philippe de Macédoine avait perfectionné l'armée par une nouvelle organisation de la phalange. Alexandre, son fils, fit de cette armée l'usage que l'on sait. Après avoir dompté la Péninsule, il se jeta sur l'Asie et dans les célèbres combats du Granique, d'Issus et d'Arbelle, vainquit des armées dix fois plus fortes que la sienne, prouvant ainsi que le génie, l'organisation et l'audace peuvent avoir raison de l'immensité du nombre.

« Alexandre, — dit M. Renard, officier belge distingué, — s'éleva au-dessus de ses contemporains, non-seulement par sa bravoure hardie et impétueuse, son activité infatigable, sa force à endurer les peines et les privations de la guerre, mais surtout par ses qualités militaires ressortissant à l'ordre moral, à savoir : la hardiesse de ses combinaisons stratégiques, sa constante prévoyance, ses plans à longue portée, l'emploi des différents genres de forces dirigées vers un même but, la rapidité de ses mouvements sur les terrains les plus difficiles, l'habileté de ses dispositions tactiques, enfin les ressources de tout genre que son génie fécond lui fournissait pour aplanir les difficultés les plus épineuses et parer aux éventualités de la lutte.

« On peut dire qu'Alexandre porta à un très-haut degré le système de la guerre scientifique et méthodique. C'est ainsi qu'avec une rapidité inouïe, il accomplit la conquête de la moitié du monde connu. »

L'art de la guerre chez les Romains. — Les principes dont s'inspira le sénat romain et qui firent la fortune politique et militaire de la république, sont connus de tous ceux qui ont étudié cette attachante histoire. On sait que Rome abandonna ses usages dès qu'elle en trouva de meilleurs, qu'elle fut hautaine dans la mauvaise fortune et conciliante dans la bonne; qu'elle permit aux vaincus, par un habile sentiment de tolérance religieuse, d'adorer leurs dieux dans son enceinte même ; qu'elle accorda le titre de citoyen à tous les hommes de mérite, fussent-ils étrangers ou esclaves ; enfin, qu'elle propagea dans tous les pays conquis sa langue et sa civilisation.

Sa plus grande passion étant de commander, sa plus grande ambition de tout soumettre, Rome était en guerre éternelle. Elle devait donc, comme le dit Montesquieu, ou périr, ou venir à bout de toutes les autres nations. Elle en vint à bout, grâce à sa persévérance, à son génie, à sa discipline, grâce surtout à un art militaire supérieur à celui de tous les autres peuples.

La première organisation de l'armée romaine fut calquée sur la constitution civile. A l'origine, Rome était partagée en 3 *tribus*, chaque *tribu* en 10 *curies*, chaque *curie* en 10 *gentes*, chaque *gens* en 10 *familles*. Ainsi il y avait 3 *tribus*, 30 *curies*, 300 *gentes* et 3,000 *familles*. Eh bien! l'armée de Romulus se composait de 3,000 hommes, scindés en 3 corps de 1,000 hommes ; chaque corps se composait de 10 compagnies (*centuries*) de 100 hommes ; chaque compagnie de 10 chambrées (*dizaines*) de dix hommes. C'était l'infanterie. Romulus choisit en outre, dans chaque *gens*, un homme brave et habile. Il eut ainsi un corps de 300 hommes d'élite (*equites*) : c'était la cavalerie. Il fit commander cette armée par 100 officiers (33 par tribu, plus 1 général), Ces officiers formèrent le sénat de 100 membres, présidé par le général.

L'on voit que la connexion entre les deux éléments

était complète et que cette organisation faisait de Rome une sorte de camp permanent. Ceux qui gouvernent la ville sont ceux qui la défendent. La grandeur d'une telle nation n'a plus rien d'extraordinaire. Nous verrons plus loin les modifications survenues, par la suite, dans ce système aussi simple que logique, et la décadence qui en résulta à la longue.

Les premiers soldats romains n'avaient pas d'uniforme. Ils relevaient simplement leur toge pour combattre. On adopta ensuite le *sagum* ou saye, en laine et placé sur la cuirasse. Ils marchaient aussi jambes nues ; puis ils se chaussèrent de bottines de métal. Leurs armes étaient le casque, le bouclier, la cuirasse, le brassard, la *haste* (pique de longueur d'homme), le *pilum* (javelot à pointe de fer), l'épée et la hache de travail. Leur repas, très-frugal, se composait de farine bouillie ou de blé rôti. Ils buvaient de l'eau, parfois coupée de vinaigre. Avec le luxe, apparurent le pain et le vin. Les exercices furent toujours en honneur à l'époque des rois et sous la république. Les conscrits étaient exercés pendant quatre mois, après quoi ils entraient dans la légion. « Si l'on considère, dit Josèphe, quelle étude les Romains faisaient de l'art militaire, on conviendra que la grande puissance à laquelle ils sont parvenus n'est pas un présent de la fortune, mais une récompense de leurs vertus... On ne les voit pas endormis dans le sein de la paix... Jamais ils ne font trêve aux exercices, et les jeux militaires sont de sérieux apprentissages des combats... Aussi le désordre ne se met jamais parmi eux, la peur ne trouble jamais leur esprit, la fatigue n'épuise jamais leurs forces... L'on peut dire que leurs exercices sont des combats sans effusion de sang, et leurs combats de sanglants exercices. »

Pour rendre le légionnaire plus fort et plus agile, on le surchargeait en temps de paix. C'est le contraire, dans les armées modernes; le soldat, en allant au champ de Mars, laisse le plus souvent son sac à la caserne, de telle sorte qu'en campagne il peut à peine supporter les fatigues.

Les légionnaires, en temps de paix, se livraient aussi à des travaux d'utilité publique qui les rendaient habiles au maniement de la pelle et de la pioche, et leur facilitaient l'installation fortifiée de leurs camps. Nous devrions bien, en cela également, prendre modèle sur les Romains. « Le soldat, dit Guischardt, était un véritable manœuvre, fossoyeur, maçon, charpentier, bûcheron; il exerçait, en temps de paix, tous ces métiers pénibles, et il les regardait comme des parties essentielles de sa profession. Accoutumé à porter de pesants fardeaux, à remuer les machines, à les servir et à les faire jouer, il supportait sans peine et sans murmure des corvées auxquelles nos plus déterminés volontaires se refuseraient, » Bref, selon le mot de Montesquieu, on craignait plus l'oisiveté que les ennemis.

Nous avons déjà parlé autre part de la discipline romaine. Elle était si sévère que c'était une faute grave même de vaincre sans ordres. Un mot suffira à peindre l'esprit d'obéissance de cette armée. Scipion dit un jour, en montrant ses troupes : « De tous ces hommes, il n'en est pas un qui, à mon premier ordre, ne monte sur cette tour et ne se jette en bas la tête la première. »

Des peines atroces étaient infligées aux coupables. Les traîtres étaient jetés 'du haut de la roche Tarpéienne. On coupait les jambes aux déserteurs; d'autres fautes étaient expiées par l'écartellement, la pendaison, la fustigation *usque ad mortem*, les verges, la noyade, etc. Le vol était puni de la *saignée*. « La force étant la principale qualité du soldat, c'était le dégrader que de l'affaiblir » (Montesquieu.)

Chez les Romains, la stratégie fut beaucoup mieux connue qu'en Grèce. Leurs guerres étaient précédées de reconnaissances minutieuses sur la constitution militaire de l'ennemi et la configuration des pays à traverser, ainsi que de propositions d'alliances aux peuples voisins. Leurs marches étaient rapides, leur apparition soudaine. Ils faisaient toujours des guerres d'invasion, même lorsqu'ils étaient surpris. Ainsi, tandis qu'Annibal parcourait l'Italie en vainqueur, le sénat, par politique, envoya Scipion attaquer, en Espagne et en Afrique, la puissance carthaginoise.

César éleva au plus haut point la science stratégique. « Ses principes, lit-on dans les mémoires de Napoléon, étaient les mêmes que ceux d'Alexandre et d'Annibal : tenir ses forces réunies, n'être vulnérable sur aucun point, se porter avec rapidité sur les points importants, s'en rapporter aux moyens moraux, à la réputation de ses armes, à la crainte qu'il inspirait, et aussi aux moyens politiques, pour maintenir dans la fidélité ses alliés, et dans l'obéissance les peuples vaincus. » César n'était jamais si redoutable que lorsque son adversaire se croyait sur le point de triompher. De l'avis de Montaigne, ses *Commentaires* devraient être le bréviaire de tout général, *comme étant le vray et souverain patron de l'art militaire.* La tactique des Romains, comme leur stratégie, était offensive. Dès qu'ils étaient à portée de l'ennemi, ils se jetaient sur lui l'épée, à la main, en poussant de grands cris, et pour que rien ne les ralentît, ils se défaisaient de leurs épieux. Après les *hastaires,* venaient les *princes,* puis les *triaires.* Ce troisième choc était irrésistible.

La *légion* était formée de trois cents hommes de front sur six rangs de profondeur. Sa division en manipules la rendait fort mobile et de beaucoup supérieure à la *phalange.* Cette supériorité se découvre dans les guerres macédoniennes. Les batailles des Cynocéphales et de Pydna affirment d'un côté la mobilité et la facilité de fractionnement de l'ordre légionnaire, en même temps que les inconvénients tactiques de l'ordre phalangiste. Ces deux formes reparaissent d'ailleurs souvent dans l'histoire : l'une a pour point de départ le combattant isolé, l'autre repose sur la masse. La forme légionnaire exige une grande initiative individuelle, un solide courage, et, par conséquent, une forte instruction ; elle remonte aux périodes glorieuses des nations. La forme phalangiste est inerte ; elle se passe des qualités morales de l'homme, qui n'est plus qu'une *machine;* elle peut s'allier avec l'ignorance. On voit cette forme se produire à l'enfance de l'art et renaître aux époques de décadence. Les armées barbares ne connaissent pas d'autre façon de combattre : c'est en effet la plus simple, la plus facile. D'autre part, les armées mauvaises aiment la lutte en masse, parce que chacun *sent les coudes de son voisin* (suivant l'expression consacrée) et croit y trouver plus de sécurité. Les bonnes armées sont celles qui savent, suivant les circonstances, se plier tantôt à la forme légionnaire, tantôt à la forme phalangiste; elles sont alors à la fois rapides et solides.

Les Romains étaient rarement surpris, grâce à leur habitude de construire, même pour une nuit, des camps retranchés, véritables forteresses avec parapets, fossés et palissades. Cet usage des camps fortifiés, que César ne négligea jamais, a dû être abandonné de nos jours en raison de la puissance de nos armes de jet. Un camp retranché, a dit Napoléon, ne serait qu'un *égout à boulets*. On campe aujourd'hui sur une longue ligne de bataille, qui offre le moins de prise à l'action de l'artillerie.

La force des légions républicaines ne résidait pas seulement dans l'amour de la patrie, la discipline et le sentiment du devoir; elle résultait aussi de la foi religieuse, puissant levier entre les mains de généraux habiles. Les croyances surnaturelles faisaient accomplir de grandes choses à ces soldats simples et crédules. Lorsque l'homme croit que les dieux le protègent, il se sent plus fort. Il aide le ciel, tandis qu'il pense que c'est le ciel qui l'aide. A Rome, avant toutes choses, on consultait les augures. Agents de la profonde politique sénatoriale, ces derniers ne pouvaient se regarder sans rire. Ils n'en prédisaient pas moins souvent la victoire; la consultation des entrailles des victimes et des poulets sacrés était une jonglerie puérile; mais, après le sacrifice, les légionnaires s'élançaient, pleins de confiance et terribles, à la conquête du monde, dont ils se croyaient chargés par une intervention divine.

Avec Auguste commence la décadence militaire. Ses modifications cohortales sont funestes, et, peu à peu, la légion retourne à son point de départ, c'est-à-dire à la forme phalangiste. L'armement redevient multiforme; la discipline, la foi se perdent; les armes défensives, trop lourdes pour ces bras amollis, sont abandonnées. On voit bientôt s'établir le remplacement, le réengagement avec prime, l'exonération, les gardes impériales; les grades militaires se donnent à l'intrigue, les empereurs créent des corps permanents étrangers. L'introduction des machines de guerre dispense les soldats de toute valeur personnelle. Les exercices sérieux sont remplacés par des tournois et des parades qui font l'admiration des spectateurs dans les champs de Mars, mais ne sont d'aucune utilité en campagne. Bref, c'en est fait de la gloire romaine. Une des causes principales de cette décadence militaire, fut la disparition de la classe moyenne; le *cens* alors dut être supprimé; les pauvres, les affranchis et les esclaves concoururent à la formation de la milice. Pouvait-on trouver dans une pareille armée les nobles sentiments qui avaient animé autrefois les vainqueurs de Carthage? Aussi elle ne se battit plus pour la patrie; elle se battit pour un homme et, plus tard, se donna au plus offrant. Les légionnaires s'intitulèrent *faiseurs de rois.* Etrangers pour la plupart (Auguste avait éloigné des légions les citoyens romains), ils installèrent des étrangers dans la pourpre impériale et donnèrent, à prix d'argent, des maîtres de toute sorte à la populace, dont les spectacles étaient le seul souci. Ce furent les vrais maîtres de Rome; il ne leur restait plus qu'à en ouvrir les portes pour laisser entrer leurs frères, les barbares.

L'art de la guerre chez les barbares. — Les victoires des Gaulois furent dues à leur courage indomptable, à leur furie guerrière, plutôt qu'à leur connaissance de l'art militaire. Ils restèrent ignorants, et lorsque Rome devint habile, elle en eut facilement raison; elle adopta ce qu'ils avaient de bon (dans l'armement en particulier), le perfectionna et s'en servit avantageusement contre eux. Les Gaulois, au contraire, trop vaniteux peut-être, ne voulurent rien changer, rien améliorer, et payèrent ce défaut de leur indépendance.

Ils avaient des chars de guerre, une bonne cavalerie, mais des armes médiocres. Ils étaient vêtus d'un large pantalon (*braie*), d'une chemise à manches et d'une casaque (*saie* ou *sagum*). Leur tactique était naturellement fort imparfaite : combattant en troupes profondes (quelquefois de 24 hommes), ils cherchaient la victoire dans la puissance du choc.

Les murailles de leurs villes fortifiées étaient très-solides; ils les construisaient avec des poutres et des pierres, entrelacées en échiquier, les poutres préservant la muraille de l'action du *bélier* et les pierres la mettant à couvert du feu.

En somme, les Gaulois étaient de précieux soldats. Bien dirigés, ils devenaient difficiles à vaincre. L'énergique défense des troupes de Vercingétorix le prouve suffisamment. Après la conquête, César forma chez eux une légion (légion de *l'alhouette*) qui rendit d'éminents services et conquit le droit de cité.

Les Germains, comme les Gaulois, étaient un peuple plein de valeur. Ils aimaient la gloire et l'action, mais, pas plus que leurs voisins, ils ne pouvaient supporter la discipline. C'est ce trop grand amour de la liberté individuelle, même sous les armes, qui les perdit.

Pourquoi parler des Goths, des Wisigoths, des Vandales, des Francs, des Huns, chez lesquels l'art de la guerre n'existe pour ainsi dire pas, et qui n'ont qu'une méthode : inonder le pays de masses innombrables, le ravager et en chasser le vaincu? Audacieux, cruels, ils n'obéissent à d'autres règles qu'à leurs passions et à leurs besoins. Pas de tactique, pas d'organisation, rien de ce qui donne la victoire aux nations civilisées. Ce sont des barbares. Mais ils étaient nombreux, les Romains étaient dégénérés; tel fut le secret de leurs triomphes. Comme la civilisation, la science de la guerre s'éclipse un instant... pour apparaître de nouveau et briller encore quelques siècles plus tard.

L'art de la guerre chez les modernes. — C'est de la féodalité que date la renaissance des qualités militaires. Les chefs naturels des armées féodales étaient les ducs, les comtes, les barons, les chevaliers bannerets et les simples chevaliers (bas chevaliers, *bacheliers*). Ils étaient accompagnés des archers, des écuyers, des pages, et suivis des *rustres*, *vilains* et *ribauds* formant les hommes de pied. La véritable force militaire consistait donc en cavalerie.

Pour obtenir ce titre de chevalier, les seigneurs devaient fournir des preuves de courage et d'adresse dans le maniement des armes. L'armure du noble se composait d'une cuirasse jetée par-dessus le *haubert* (chemise de mailles de fer), avec hausse-col, épaulières, brassards et gantelets; de *tassettes* recouvrant le ventre, de cuissards, de genouillères, de grèves, d'un casque ou *heaume* muni d'une grille à charnière et surmonté d'un cimier; ses armes étaient le bouclier, la hache, la dague et la lance.

Le cheval était également bardé de fer.

Ainsi montés et équipés, les chevaliers se précipitaient sur l'ennemi, la lance en arrêt, et cherchaient à se faire jour dans ses rangs par la violence du choc. La force personnelle, on le voit, était un des éléments principaux du succès; l'individualisme dominait dans les combats; l'inspiration et le courage de l'homme de guerre tenaient lieu de la stratégie et de la tactique, sciences méthodiques qui ne devaient trouver que plus tard l'occasion de se produire. D'autre part, l'infanterie ne remplissait (et ne devait remplir) que des fonctions secondaires. L'arbalète et la fronde étaient bien inoffensives contre d'épaisses armures. Les poignards seuls servaient utilement pour atteindre, au défaut de la cuirasse et du casque, les seigneurs désarçonnés. Les hommes de pied avaient, d'ailleurs, pour principal rôle de relever leurs maîtres, de les remettre en selle, et, après le combat, de piller le camp du vaincu. Esclaves et brigands, ils étaient entourés d'un tel mépris que les nobles ne se faisaient parfois aucun scrupule de leur courir sus et de les tuer tout comme des ennemis. Il s'en trouve des exemples, même au xive siècle. Selon Froissard, Philippe VI cria un jour à ses chevaliers : « *Or tôt, tuez toute cette ribaudaille, car ils nous empêchent la voie sans raison.* » Cette pauvre infanterie, si dédaignée, si maltraitée, se releva un peu après les Croisades ; d'abord, dans ces expéditions lointaines, chaque homme avait son utilité, sa valeur. Les *vilains* surent se faire apprécier et comprirent qu'eux aussi étaient quelque chose. En second lieu, un grand nombre de seigneurs ayant péri, le recrutement de la cavalerie fut beaucoup plus difficile, tandis qu'au contraire il se forma partout des milices communales, trop pauvres pour combattre autrement qu'à pied, mais assez nombreuses pour sentir leur importance. Ces milices devaient un jour marcher sous la bannière royale et supplanter la noblesse, à laquelle les défaites de Crécy, de Poitiers et d'Azincourt allaient porter un coup terrible. Enfin, avec l'invention de la poudre, on verra l'infanterie conquérir son rang dans les guerres européennes et marquer le triomphe de l'organisation sur le désordre, de l'avenir sur le passé.

L'usage barbare du butin se maintint pendant presque toute la durée du Moyen-Age ; c'est ainsi que se payaient nobles, vilains et aventuriers. Puis, le roi confisqua tout le butin, s'en octroya la meilleure part et livra le reste à l'État. Seulement, il fut obligé d'établir une solde pour la troupe. La solde, rien moins que régulière, dépendait du caprice et des instincts cupides ou généreux du monarque. Philippe-Auguste eut le premier, en France, des troupes régulièrement soldées.

Les armées féodales étaient peu disciplinées. Le noble se considérait comme le maître absolu de ses actions, et il se souciait médiocrement de celles de ses hommes, lorsqu'elles ne lui étaient pas directement désavantageuses. La peine la plus grave qu'un chevalier pût encourir était la *dégradation*, dont l'effet moral était très-grand. Elle consistait à traîner dans la boue et brûler les armoiries du condamné, à lui jeter à la face toutes sortes d'injures tandis qu'il était monté sur un échafaud, puis à le porter sur une claie à l'église et à jeter sur lui un drap noir en récitant les prières des morts.

La fortification du Moyen-Age est lourde, massive, imposante. Son type est le château-fort, perché sur le haut d'un rocher, entouré de fossés, d'enceintes, garni de tours et flanqué d'un *donjon*, servant à la fois de point d'observation et de *réduit*.

Le château féodal se défend mieux par l'épaisseur de

ses murailles que par l'art de sa construction, de même que, dans le combat, les chevaliers comptent beaucoup plus sur la solidité de leur armure que sur l'habileté de leurs mouvements tactiques.

A cette époque primitive, le maçon prime l'ingénieur, le forgeron prime le stratége.

Les villes, également, s'entourent d'enceintes et de barricades. Les maisons portant tour sont crénelées. Les citoyens, jaloux de leur indépendance récemment conquise, sont toujours prêts, au premier appel du beffroi, à prendre les armes pour défendre leur *commune* contre les attaques audacieuses de la noblesse. Ils courent même souvent au secours des serfs attachés à la glèbe et que viennent piller les seigneurs, car il faut se rappeler qu'à cette époque, où ne régnait pas encore la justice, ceux auxquels on donnait le nom de seigneurs n'étaient que des brigands, qui sortant tout à coup de leur château-fort, se précipitaient dans la plaine, comme des vautours sur leur proie, et se partageaient le butin avec les bandes d'*écorcheurs* et d'aventuriers qui infestaient les campagnes.

Cet épouvantable état du royaume de France changea un peu sous Charles VII. Par sa création de l'armée permanente, il fit cesser en partie *les grands excès et pilleries des gens de guerre.*

Jusqu'à la fin des Valois, les machines de guerre furent en honneur; elles ressemblaient beaucoup à celles des Romains, de même que les machines des Romains ressemblaient à celles des Grecs. Le nom seul, à peu près, différait. Les arbalètes, — sortes de frondes géantes, — lançaient horizontalement (par un tir rasant) des pierres, des flèches incendiaires, des pièces de bois à bec de fer. Les ouvrages du temps citent encore les *mangonnaux*, les *tortues*, les *tollemons*, les *truies*, les *moutons* et les *chats*, quelques-unes de ces machines lançant, outre les projectiles dont nous venons de parler, des tonneaux de feu grégeois, des morceaux de fer rouge, jusqu'à des chevaux morts et des têtes de prisonniers. Enfin, des tours mobiles s'approchaient des murailles et permettaient à l'assiégeant de tenter l'assaut par les brèches. Tout cela manœuvrait à l'aide de cordes, de poulies, de chaînes, de moufles et de cabestans. Aussi l'attaque des villes était-elle longue, compliquée, aussi barbare que la défense.

La Renaissance littéraire et scientifique, l'étude des guerres anciennes dans les livres précieux sauvés du cataclysme, la découverte de la boussole et de l'imprimerie, les progrès sociaux qui, au chaos de la féodalité vont faire succéder l'unité nationale représentée par le roi, enfin et par-dessus tout, l'*invention* de la poudre, changeront de fond en comble les procédés du Moyen-Age, permettront aux généraux d'appliquer, sur une plus vaste échelle, les règles de la science militaire et procureront aux guerriers de génie les éléments nécessaires à la mise en œuvre de leurs inspirations. « Ainsi la renaissance et le développement successifs de l'art de la guerre se trouvent compris dans la marche graduelle de la société; ils se calquent tous deux sur les besoins

15.

généraux, toujours prêts à les défendre ou à les satisfaire; ce n'est pas seulement à Rome, en effet, que la *légion est l'image de la cité*, c'est partout et toujours. » (La Barre du Parc).

Nous ne pouvons ici étudier en détail les modifications survenues dans l'art de la guerre par suite de *l'invention* de la poudre (ou, pour parler plus exactement, de son utilisation sur les champs de bataille européens). Nous nous bornerons à citer quelques lignes d'un ouvrage spécial que nous avons écrit sur ce sujet : « L'apparition des bouches à feu causa un effroi bien naturel, mais en fait les premiers canons firent plus de peur que de mal. Froissard, racontant le siége de Quesnoy en 1340 (l'un des premiers où fut employée la nouvelle artillerie), s'écrie dans ses mémoires : « Les bombardes jetaient dès flèches de fer avec feu et flammes, et un bruit tellement épouvantable qu'il semblait que tous les diables d'enfer fussent de la partie. » ..... Mais ces engins, à leur début, étaient, malgré leurs façons bruyantes, moins dangereux et portaient moins loin que les arcs et les arbalètes, qui continuaient de décider de la victoire. Ce qui fit surtout de l'impression, ce fut cette nouveauté de tourner contre les hommes les boulets que, jusque-là, l'on n'avait lancés que contre les murailles. Une pareille action sembla déshonorante, et les instincts chevaleresques de l'époque en furent tout d'abord révoltés. Les anciens artilleurs allemands promettaient *de ne se servir jamais de ces engins pour la ruine ou la destruction des hommes, estimant ces actions aussi injustes qu'indignes d'un homme de cœur et d'un véritable soldat. »*

Cependant l'artillerie à feu a rendu les guerres moins barbares, moins sanglantes, et a servi la cause de la civilisation. L'habileté, le sang-froid et le coup d'œil ont remplacé la férocité du combat corps à corps et la vigueur brutale. Les combattants, éloignés les uns des autres, ont agi avec plus de calme et de modération. Il y a eu depuis, plus de blessés peut-être, mais moins de morts. L'artillerie a, en outre, agrandi la tactique en agrandissant le champ de bataille. Enfin elle a réduit, en France, les grands vassaux rebelles, autrefois invulnérables dans leurs forteresses; elle a mis un terme aux guerres privées, relevé l'autorité royale et contribué à l'établissement de l'ordre dans le pays.

Les croisades, est-il dit plus haut, avaient relevé l'infanterie. La royauté, la pliant à ses desseins, l'opposant à la noblesse féodale, lui rendit le rang qu'elle méritait. Louis XI, Charles VIII, Louis XII eurent pour elle une grande considération. Ils avaient compris que les victoires anglaises étaient dues à l'entente entre les deux armes, tandis que nos défaites provenaient de la jalousie et du mépris que les chevaliers avaient voués aux hommes de pied. On fit même venir de l'étranger des archers suisses et des lansquenets allemands. Bayard, Montluc, ne dédaignèrent pas commander l'infanterie. A Marignan, François Ier marche à sa tête, et grâce à elle, bat les Suisses. Cette victoire l'ennoblit; bien d'autres encore l'attendent pour l'illustrer et en faire *la reine des batailles.*

La discipline militaire avait alors de grands progrès à accomplir. Les soldats étrangers étaient toujours en disputes et en rixes avec les soldats du pays. L'irrégularité de la solde entraînait le pillage des villes prises et le vol dans les campagnes. On a dit : *Pas d'argent, pas de Suisses.* Les Suisses, lorsqu'on ne leur en donnait pas, savaient toutefois bien en trouver.

Il en était de même des autres corps. Quelques régiments étaient en partie composés de vagabonds, de misérables et de voleurs, « *pendards, bannis, renieurs de Dieu et de vieilles dettes, reste de gibet, gens mourants de faim.* » Avec un pareil recrutement, auquel on peut joindre l'insouciance des chefs, il ne fallait pas compter sur des troupes d'une conduite bien édifiante. Aussi que de cruautés, que d'excès, que de débauches !

Brantôme raconte qu'un jour, Strozzi, ne sachant comment se défaire des........ courtisanes qui encombraient son armée, ne trouva rien de mieux que d'en faire jeter *huit cents* à l'eau, du haut du pont de Cé. Malgré ce défaut capital, les armées accomplissent de grandes choses lorsqu'elles sont commandées par de grands généraux. Henri IV et Maurice de Nassau, entre autres, s'en servent avec avantage. Ils savent faire la guerre ; ils reviennent aux principes un instant perdus de l'art ancien et ouvrent la voie à l'art militaire moderne dont Gustave Adolphe va être le premier et l'un des plus illustres représentants.

Déjà la tactique s'améliore par la diminution de la profondeur de la ligne de bataille (diminution que nécessitent la longue portée et la justesse des nouvelles armes à feu), par le groupement des forces, par l'emploi des réserves, enfin par l'ordre dans les manœuvres.

C'est à partir de la *guerre de Trente Ans* que l'art de la guerre réalise de sérieux progrès. Les troupes sont plus manœuvrières. L'artillerie sait mieux choisir son terrain. On commence à comprendre l'importance des marches. La fougue inutile fait place à une prudence calculée.

Il est vrai que cette période est remarquable par le grand nombre de généraux habiles. Tilly, Montecuculli, Gallas, Wallenstein, Condé, Turenne, Bernard de Saxe-Weymar se distinguent par de grandes qualités militaires. Au-dessus d'eux tous brille Gustave Adolphe. Il organise admirablement son armée, l'allége, la rend mobile, réduit encore la profondeur de l'ordre de bataille, ce qui lui permet de développer son feu et de garder des réserves, sans danger pour elles. Il perfectionne l'armement, utilise ingénieusement la cavalerie légère, tire un excellent parti de l'artillerie, et grâce à ses opérations stratégiques aussi hardiment exécutées que sagement conçues, traverse l'Allemagne du nord au sud, de l'est à l'ouest, mettant plusieurs fois Ferdinand II à deux doigts de sa perte. Enfin Gustave Adolphe rétablit la discipline, exige de son armée le respect du droit des gens et rend la guerre moins barbare. « Il ne faut, dit-il, jamais tirer l'épée contre celui qui n'en porte point. » Cette parole dénote le pas immense qu'avaient fait, du temps du glorieux roi de Suède, les principes de justice et d'humanité.

Au commencement du règne de Louis-XIV, l'administration militaire était encore fort imparfaite. Il s'agissait de l'organiser d'une façon définitive.

C'est la lourde et difficile tâche que s'imposa Louvois : son activité infatigable, son esprit de sévère économie, sa vigilance, sa fermeté rigide s'exercent merveilleusement dans les fonctions délicates de ministre de la guerre, et l'ordre qu'il répand dans la partie administrative de l'armée laisse des traces qui subsistent encore aujourd'hui. Il assure les approvisionnements par la création de magasins échelonnés sur le parcours présumé de la troupe, il classe hiérarchiquement les officiers, poursuit le pillage chez les soldats (il laissa malheureusement, à ce sujet, trop de latitude aux maréchaux), réduit le nombre des bagages que les chefs traînaient à leur suite dans les campagnes, donne une influence réelle aux intendants et commissaires, et concentre enfin dans la main du roi toute l'autorité militaire.

A côté de Louvois, il faut placer Vauban. Ce célèbre ingénieur dirige 42 siéges en personne, et sa supériorité est bientôt reconnue de toute l'Europe. De plus, il échelonne le long de nos frontières de l'est une série de places fortes construites sur ses plans et dont l'emplacement est choisi par lui avec une entente merveilleuse des dispositions particulières du terrain.

Sa fortification est restée un type conservé jusqu'à nos jours, et qui ne cesse de trouver quelques partisans, en dépit des modifications immenses apportées dans l'attaque et la défense des places par l'artillerie nouvelle.

A la fin du règne de Louis XIV, la stratégie fait aussi des progrès en France et à l'étranger. Il suffit de citer les marches fameuses et les grandes batailles auxquelles sont attachés les noms de Turenne, de Luxembourg, de Villars, d'Eugène de Savoie et de Malborough.

Enfin la littérature militaire se fonde : de nombreux écrits sur l'art de la guerre voient le jour et sont lus, preuve évidente de l'importance que la société accorde à ces questions jadis réservées aux hommes spéciaux. Turenne, Feuquières, Follard, Puységur, Vauban répandent dans le public lettré les préceptes des grands hommes et les méthodes dont ils se sont servis pour gagner des batailles.

Au xviiie siècle, en même temps que les mœurs françaises tombent les vertus militaires ; les grands généraux disparaissent, et avec eux les victoires. La corruption et la mollesse qui prennent leurs sources à la cour inondent insensiblement toutes les classes sociales et se répandent sur l'armée qui, à son tour, ne songe bientôt plus qu'au bien-être et aux plaisirs. Comme c'est à la faveur que l'on conquiert les grades, l'art de la guerre décline et de honteux désastres obscurcissent notre vieille gloire. *Après nous le déluge!* s'écrient ceux-là mêmes qui ont charge de diriger la nation. Et, au milieu des défaites, les généraux qui étudient encore, discutent sur des arguties stériles ou se lançent dans des innovations dangereuses.

Pendant ce temps, Frédéric II élevant au plus haut degré l'art de la guerre, faisait la conquête de la Silésie, étonnait le monde par ses nombreux triomphes, et portait la Prusse au rang des grandes puissances. Non-seulement il perfectionna son armée, mais, la dirigeant avec génie, il sut la faire servir à ses vastes desseins. A la fois philosophe, politique et guerrier, il avait toutes les qualités du grand homme.

Sous son règne, les armes furent en honneur, les officiers jouirent d'une grande considération, l'armée fut maintenue dans le devoir par une discipline sévère. et par l'amour de la gloire. Les feux rapides et justes de l'infanterie, les charges au galop de la cavalerie, la création de l'artillerie à cheval donnent à Frédéric un avantage considérable sur ses adversaires. Mobilité et prestesse, ces deux mots résument sa façon de combattre. Bref, ce roi, avec des troupes solides, rend son pays plus grand et la France plus faible. *Et nunc erudimini* . . . .

Les armées de la Révolution, improvisées, inexpérimentées, durent en partie leurs succès à l'enthousiasme patriotique qui les animait, et (au point de vue tactique) à l'emploi des tirailleurs et de la baïonnette. La lutte *en éparpillement* était plus facile pour nos jeunes volontaires : Dumouriez, Custine, Augereau, Masséna la comprirent et en profitèrent. Les attaques à l'arme blanche convenaient également au caractère français, plein d'ardeur et d'impatience. Les vieilles troupes de Frédéric, compassées, méthodiques, ne comprenaient rien à cette fougue sauvage et téméraire. Leur science devenait inutile. Elles furent vaincues comme est vaincu un bon duelliste par l'adversaire qui n'a jamais tenu l'épée et ne se fie qu'à son audace.

On sait ce que Napoléon a fait de ces masses confuses et désordonnées, mais pleines d'entrain, que lui laissait la Révolution : il a battu l'Europe et s'est fait battre par elle. Il a inauguré (ou renouvelé, si l'on veut) la grande guerre, ce que le général Lamarque a appelé les *batailles stratégiques*, qui ont pour théâtre de vastes provinces, et qui, au moyen de savantes combinaisons, de marches et de hardies manœuvres tournantes, amènent la conquête de plusieurs royaumes.

Il ne reste plus rien à dire du coup d'œil de Napoléon sur les champs de bataille, de l'organisation de ses armées, de sa vigilance administrative, de l'activité surprenante de son esprit, de sa pénétration des plans de l'ennemi, du feu sacré qu'il allume dans le cœur de ses soldats, de l'admiration dont il les frappe et qui en centuple leur force, de ses grandioses conceptions; en un mot de son génie. On a pu critiquer quelques-unes de ses opérations, rabaisser sa science tactique et blâmer ses projets téméraires, il n'en est pas moins le plus grand homme de guerre des temps modernes (pour ne pas dire de tous les temps), et c'est toujours en l'imitant, même de loin, que les chefs d'armée arriveront à couvrir leur pays de gloire ou, ce qui est mieux encore, à le sauver des entreprises ambitieuses de l'ennemi. Cela est si vrai que les Prussiens, qui ont eu si facilement raison de nous en 1870, n'ont fait qu'appliquer sa méthode, en l'appropriant à leur instinct national. Ils ont été les élèves instruits du grand capitaine; ils ont retourné contre nous les maximes de guerre appliquées par Napoléon et que nous avions insouciamment laissé tomber dans l'oubli.

Ainsi l'on peut dire que celui qui les avait vaincus si souvent au commencement du siècle leur a été d'un grand secours pour nous vaincre soixante ans plus tard, ce qui prouve que le malheur, chez les peuples comme chez les individus, est une rude mais précieuse école.

Il faut, bien entendu, reconnaître que cette application intelligente des règles posées par Napoléon Ier n'a pas été la seule cause des succès de nos adversaires. Leurs institutions militaires valaient mieux que les nôtres. Par leur méthode de recrutement, au lieu d'avoir une armée dans la nation, ils avaient la *nation armée*. Leur mobilisation était simple et rapide. Leur matériel d'artillerie était supérieur au matériel français. Les officiers, astreints à de nombreux travaux, étaient instruits et sérieux. L'état-major surtout, sous la direction habile de M. de Moltke, était à la hauteur de sa mission. L'armée entière jouissait de l'estime de la population; elle obéissait d'ailleurs à une discipline inflexible, se livrait à d'incessants exercices, était fière de ses triomphes, pleine de confiance dans ses chefs et d'amour pour son souverain. Avec de pareils éléments, il n'est pas extraordinaire que la Prusse ait cueilli de nombreux et éclatants triomphes.

On peut tirer quelques conclusions de cette exposition sommaire de l'art de la guerre dans l'humanité. La première, c'est que tous les peuples se ressemblent, que leurs institutions se répètent, que leurs progrès et leurs défaillances sont les mêmes au point de vue militaire comme à tous les autres points de vue; en un mot, que le présent est l'image du passé. De bonnes armes, une bonne éducation militaire, des sentiments virils ont toujours été et seront toujours les conditions nécessaires de la force d'un peuple. L'abandon des choses de la guerre, l'oubli de la discipline, le mépris du métier des armes ont toujours été et seront toujours les avant-coureurs de sa ruine.

C'est ce qu'ont entendu Xénophon et Machiavel en disant, le premier : « L'art de la guerre est l'art de conserver la liberté, » et le second : « La principale cause qui fait perdre les nations, c'est de négliger l'art de la guerre, de même que l'excellence dans cet art est le plus sûr moyen d'acquérir et de conserver les États. »

Ces pages montrent également que la guerre n'est pas un phénomène d'ordre purement barbare. En effet, on vient de le voir, l'art militaire exige le déploiement simultané des énergies matérielles, intellectuelles et morales de la société, ainsi que l'emploi des ressources de toute nature que la nation renferme dans son sein; d'autre part, il marche parallèlement avec la civilisation, accompagne son enfance, suit ou précède son développement (c'est-à-dire tantôt subit ces progrès, tantôt les provoque); enfin, tombe avec elle et avec elle renaît ensuite, après une période plus ou moins longue de décadence.

Ainsi la guerre et la civilisation s'accommodent l'une de l'autre, se soutiennent mutuellement et se complètent, comme si elles étaient l'expression nécessaire des deux principes irréductibles de l'humanité : la *force* et l'*idée*.

Enfin, il ressort implicitement de ce qui précède que, contrairement à l'opinion générale, cet art de la guerre produit d'autant moins de ravages et de ruines qu'il bénéficie des inventions de l'industrie et de la science, qu'il s'agrandit et s'élève. Il ne représente pas seulement l'art de détruire, mais surtout l'art de vaincre, c'est-à-dire de paralyser les forces de l'ennemi. Le talent (et le devoir) des généraux consiste aujourd'hui à réussir en mettant le moins d'hommes hors de combat. Les engins dont ils disposent doivent plutôt servir à intimider qu'à frapper. La véritable perfection serait même de gagner des victoires sans répandre une goutte de sang. C'est à cette perfection que les peuples civilisés doivent viser et visent certainement.

Un philosophe a dit : « Je voudrais que l'art de la guerre soit poussé si loin qu'il rende la guerre impossible. » De tels progrès amèneraient un résultat opposé. La guerre deviendra moins terrible à mesure qu'elle se perfectionnera, et c'est un bien puisque, à nos yeux du moins, elle paraît inévitable. Un écrivain militaire fort apprécié, Carrion-Nisas, fait, à ce sujet, la réflexion suivante : « L'histoire montre que plus l'art de la guerre s'est raffiné et a reçu le secours des autres arts, moins la guerre a été funeste à l'humanité et subversive des sociétés ; les fléaux de la guerre ont été plus hâtés dans leurs développements, mais par là même moins durables, et, par conséquent, moins destructifs. »

CHAPITRE XVII.

La préparation de la guerre.

Si vis pacem, para bellum. — Conditions de la perfection d'une armée : 1° préparation matérielle ; 2° préparation intellectuelle ; 3° préparation morale. — Conclusion.

S'il est vrai que la guerre est éternelle, qu'elle est la loi des sociétés comme la loi des choses, s'il est vrai que Dieu, suivant l'expression de M. Thiers, n'a donné la justice qu'au prix des combats ; s'il est vrai que l'humanité se fortifie, se moralise par la lutte d'où découle le progrès ; s'il est vrai, enfin, que la guerre est la manifestation la plus grandiose de l'idéal humain, eh bien ! alors, salut à elle, et voyageons dans le monde l'épée nue !

Mais la guerre ne serait-elle qu'un mal irréparable, sans compensations, qu'un reste de barbarie, qu'un fléau pur et simple, il faut encore lui accorder quelques égards, puisqu'elle existe. Il faut se tenir constamment prêt contre elle, pour ne pas ajouter aux douleurs qu'elle engendre les douleurs encore plus cuisantes de la défaite.

Toutes les belles objections, toutes les malédictions foudroyantes des partisans de la paix à outrance doivent tomber devant la nécessité. *Dura lex, sed lex.*

Certes, la guerre fait un étrange contraste avec notre vie élégante, avec nos mœurs douces, nos théories humanitaires, avec les immenses progrès matériels de notre civilisation, avec les merveilles de la science et de l'industrie. Mais quoi? Le xix° siècle a-t-il pu étouffer la guerre? *Ceci a-t-il tué cela?* Ecrivains et philosophes, il vous est loisible d'exciter la pitié, de paraphraser sur tous les tons le *bella matribus detestata* d'Horace, de dire en répétant le mot d'Hésiode, que la paix est le temps où les fils enterrent leur père, et la guerre le temps où les pères enterrent leurs fils; vous pouvez rééditer les imprécations d'Euripide et de Sénèque, compter toutes les gouttes de sang versées pour l'ambition impitoyable et la gloire stérile. Les âmes tendres vous applaudiront de chanter l'âge d'or des poëtes, le règne de Saturne qui donna aux hommes l'innocence, la justice, le bonheur et fit régner un printemps éternel sur cette terre bénie où serpentaient des fleuves de lait et de nectar... Cependant, en vous berçant de ces idylles enchanteresses, ne nous dégoûtez pas trop de l'âge de fer : c'est dans celui-là que nous vivons. N'avilissez pas trop la guerre à nos yeux, ne nous rendez pas tout à fait incapables de la supporter, car elle n'a pas encore perdu son empire et elle saurait un jour se venger cruellement de nos mépris en nous faisant esclaves des peuples qui la révèrent.

Si vous attendez, en gémissant comme le Christ, le triomphe de la justice et du droit, sans autre arme que la pureté de votre conscience, allez! Votre royaume n'est pas de ce monde. Disparaissez et faites place aux hommes forts, aux robustes fils de la terre.

Vous ne voulez pas disparaître? Reconnaissez alors le vide de vos beaux rêves; persuadez-vous que l'humanité ne peut se retourner comme un gant. L'humanité ressemble à ce sage ancien devant lequel on niait le mouvement, et qui se mit aussitôt à marcher. En réponse à ceux qui nient la fatalité de la guerre, elle se met à combattre. Pénétrez-vous de cette triste vérité : c'est que la fraternité des peuples n'est aujourd'hui qu'un mythe, c'est que dans les rapports entre nations la force fait autant que le droit. Cherchez donc à rester forts, tout en cherchant à rester justes. Surtout n'aimez pas à l'excès le repos. Ne vantez pas la paix par peur de la guerre. Ne pratiquez pas ce honteux adage : *Ubi bene, ibi patria*. Méditez les paroles que Mably fait prononcer à Phocion, à ce prudent général qui, tout en blâmant les discours belliqueux de Démosthène, n'en était pas moins un homme de cœur : « Que notre république soit militaire, que tout citoyen soit destiné à défendre sa patrie, que chaque jour il soit exercé à manier ses armes, que dans la ville il contracte l'habitude de la discipline nécessaire dans un camp, non-seulement vous formerez par cette politique des soldats invincibles, mais vous donnerez une nouvelle force aux lois et aux vertus civiles. Vous empêcherez que les douceurs et les occupations de la paix n'amollissent et ne corrompent insensiblement les mœurs, car si les vertus civiles, la tempérance, l'amour du travail et de la gloire, préparent aux vertus militaires, celles-ci leur servent à leur tour d'appui. »

Ainsi les vertus militaires servent d'appui aux vertus civiles, et celles-ci, — de l'avis unanime des penseurs, — sont les meilleurs gages de la paix.

Soyez donc enfin convaincus que pour éviter l'effusion du sang il faut sans cesse être prêt à répandre le sien, que l'Etat ne peut fleurir qu'à l'ombre d'une puissante armée, et que la première sauvegarde des nations, comme leur première vertu, est le mépris de la vie devant le devoir et l'honneur.

« Voulez-vous n'être pas asservis, conserver tranquillement vos possessions, jouir sans trouble d'une paix durable ? Ayez des généraux habiles, soyez respectable par vos forces, exercez votre peuple aux armes, et que vos soldats soient adroits, forts et bien instruits de leurs devoirs. » (SERVAN, ministre de la guerre en 1792.)

Tel est le sens de la maxime antique : *Si vis pacem, para bellum.*

Il résulte de cette maxime que l'armée doit appeler les soins les plus constants du législateur. « Il faut à la France, dit le général Morand, une armée capable de lui conserver la gloire, de conserver son indépendance, de la préserver de la dégénération et de la langueur où l'amour des richesses et des jouissances entraîne tant de nations. » Elle doit être solide et préparée de longue main. La légende des armées improvisées, des levées en masse, a fait son temps. Selon le général Chanzy, les événements de 1870 établissent d'une façon irréfutable qu'une nation n'est sûre de son indépendance et réellement forte que si son organisation militaire est sérieuse, complète et puissante.

Le premier devoir des législateurs est donc la préparation de la guerre; s'ils négligeaient ce devoir, la ruine du pays qu'ils dirigent pourrait s'ensuivre, et la plus effroyable responsabilité pèserait sur leur tête.

Nous avons vu, dans un chapitre précédent, que la victoire appartenait aux nations les plus fortes, les plus riches, les plus habiles, les plus populeuses, les mieux armées, les plus disciplinées, à celles où les mœurs étaient les plus pures, où l'industrie, le commerce, la marine étaient dans le meilleur état, enfin aux nations dont la grandeur était à la fois matérielle, intellectuelle et morale.

La préparation de la guerre est donc triple : 1º matérielle (organisation, recrutement, confection des engins, institutions militaires); 2º intellectuelle (instruction des hommes et des cadres, théories, sciences, manœuvres); 3º morale (éducation et vertus militaires à tous les degrés).

Ainsi trois conditions essentielles concourent à la perfection d'une armée. Jomini en compte douze, qu'il classe de la façon suivante :

La première est d'avoir un bon système de recrutement;

La deuxième, une bonne formation;

La troisième, un système de réserves nationales bien organisé;

La quatrième, des troupes et des officiers bien instruits aux manœuvres du service;

La cinquième, une discipline forte sans être humiliante, et un bon esprit de subordination et de ponctualité passé *dans les convictions* de tous les grades, plus encore que dans les formalités du service;

La sixième, un système de récompenses et d'émulation bien combiné;

La septième, des armes spéciales ayant une instruction suffisante;

La huitième, un armement bien entendu et supérieur à celui de l'ennemi;

La neuvième, un état-major général capable de bien utiliser tous ces éléments;

La dixième, un bon système pour les approvisionnements, les hôpitaux et l'administration en général;

La onzième, un bon système pour organiser le commandement des armées et la haute direction des opérations;

La douzième consiste dans l'excitation de l'esprit militaire.

Nous ne pouvons entrer dans le détail de chacune de ces douze conditions essentielles. Il nous suffira d'en dire quelques mots, en insistant toutefois sur les plus importantes, et en reprenant notre classification particulière.

1º *Préparation matérielle.* — Dans tous les pays, il existe des lois organiques qui règlent le recrutement de l'armée, le nombre et la composition de ses éléments, ainsi que leur groupement sur l'ensemble du territoire. D'autres lois ou décrets déterminent le fonctionnement des services divers indispensables à l'entretien des troupes et aux soins qui leur sont dus, en cas de maladies ou de blessures. Ainsi, en France, la loi de 1872 a établi le principe du service militaire obligatoire et personnel, a organisé les réserves et créé l'armée territoriale. La loi de 1873 a divisé le territoire en dix-huit régions de corps d'armée, d'où résulte une mobilisation plus facile et plus rapide; elle a institué des magasins et établissements destinés à approvisionner ces corps de toutes les fournitures nécessaires. Enfin, la loi des cadres, les lois sur les réquisitions, sur l'état-major, sur les pensions, la justice militaire, l'administration et l'avancement ont assis (ou doivent asseoir) sur des bases définitives la constitution générale de toutes les armes et de tous les services. D'autre part, l'Etat a pour tâche de pourvoir l'armée de vivres, d'effets et de munitions en campagne comme en temps de paix. A cet effet, il fabrique lui-même ou passe des marchés avec différents fournisseurs. De plus, il fait élever des fortifications sur les points stratégiques, s'entend avec les compagnies de chemins de fer pour le transport des troupes, se munit d'appareils télégraphiques volants qui ont pour objet d'établir à distance, entre les divers commandements, une communication constante et pour ainsi dire instantanée. Bref, il prend toutes les dispositions susceptibles d'assurer en temps ordinaire comme au moment de la lutte l'existence des hommes qu'il charge de défendre le pays, leur sûreté dans les nombreuses opérations de la guerre, et leur succès sur le terrain du combat.

Cette préparation doit être l'objet de la préoccupation incessante des gouvernements. Leur devoir n'est pas seulement de veiller au fonctionnement régulier des lois qui traitent la matière, à la confection des armes, à l'approvisionnement des vivres, à la rapidité des travaux, à l'économie administrative et au bon emploi des finances dont ils disposent; il faut aussi et surtout qu'ils réforment, qu'ils améliorent le tout sans précipitation ni faiblesse, qu'ils triomphent de la routine et des préjugés, et que marchant toujours à la hauteur des progrès de l'industrie, de la science et de la civilisation, profitant des inventions nouvelles, se livrant à de sérieux essais, ils puissent se montrer, dans les circonstances critiques, constamment supérieurs à leurs adversaires. Enfin, ils ont à se persuader que, là comme ailleurs, qui n'avance pas recule, et que la moindre négligence à cet égard produit une situation funeste dont ils sont généralement les premières victimes.

Les douloureux événements de 1870 n'ont que trop prouvé cette vérité. Que lit-on, à chaque instant, dans les documents officiels, dépêches, rapports, etc., recueillis sur la dernière guerre? On lit ceci : Point d'argent dans les caisses des corps. Les approvisionnements de toutes sortes sont insuffisants. Les magasins sont vides. Il manque des voitures pour les états-majors, des cantines d'ambulance. Aucune mesure n'est prise pour assurer les fournitures. Les réserves ne sont pas organisées. La mobilisation est défectueuse, d'une lenteur désespérante. Les commandants des corps d'armée demandent à grands cris des moyens de transport. « Je n'ai ni infirmiers, ni ouvriers d'administration, ni fours de campagne, ni train, ni biscuit, ni avoine, ni salaisons. » Il n'y a à Metz ni sucre. ni café, ni riz, ni eau-de-vie, ni sel, etc. Pas un corps d'armée n'a le personnel strictement nécessaire à son service. Les positions frontières sont dépourvues de garnison. Le service hospitalier n'avait pas la dixième partie de ce qu'il lui fallait réglementairement. Nous avions 3,500,000 fusils, un million seulement pouvait armer utilement nos soldats. C'est avec ce million d'armes qu'on engageait la lutte contre une puissance qui avait employé de longues années à compléter et à perfectionner son armement. Les cartouches et les munitions d'artillerie faisaient défaut. Le matériel d'artillerie prussien était supérieur au nôtre. Les forteresses étaient loin de posséder leur armement de sûreté normal; les canons qui s'y trouvaient étaient hors d'usage, leurs affûts rongés par l'action du temps, et les munitions manquaient. Paris n'était pas mis en état de défense contre l'invasion; aucune disposition d'armement n'était prise dans les forts. La plus grande confusion régnait dans le service des chemins de fer. Les gares étaient encombrées d'hommes, de matériel. Des trains de marchandises partaient sans destination spéciale. Les effectifs étaient inférieurs aux chiffres officiels. Au lieu de 400,000 hommes présents sous les armes, selon le budget, l'armée atteignait à peine, au commencement, 200,000 hommes. Plus tard, elle put s'élever à 250,000 hommes. Et elle allait se trouver en présence de forces adverses d'environ 550,000 hommes, pouvant en très-peu de temps être portées au double de ce nombre. Bref, c'était partout le dénûment et le désordre.

Une telle situation nous a valu en partie la perte de deux provinces et de plusieurs milliards.

2° *Préparation intellectuelle.* — « Nos défaites, dit le général Lewal, ne proviennent pas, comme beaucoup le croient, d'un accident fortuit. Elles sont la conséquence d'une décadence minant depuis longtemps l'armée et dont le développement devait fatalement aboutir à un désastre. Parmi ces causes de décadence se place, au premier rang, le défaut d'instruction. C'est par là que nous avons tous péché. »

Oui, et c'est l'orgueil qui nous a perdus, l'orgueil qui entraîne le mépris de la science, c'est-à-dire l'ignorance.

Aussi le travail doit-il être une des bases de notre régénération. Sans travail pas d'instruction, et sans instruction, au XIX° siècle, pas de succès. Aujourd'hui, il ne suffit plus d'un bras robuste. Le caractère même n'est plus une condition satisfaisante de la réussite d'une entreprise. L'intelligence est devenue indispensable, et elle ne rend des services qu'autant qu'elle est exercée par une étude assidue. Au surplus, cette intelligence influe à son tour sur le moral. Le savoir fortifie l'esprit, donne de la décision. « La science, a écrit Rüstow, est un appui du caractère. » —

Ce que nous appelons *la préparation intellectuelle* doit commencer dès le jeune âge. L'enfant est comme la terre dont le potier fait ce qu'il veut alors qu'elle est encore tendre. Le collége doit être le point de départ de l'instruction militaire. Les exercices, le maniement de l'arme, le tir, l'équitation, les habitudes journalières de discipline font des hommes robustes et bien dressés aux luttes viriles. Il a été remarqué souvent que le Prytanée de La Flèche est une excellente pépinière d'officiers d'avenir. Un grand nombre de bons généraux ont été élevés à cette école un peu rude où l'on n'apprend certes pas l'art amollissant des salons, mais où l'on puise le sentiment de la règle et le culte du devoir.

Dans les guerres modernes, les soldats ne sont pas de pures machines. Le combat dispersé les oblige à réfléchir, à faire acte d'initiative. Il est donc de toute nécessité de dégrossir son esprit pour utiliser son influence individuelle. « L'emploi des armes perfectionnées, le tir à longue portée, la rapidité de la mobilisation et des mouvements, le service délicat de sûreté et de reconnaissance, entraînent l'obligation de donner aux soldats une instruction technique complète. Le métier militaire est loin d'être un métier de paresseux : le soldat doit travailler autant de temps qu'un ouvrier laborieux. Il faut assouplir et briser le corps de l'homme à la marche, à la fatigue, par des exercices prolongés; dresser ses yeux, ses mains, son intelligence, à l'emploi habile de ses armes; toutes ces aptitudes….. doivent être développées en vue de la discipline et de la guerre. » (Capitaine HENRY.)

Mais c'est surtout aux chefs qu'il convient de travailler. La fougue, l'inspiration, l'illumination soudaine, sont des qualités naturelles bien précieuses; elles ont toutefois besoin d'être soutenues et fortifiées par les qualités acquises. Les ignorants seuls parlent du *génie créateur*, peut-être pour faire pardonner leur ignorance. Napoléon Ier, homme de génie, était en même temps un des officiers les plus instruits de son époque. Il reconnaissait donc la nécessité de la science.

Le maréchal Bugeaud, qui pourtant était un homme d'action, trouvait qu'il arrivait trop d'incapacités au sommet de l'armée. L'archiduc Charles dit de son côté : « Cet adage, si rebattu de nos jours, que l'on naît général et que l'on n'a pas besoin d'études pour le devenir, est une des nombreuses erreurs de notre siècle, un de ces lieux communs qu'emploient la présomption et la nonchalance pour se dispenser des efforts pénibles qui mènent à la perfection. »

Cela ne veut pas dire que l'armée doit être composée de bénédictins et d'académiciens. Non ! elle doit se composer seulement d'hommes d'étude, de réflexion et d'expérience.

Les connaissances que les chefs ont à acquérir sont multiples; elles comprennent l'histoire, la géographie, les règlements militaires, les services, les manœuvres, la topographie, la fortification, la tactique, la stratégie, et la connaissance du cœur humain, dont nous parlerons plus loin.

L'histoire de la guerre est une des plus importantes auxquelles puissent s'adonner ceux qui sont destinés à commander un jour. « Lisez et relisez, disait Napoléon, les campagnes d'Alexandre, d'Annibal, de César, de Gustave-Adolphe, de Turenne, de Frédéric ; modelez-vous sur eux ; voilà le seul moyen de devenir grand capitaine et de surprendre les secrets de l'art de la guerre. » Il a dicté, à son lit de mort, ces paroles au général Montholon : « Que mon fils lise et médite souvent l'histoire, c'est la véritable philosophie ; qu'il lise et médite les guerres des grands capitaines, c'est le seul moyen d'apprendre la guerre. »

Les études géographiques et topographiques sont également indispensables. César dut ses victoires en Gaule à la connaissance minutieuse du terrain. « On ne sait ce qu'on doit le plus admirer dans ses expéditions, de sa prudence ou de sa hardiesse. Il ne conduisit jamais son armée par des chemins dangereux sans avoir étudié à fond la situation des lieux ; il ne la transporta pas non plus en Bretagne avant d'avoir examiné lui-même les ports, la navigation et les points accessibles de l'île. Ce même César, à la nouvelle que son camp était assiégé en Germanie, traversa les postes ennemis sous un costume gaulois pour rejoindre ses légions. » (Suétone.)

Machiavel insiste aussi sur l'importance de cette partie de l'art militaire. « Le prince qui ignore la configuration du pays où il opère manque d'une des premières qualités que doit avoir un capitaine, car c'est par là qu'il sait découvrir l'ennemi, prendre ses logements, diriger la marche de ses troupes, faire ses dispositions pour une bataille, assiéger les places avec avantage. » (*Le Prince.*)

Les opérations militaires de 1870 se sont ressenties de notre ignorance géographique, ignorance si profonde qu'elle en est devenue proverbiale dans toute l'Europe. Ne chercherons-nous pas à changer cette mauvaise réputation que nous nous sommes faite nous-mêmes au dehors, et à prouver, dans l'occasion, que nous ne la méritons plus?

Il n'y a pas à démontrer l'importance capitale de la stratégie et de la tactique. Ce sont les deux parties essentielles de l'art militaire. Tout général doit les connaître et les approfondir.

La stratégie est l'art de disposer et de faire agir les armées sur le théâtre des opérations. Elle prépare d'avance, à l'aide du plan de campagne, les combinaisons destinées à en assurer le succès. Ce plan, offensif ou défensif, indique la base d'opérations, l'objectif, les lignes de communications et les marches stratégiques. Elle utilise les chemins de fer, les flottes; bref, c'est la partie directrice de la guerre. La tactique en est la partie exécutive : c'est l'art de diriger les troupes sur le champ de bataille. Chaque arme a sa tactique. L'*infan-*

terie agit par le feu et par le choc. La *cavalerie* est l'œil et l'oreille de l'armée. L'*artillérie* entame l'action, la prépare, la soutient et quelquefois la termine. Elle détruit les obstacles matériels et brise le premier élan de l'ennemi. Le *génie*, en dehors des siéges, prépare la route, construit les ouvrages et ouvre le passage aux colonnes d'attaque.

Les inventions du xix⁰ siècle ont assez grandement modifié la stratégie. Quant à la tactique, Napoléon Ier disait qu'il faudrait la changer tous les dix ans.

Quelques écrivains en ont inféré qu'il fallait tout bouleverser et que la science de la guerre était à refaire sur des plans nouveaux. C'est là une erreur des plus dangereuses. Les hommes d'étude auront à se garder de ce défaut, dans lequel on tombe si facilement lorsque, entouré de livres et de papiers, on cherche, du fond de son cabinet, à saisir les secrets de la victoire. Nous nous sommes engoués, depuis quelque temps, de préceptes théoriques, de formes doctorales, de thèses profondes, de démonstrations tirées de l'algèbre, de nouveautés attrayantes, de méthodes infaillibles, de calculs abstraits, de principes dogmatiques qui séduisent les esprits logiques, les intelligences les mieux douées et leur font oublier peut-être la réalité des choses. Cet entraînement ne devrait pas aller trop loin. Il importe que la pratique ait sa place en ce monde. Napoléon, qui trouvait à apprendre en lisant Homère, a dit : « L'art de la guerre est un art simple et tout d'*exécution* ; il n'y a rien de vague ; tout y est bon sens ; rien n'y est idéologie. »

Il est évident que la grande portée des armes actuelles, la puissance du tir de l'artillerie rayée, l'augmentation d'effectif des armées, l'intrusion des chemins de fer, de la télégraphie et de l'aéronautique ont apporté des modifications dans la science des combats. Mais tout n'est pas transformé pour cela. Les principes de l'art militaire, comme ceux de la morale, sont immuables; l'application seule en a varié selon les temps et les lieux. Aussi, pouvons-nous toujours profiter à l'étude de l'antiquité et y trouver des leçons précieuses. Nous sommes en cela, comme pour le reste, tributaires du passé, et le soleil n'éclaire rien de nouveau. Il ne faut donc pas dire que les principes ne servent qu'à une chose, à se faire battre d'après les règles. Il faut dire que les principes sont les axes qui servent à tracer la courbe et qu'il est nécessaire de les connaître pour savoir si l'on doit s'en passer.

C'est au bon sens à faire la part des innovations utiles et des vieilles doctrines de nos pères. Progresser n'est pas oublier et créer, mais bien plutôt appliquer et adapter. S'instruire est autant tirer des leçons de l'histoire que des formules du raisonnement. Les Allemands, tout controversistes subtils, tout *abstracteurs de quintessence* qu'ils soient, n'en négligent pas, pour cela, davantage la pratique. « Ils ne se sont pas avisés de changer l'art de la guerre; ils l'ont appris, voilà tout. Dans la campagne de 1870, ils se sont battus comme à Prague ou à Kollin, ils ont opéré comme en 1813, ils ont pressuré le pays envahi, comme faisaient les Mansfeld et les

Brunswick il y a deux cent cinquante ans. » (ROSSEL.)
Ne nous *prussianisons* pas dans le mauvais sens, comme
cela nous est déjà arrivé sous Louis XV. Notre qualité
est d'être clairs et précis. Conservons cette qualité. Ne
faisons pas de la guerre un problème de mathéma-
tiques, ne la résolvons pas par $a+b$, ne la mettons pas
en équation. En un mot, restons dans un juste milieu,
entre la théorie et l'expérience.

Quoi qu'il en soit, voici quelques règles générales
auxquelles chacun conviendra que tout général doive
obéir :

Saisir les occasions et prendre une décision à point.

Faire son profit des bruits qui courent, puis agir avec
fermeté.

Se garder de trop d'assurance. Ne pas mépriser l'ennemi. « A la guerre, la prudence conseille de priser au
juste l'ennemi que l'on connaît, et plus haut qu'il ne
mérite l'ennemi que l'on ne connaît pas. » (NAPOLÉON.)
« On ne dédaigne pas impunément un ennemi, quel
qu'il soit. » (BUGEAUD.)

S'enquérir du plan de l'ennemi, de ses forces, de sa
position, de ses mœurs et de la situation des lieux qu'il
occupe.

Le fatiguer sans combat, le surprendre à l'improviste
ou l'attirer sur un terrain bien étudié auparavant.

Adopter une formation de combat simple et facile à
prendre.

Ne pas exécuter trop de manœuvres et d'évolutions en
présence de l'ennemi.

Entretenir le combat par des efforts successifs de plus en plus énergiques, jusqu'au moment de l'action finale.

Laisser l'initiative suffisante à chacune des fractions de la troupe que l'on commande, tout en assurant le maintien de la discipline et de la cohésion.

Faire produire au feu sa plus grande puissance.

Soutenir le moral du soldat jusqu'au moment décisif, par l'entrée successive, en ligne, de renforts judicieusement ménagés.

Ces maximes sont parfois difficiles à appliquer, et il y a là un ample sujet d'études pour le général. Ce n'est pas tout. Celui qui dirige des armées ne doit pas être étranger à la politique. La guerre y touche par les lois de recrutement, par le droit des gens, par les opérations stratégiques, par l'occupation des pays conquis, etc. Les grands capitaines ont été de profonds politiques. Alexandre a transformé l'Asie, César la Gaule, Napoléon l'Europe. Le comte de Moltke n'agit jamais sans demander l'avis du prince de Bismarck. Il reconnaît ainsi la connexité qui existe entre la science politique et l'art militaire.

Comme on le voit par ce qui précède, l'instruction est une condition essentielle de la préparation de la guerre. L'intérêt des gouvernements est de la répandre dans tous les rangs de l'armée. Les chefs ont pour premier devoir d'en posséder à fond les nombreux éléments. Il faudrait graver dans leur mémoire cet axiome de Frédéric II : « La guerre est une science pour les hommes supérieurs, un art pour les médiocres et un métier pour les ignorants. »

Malheureusement il y aurait encore, en France, bien des mesures à prendre pour le développement de l'instruction. Contentons-nous d'indiquer celles que donne le général Lewal dans une de ses *Études*:

Changer radicalement la loi d'avancement.

Supprimer le corps spécial d'état-major.

Obliger tout chef à instruire ses subordonnés.

Transformer complétement les écoles régimentaires.

Créer des écoles pour former des sous-officiers.

Adopter une instruction scientifique et pratique.

Faire des cours et des conférences dans les corps de troupe et des conférences libres dans les garnisons.

Installer des casinos pourvus de bonnes bibliothèques.

Encourager les publications (journaux, revues, livres, etc.).

Créer des concours et récompenses.

Fonder un institut militaire.

3º *Préparation morale.* — On a comparé la guerre à une partie d'échecs. La comparaison est assez juste, à cette différence près qu'à la guerre les combattants ne sont pas des pions de bois ou d'ivoire, mais sont des hommes ayant une âme, un cœur, un esprit, c'est-à-dire des pensées, des passions, des sentiments. Les éléments moraux entrent comme facteurs sérieux dans le problème. « Le combat a sa partie morale et sa partie physique; la première est bien supérieure à la seconde. » (BUGEAUD.)

« L'art militaire comprend deux parties distinctes : l'une est la connaissance du cœur humain et des ressorts qui le font agir; l'autre, celle des moyens d'exécuter les résolutions adoptées d'après cette connaissance. » (JACQUINOT DE PRESLES.) « A la guerre, tout est moral; le moral et l'opinion font plus de la moitié de la réalité. » (NAPOLÉON.)

Puisque la guerre est un grand drame à des milliers de personnages, où les vertus, les instincts, les passions se croisent, s'enchevêtrent et provoquent le dénouement, les considérations morales joueront un rôle considérable dans sa préparation.

Nous allons donc chercher quelles sont les qualités et les vertus militaires du général, ainsi que les sentiments auxquels obéit le soldat.

Il ne suffit pas, pour diriger des masses, que le général ait en main la force, c'est-à-dire la puissance physique; il s'agit aussi pour lui d'avoir l'autorité, c'est-à-dire la puissance morale. Un homme de caractère, qui par conséquent saura agir, est préférable à un homme d'intelligence qui ne saura que penser.

Sans caractère, pas d'autorité.

Mais s'il faut être ferme pour diriger, il faut aussi être habile pour persuader. Le général qui, entre autres exemples, voudrait faire rentrer dans le devoir une armée mutine en usant d'une rigueur inflexible, se heurterait à cette tâche, aussi bien que le ferait une compagnie décidée à attaquer de front une batterie d'artillerie. C'est seulement par la prudence, la circonspection et la ruse que cette compagnie pourrait arriver à bonne fin. De même le général domptera une multitude furieuse ou relèvera les courages abattus par son calme, par sa condescendance, par son empire sur lui-même, par le pouvoir de sa parole, par un appel adroit aux sentiments du devoir et de l'amour-propre, par son habileté à toucher l'âme des révoltés et des découragés.

Un chef d'armée est comme un chef de gouvernement, tantôt gourmandant avec sévérité, tantôt agissant sur l'opinion, ramenant les cœurs, et par un heureux mélange de dignité et de popularité, faisant naître à la fois le respect et l'attachement, la crainte et l'amour.

Qu'on se le persuade bien ! On ne peut acquérir cet art sublime de conduire les hommes qu'autant que l'on donne soi-même l'exemple d'une conduite pure et irréprochable. Un général faible, vicieux, corrompu, fera tôt ou tard de son armée une troupe sans courage et sans mœurs ; il perdra l'estime et la considération de ceux qui l'entourent, et sa voix ne sera plus obéie.

Tout chef d'armée ne devra pas moins éviter l'orgueil qui éloigne les sympathies, l'envie qui engendre des rivalités funestes et des injustices odieuses, la mauvaise humeur, les paroles dures, les airs de mépris, causes certaines de répulsion et de haine.

Ce n'est pas tout de manquer de vices, il faut au

général des vertus; il faut qu'il soit prudent dans ses actions, modeste dans le succès, fort dans l'adversité, bon, sobre, tempérant, humain, sage et juste. Ces vertus auxquelles le soldat est si sensible suppléent parfois aux talents, tandis que les plus grands talents n'aboutiront peut-être à rien si l'armée est indifférente ou hostile. Il doit être, en outre, instruit, expérimenté, fertile en expédients, prompt, actif, habile; il doit connaître les hommes, pénétrer leurs sentiments, satisfaire leurs désirs honnêtes pour se les attacher, tirer parti des passions nobles, exciter l'enthousiasme et le mépris de la mort; enfin, deviner le caractère de ses ennemis pour annuler leurs qualités et profiter de leurs défauts.

Les qualités extérieures sont la santé, qui lui permet d'endurer, comme ses soldats, la fatigue, le froid et la faim; la maturité de l'âge (la grande jeunesse est bouillante, imprudente, téméraire; la vieillesse, froide, lente et indécise); le sang-froid ou courage physique, grâce auquel le général domine le danger en restant toujours maître de lui-même.

Quelles sont, à présent, les passions générales qui agitent l'homme de guerre (comme d'ailleurs l'homme social tout entier), passions qu'un général bon appréciateur du cœur humain saura faire servir au triomphe de sa cause, et quelles sont les qualités professionnelles qu'il est indispensable d'acquérir par un long et sérieux apprentissage?

La plus noble passion, celle qui embrase les âmes élevées, est l'amour de la gloire. « L'amour de la gloire semble en quelque sorte nous séparer de nous-mêmes. Nous nous oublions par une sorte de prestige; prêts à lui sacrifier notre vie, l'image d'une belle mort s'empare de notre âme et l'enivre. » (MABLY.) Notre pays est très-sensible à cette passion. Napoléon Ier le reconnaissait : « Il n'est rien de grand dont le Français ne soit capable; le danger l'électrise, c'est son héritage gaulois; l'amour de la gloire est pour lui comme un sixième sens. »

L'amour de la patrie est également capable de produire de grandes choses, lorsque tous les cœurs en sont pénétrés. Le patriotisme est vivace dans les pays libres : on aime son pays, surtout lorsqu'on s'y trouve bien. Des philosophes ont discuté ce sentiment; mais, selon l'expression du général Ambert, c'est pour l'homme d'épée une chose sacrée, c'est un des dogmes de la religion militaire.

L'enthousiasme est aussi un puissant levier, lorsqu'il ne s'exagère pas. « L'enthousiasme contenu et dirigé, dit le maréchal Bugeaud, porte les armées aux grandes actions; l'exaltation sans mesure crée le désordre et prépare le découragement. »

Le fanatisme agit principalement sur les masses crédules. C'est lui qui soutenait les Musulmans dans la dernière guerre, et les rendait, malgré l'infériorité de leur organisation, des adversaires redoutables.

L'honneur est la crainte du blâme et le désir des louanges. L'homme le préfère souvent à la vie; c'est une vertu d'opinion fort précieuse, lorsque le chef sait la cultiver. « Quand la passion de l'honneur et la crainte de la honte sont vivement imprimées dans le cœur humain, elles y agissent plus fortement que la crainte de la mort, et elles produisent tout ce qu'il y a de grand et d'héroïque en ce monde. » (Général LLOYD.) Les légions romaines recevaient des coups de verges, mais ces verges étaient confectionnées avec un cep de vigne; une bastonnade en bois ordinaire eût déshonoré ces soldats d'élite. En flattant l'amour-propre du soldat, on en fait ce que l'on veut. C'est sur le principe de l'honneur que reposent les décorations, les médailles, les distinctions, les rubans, les cordons, les citations publiques, etc.

L'ambition est la passion la plus répandue dans notre espèce. Les dignités, le pouvoir, les grades sont universellement recherchés. C'est pour l'humanité une source inépuisable de bienfaits..... et de maux. Elle est contenue, dans ses écarts, par les sentiments de l'honneur et de la discipline. Si elle n'est retenue par aucun frein moral, elle peut causer d'immenses malheurs.

L'amour du luxe et des richesses est une passion qui a envahi les sociétés modernes. Il faut donc compter avec lui. Naguère l'armée avait perdu de sa considération parce que l'on n'y faisait point fortune. Sans répandre dans l'armée un luxe qui amollirait les courages et dégoûterait du rude métier militaire, il serait bon cependant de retenir les hommes dans le service par un peu plus de bien-être et de confortable.

L'État qui aura pénétré l'âme des soldats des passions

nobles que nous venons d'esquisser et utilisé les passions d'ordre inférieur en vue de la préparation morale de la guerre, n'aura encore accompli que la moitié de sa tâche. Il lui restera en outre à faire des hommes robustes, disciplinés, de bonnes mœurs, et à appeler sur eux la considération et l'estime.

Pour avoir des hommes robustes, on les exercera à de rudes travaux. Comme cela existe en Prusse, on leur fera franchir des fossés et sauter des haies tout armés, exercer leur coup d'œil, monter à l'assaut, assister souvent à de grandes manœuvres et acquérir ainsi, par un *entraînement* de chaque jour, la souplesse et le courage nécessaires. Ils pourront même être occupés à des travaux d'utilité publique, tels que ouverture, établissement ou réparation de routes et de voies de chemins de fer. Bref, on les rompra aux fatigues et aux privations, plus dangereuses que le fer et le feu pour des soldats faibles et amollis. Cette thèse a été défendue par de nombreux écrivains militaires. « Une armée se fortifie par le travail et s'énerve par la volupté. » (VÉGÈCE.) Montesquieu démontre que les armées romaines supportaient moins de pertes que les armées modernes, parce qu'elles étaient plus aguerries. Selon Napoléon, la constance à supporter les fatigues de la guerre est une qualité qui passe avant la valeur. « Il faut, dit Jomini, endurcir les armées aux travaux et aux fatigues, et ne pas les laisser chômer dans la mollesse des garnisons en temps de paix. » « Maintenez, dit à son tour Marmont, les soldats dans la plus grande activité. L'activité doit être pour eux une seconde nature..... Le repos et l'oisiveté diminuent les forces et amoindrissent le courage. La santé, l'énergie et la valeur morale découlent ordinairement d'une vie endurcie par les fatigues et consacrée au mouvement. » Les hommes, d'ailleurs, ne se plaindront pas de cette mâle éducation. « La nation française, dit le général de Préval, se montre plus belliqueuse que militaire; elle court aux camps, elle fuit la caserne. »

La discipline est nécessaire à l'armée; elle en fait la force principale. C'est ce que nous avons prouvé en différents endroits de cet ouvrage. Rappelons seulement à ce sujet ces pensées de Napoléon Ier : « Les armées bien commandées sont toujours disciplinées. La discipline est en raison de la capacité des chefs. » L'obéissance militaire dépend donc du mérite de ceux qui la réclament de leurs subordonnés. Elle dépend aussi de l'éducation nationale. En effet, « la discipline dans l'armée n'est autre chose que la discipline dans la vie, c'est-à-dire le sentiment du devoir, l'obéissance envers des personnes désignées, enfin le respect du principe d'autorité et d'institutions établies. » (Colonel STOFFEL.) On obtiendra donc une armée disciplinée si l'on élève la jeunesse dans des principes de saine morale, si par une éducation sévère on corrige ses défauts naturels : la vanité, la suffisance et la présomption.

C'est par la discipline que se maintiennent les bonnes mœurs dans une armée, c'est-à-dire la continence, la modestie et l'honnêteté. Grâce à la continence, les soldats ne sont ni débauchés ni ivrognes; grâce à la modestie, ils ne sont ni vantards ni orgueilleux ; grâce à l'honnêteté, ils ne sont ni violents ni voleurs. C'est aux chefs à donner l'exemple de ces vertus et à se pénétrer de leur utilité.

Enfin l'armée doit être entourée de considération et d'estime. Pour cela, il est indispensable de faire tout d'abord comprendre à la nation que le goût général pour le métier des armes est une garantie de salut bien supérieure au culte des intérêts matériels. Il est indispensable de lui peindre les malheurs arrivés aux peuples pour qui la science de la guerre était un fardeau ; de lui dire, comme Cicéron dans son oraison pour Murena : « Le barreau le cède au camp, le repos à la guerre, la plume à l'épée, l'ombre au soleil. Il faut donc que la science de la guerre soit la plus appréciée de toutes dans la république, science par laquelle cette république est la reine et la maîtresse de toutes les autres. »

A la maxime citée plus haut, *Si vis pacem, para bellum*, quelques écrivains ont répliqué par la suivante : *Si vis pacem, para pacem*. Il est possible que ces écrivains aient raison plus tard, et que, dans quelques centaines d'années, nos arrière-petits-neveux soient à même de briser leurs armes, qu'auront d'ailleurs, en ce cas, rendues inutiles et leurs idées humanitaires, et leur grand esprit de justice, et le rapprochement idéal des peuples vivant en ces époques éloignées, et l'association des intérêts, et le perfectionnement du droit des gens et la philanthropie des hommes qui dirigeront alors la politique internationale.

Mais comme ce séduisant avenir se perd malheureusement dans le plus obscur lointain des âges futurs, au-dessous de l'horizon borné qu'il nous est donné de parcourir, on peut, en attendant, poser ces principes pratiques qui serviront de conclusion au présent travail :

Il faut cultiver la paix, en étant toujours prêt à faire la guerre.

De même que la moralité de l'homme est la plus sûre condition de son bonheur, de même la moralité des peuples est la meilleure garantie de la paix qu'ils désirent.

Soyez virils et vertueux, vous serez respectés et libres.

Voulez-vous éviter la guerre? Ne la méritez pas.

TABLE DES MATIÈRES.

CHAPITRE IV.

FATALITÉ DE LA GUERRE.

CHAPITRE V.

MOYENS EMPLOYÉS CONTRE LA GUERRE.

CHAPITRE VI.

LE MAL QU'ON A DIT DE LA GUERRE.

CHAPITRE VII.

RÉPONSE A LA PREMIÈRE ACCUSATION.

CHAPITRE VIII.

RÉPONSE A LA DEUXIÈME ACCUSATION.

CHAPITRE IX.

RÉPONSE A LA TROISIÈME ACCUSATION.

CHAPITRE X.

RÉPONSE A LA QUATRIÈME ACCUSATION.

CHAPITRE XI.

RÉPONSE A LA CINQUIÈME ACCUSATION.

CHAPITRE XII.

RÉPONSE A LA SIXIÈME ACCUSATION.

CHAPITRE XIII.

LA GUERRE DANS L'HISTOIRE.

CHAPITRE XIV.

LE DROIT ET LES LOIS DE LA GUERRE.

CHAPITRE XV.

DES GUERRES CIVILES.

CHAPITRE XVI.

HISTOIRE DE L'ART DE LA GUERRE.

CHAPITRE XVII.

LA PRÉPARATION DE LA GUERRE.

FIN DE LA TABLE DES MATIÈRES.

Paris. — Imprimerie J. DUMAINE, rue Christine, 2.